王世襄

錦灰堆

選本

生活·讀書·新知 三聯書店

出版前言

提起王世襄先生,人们首先会想到他是研究明式家具的大家,他的研究奠定了该学科的基础。然而,王先生的贡献是多方面的:不但在书画、雕塑等传统艺术史领域有丰富的著述,还深入发掘那些不被注意的物质文化——从漆器、匏器、乐器、铜炉,到竹木牙角、匠作则例。诸多岌岌可危的传统工艺,乃至介于文物与民俗间的游艺杂项,由此得以保存或传承。

先生不但与前辈文化人渊源甚深,对于工艺精湛的匠师故友也满怀钦敬,撰有大量忆往散文;其饮馔小品,让世人识得一位文人美食家;从鸽子、鸣虫、獾狗、大鹰等诸多玩好中,则诞生不少名篇。百余篇美文及诗词、联语,尽收自选集"锦灰堆"系列,在文博大家中可谓独树一帜。

1999年,《锦灰堆》(三卷)在我店出版,此后先生笔耕不辍,续编《锦灰二堆》(二卷)、《锦灰三堆》和《锦灰不成堆》在六年中相继问世,受到读者的热烈欢迎,十余次重印,这有力地说明了读者对王先生在书中所讲述的这些传世文化的关注和喜爱。为便于广大读者领略"锦灰堆"的丰采,本店曾遵嘱编辑两册选本,分题《谈古论艺》《忆往说趣》。后又历时三载,系统整理出版了王世襄先生的作品,推出"王世襄集",其中将"锦灰堆"系列重新按门类编排,辑为四卷,以"合编本"形式与读者分享。

值先生逝世十周年,我店再次推出《锦灰堆选本》,分上、下两编,收入"家具""工艺""书画""杂稿""忆往""游艺""饮食"

七部分,依类别和发表年代排序,被王先生称为"锦灰屑"的《和凌叔华先生一家的交往》一文也借此纳入。更增补了大量图片,希望能以图文并茂的形式,带领更多的读者去领略王氏绝学所包含的中国传统文化的浑厚与丰美,体会先生文字中的风雅和情味,也借此表达我们对先生的怀念。

生活·讀書·新知三联书店

2019年秋

目　录

出版前言 I

上编　谈古论艺

家　具 003
明式家具的"品"与"病" 005
明式家具五美 034
谈几种明代家具的形成 038
案铭三则 056
记明万历缠莲八宝纹
　彩金象描金紫漆大箱 065
记清黄花梨小交机 067
记北楼先生自制楠木画案 070

工　艺 075
中国古代漆工杂述 077
我与《髹饰录解说》 096
说葫芦 103
竹刻简史 139
记明鱼龙海兽紫檀笔筒 161
清吴之璠三顾茅庐图黄杨笔筒 164

书　画 167
游美读画记 169
西晋陆机《平复帖》流传考略 200
谈展子虔《游春图》 207

杂　稿 211
捃古缘 213
漫话铜炉 219
望气与直觉 223

下编　忆往说趣

忆　往 231
怀念梦家 233
梁思成和《战区文物目录》 238
五十年前书画缘 243
怀念溥雪斋先生 247
与伯驹先生交往三五事 250
怀念张光宇教授 258
集美德于一身 261
没做亏心事　不怕鬼叫门 267

萧山朱氏捐赠明清家具之厄
　　　　和承德避暑山庄盗宝大案……271
　　和凌叔华先生一家的交往……276

游　艺……279
　　秋虫六忆……281
　　百　灵……322
　　鸽话二十则……326

饮　食……357
　　许地山饼与常三小馆……359
　　饭馆对联……363
　　春蔬秋蕈总关情……366
　　鳜鱼宴……372
　　《砍脍书》……375

　　饽饽铺　萨其马……378
　　答汪曾祺先生……381
　　鲍　鱼……386
　　辣　菜……389
　　山　鸡……391
　　豆　苗……393

附　录……397
　　一　《大树图》解说
　　　　袁荃猷刻纸并文……399
　　二　灵感的共鸣与万物（节录）
　　　　[英]柯律格　胡世平 译……403

上編

談古論藝

家具

明式家具的"品"与"病"

约当15至17世纪之际,中国家具发展到了它的历史高峰。由于其制作年代历明入清,不受朝代的割裂,故一般称之为"明式家具"。这一时期的制品有很高的艺术价值,不仅为我国人士所喜爱,世界各国也十分重视。家具设计者乞灵借鉴,甚见成效,一受沾溉,往往使他们的制品隽永耐看,面目常新。中外研究明式家具的也颇有人在,三四十年来已有不少人写出论文和专著。

近来有朋友问道:"你老说明式家具好,我也同意。它的木料好,结构榫卯好,有的也颇为实用,这些都好说。不过你总说它的品格高、神态妙,如何如何美等等,这些就比较抽象了。你能不能说得更具体一点,并举些实例来说明呢?还有事物总是一分为二的,明式家具难道件件都好,我就不信!有哪些你认为不好的也应该介绍,对今天的设计人员同样有参考价值。如果你只讲好的,不说坏的,只能说明对明式家具有偏爱。"

被朋友一问,倒有点为难了。因为品评工艺品,尤其牵涉到它的艺术价值,既不容易讲得很具体,更难免有主观成分。而且欣赏、审美能力有高有低,见仁见智,必然有分歧。因此某一个人的看法,未必能为他人所接受。

既如上述,是不是对明式家具的品评就不可说了呢?却又不然。尽管个人的看法难免主观片面,又不太容易表达,但仍不妨说出来供人评议,看看是否多少能讲出点道理来。如果说得不对,还可以得到批评指正。

采用什么方法来品评明式家具呢？使人想起古代的文艺批评来。唐司空表圣(图)写过《诗品二十四则》，清黄左田(钺)曾仿表圣之作著《画品廿四篇》。凡是他们所列的"品"，都是好的，故"品"是褒词。至于贬呢，古代往往称之为"病"。梁沈约论诗创"八病"之说，明李开先《中麓画品》也列出了"四病"。现在品评家具，姑且因袭前人，用"品"和"病"来区分好和坏。因此试把这篇小文题名为：《明式家具的"品"与"病"》。

统计一下，得"品"十六，它们是：
(一)简练，(二)淳朴，(三)厚拙，(四)凝重，
(五)雄伟，(六)圆浑，(七)沉穆，(八)秾华，
(九)文绮，(十)妍秀，(十一)劲挺，(十二)柔婉，
(十三)空灵，(十四)玲珑，(十五)典雅，(十六)清新。
得"病"八，它们是：
(一)繁琐，(二)赘复，(三)臃肿，(四)滞郁，
(五)纤巧，(六)悖谬，(七)失位，(八)俚俗。

下面将为十六品、八病各举实例，并试作阐述和剖析。所用术语多为北京工匠习惯使用的，除在文中已经说明外，请参阅《明式家具研究》及《名词术语简释》。

一、明式家具十六品

明式家具十六品又可分为五组：
第一组包括(一)简练至(七)沉穆等七品。
明式家具的主要神态是简练朴素，静穆大方，这是它的主流。以上七品可以说同属这一类型。它们大都朴质无华，或有亦不多。也正因如此，被选作简练的实例每兼有淳朴之趣，被选作淳朴的实例或颇具沉穆之神。不过如仔细分辨，还是能看出它们所具的神态以何为主，并依其主要的来定品。这一点似应在此说明，否则就难免有巧立品目之嫌了。

1. 第一品　简练

丙5❶、紫檀独板围子罗汉床（明）

197.5×95.5厘米，通高66厘米

这种榻北京匠师通称罗汉床,由于只容一人,故又有"独睡"之称。

床用二块光素的独板做围子,只后背一块拼了一窄条,这是因为紫檀很难得到比此更宽的大料的缘故。床身无束腰,大边及抹头线脚简单,用素冰盘沿,只压边线一道。腿子为四根粗大圆材,直落到地。四面施裹腿罗锅枨加矮老。

此床从结构到装饰都采用了极为简练的造法,每个构件交代得干净利落,功能明确,所以不仅在结构上是合理的,在造型上也是优美的。它给予我们视觉上的满足和享受,无单调之嫌,有隽永之趣。

❶ 此编号为《明式家具研究》所收实例的编号,下同。

2. 第二品　淳朴

乙109、紫檀裹腿罗锅枨加霸王枨黑漆面画桌（明）

190×74厘米，高78厘米

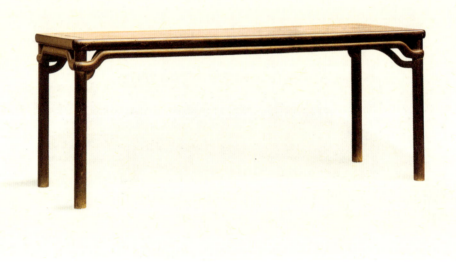

这是一张式样简单但又极为罕见的画桌。它没有采用无束腰方形结体的常见形式——直枨或罗锅枨加矮老（可参阅"简练"例罗汉床），而是将罗锅枨加大并提高到牙条的部位，紧贴桌面，省去了矮老。这样就扩大了使用者膝部的活动空间。正因为罗锅枨提高了，腿足与其他构件的连接，集中在上端。这样恐它不够牢稳，所以又使用了霸王枨。霸王枨一头安在腿子内侧，用的是设计巧妙的"勾挂垫榫"，即榫头从榫眼的下半开口较大处纳入，推向上半开口较小处，下半垫楔，使它不得下落，故亦不得脱出，一头承托桌面。它具备传递重量和加固腿子的双重功能。又因它半隐在桌面之下，不致搅乱人们的视线，破坏形象的完整。罗锅枨的加大并和边抹贴紧，使画桌显得朴质多了，其效果和用材细而露透孔的罗锅枨加矮老大不相同。加上桌心为原来的明制黑漆面，精光内含，暗如乌木，断纹斑驳，色泽奇古，和深黝的紫檀相配，弥觉其淳朴敦厚，允称明代家具上品。

3. 第三品　厚拙

乙27、铁力高束腰五足香几（明）

面径61厘米，肩径67厘米，托泥径64厘米，高89厘米

香几用厚达二寸的整板作面，束腰部分，露出腿子上截，状如短柱。短柱两侧打槽，嵌装绦环板并镂凿近似海棠式的透孔。如用《清代匠作则例》的术语来说，便是"折柱绦环板挖鱼门洞"的造法。束腰下的托腮宽而且厚，一则为与面板厚度及其冰盘沿线脚配称，以便形成须弥座的形状；二则因托腮也须打槽嵌装绦环板，所以不得不厚。彭牙与鼓腿用插肩榫相交，形成香几的肩部，此处用料特别厚硕。足下的托泥也用大料造成。尽管此几绦环板上开孔，使它略为疏透，足端收杀较多，并削出圆珠，施加了一些装饰，其主调仍是厚重朴拙。

类此的香几很少见，可能不是家庭用具而是寺院中物。今天如设计半身塑像或重点展品的台座，还是可供借鉴的。

4. 第四品　凝重
甲77、紫檀牡丹纹扶手椅（明）

椅盘前75.8厘米，后61厘米，深60.5厘米，
座高51.8厘米，通高108.5厘米

　　这种搭脑和扶手都不出头的扶手椅，北京匠师又称"南官帽椅"。椅足外挓，侧脚显著。椅盘前宽后窄，相差几达15厘米。大边弧线向前凸出，平面作扇面形。搭脑的弧线向后凸出，与大边的方向相反。全身光素，只靠背板上浮雕牡丹纹一团，花纹刀法与明早期剔红相似。椅盘下三面设"洼堂肚"券口牙子，沿边起肥满的"灯草线"。管脚枨不但用明榫，且出头少许，坚固而不觉得累赘，在明式家具中不多见。它应是一种较早的手法，还保留着大木梁架榫头突出的痕迹。此椅气度凝重，和它的尺寸、用材、花纹、线脚等都有关系。但其主要因素还在舒展的间架结构，稳妥的空间布局，其中侧脚出挓起了相当大的作用。有的清代宝座，尺寸比它大，用材比它粗，但并不能取得同样的凝重效果。

5. 第五品　雄伟

甲99、黄花梨嵌瘿木五屏风式宝座（明或清前期）

107×73厘米，座高50厘米，通高102厘米

　　围子五屏风式，后背三扇，两侧扶手各一扇。后背正中一扇，上有卷书式搭脑，下有卷草纹亮脚，高约半米。左右各扇高度向外递减，都用厚材攒框，打双槽里外两面装板造成。再用"走马销"将各扇连接在一起。中间三扇仅正面嵌花纹，扶手两扇则里外均嵌花纹。花纹分四式，但都从如意云头纹变化出来，用楠木瘿子镶嵌而成，故又有它的一致性。宝座下部以厚重的大材做边抹及腿，宽度达10厘米，也用楠木瘿子作镶嵌，花纹取自青铜器。座面还保留着原来用黄丝绒编织的菱形纹软屉，密无孔目，因长期受铺垫的遮盖保护，色泽犹新。整体说来它装饰富丽，气势雄伟，设计者达到了当时统治者企图通过坐具来显示其特殊身份的要求。

6. 第六品　圆浑

甲33、紫檀四开光坐墩（明）

面径39厘米，腹径50厘米，高48厘米

坐墩又称鼓墩，因为它保留着鼓的形状；腹部多开圆光，又有藤墩用藤条盘圈所遗留的痕迹。

此墩开光作圆角方形，沿边起阳线。开光与上下两圈鼓钉之间，各起弦纹一道。鼓钉隐起，绝无刀凿痕迹，是用"铲地"的方法铲出而又细加研磨的。四足里面削圆，两端格肩，用插肩榫与上下的构件拍合，紧密如一木生成，制作精工之至。

将此墩选作圆浑的实例，虽和它的体形有关，但更主要的是它的完整、囫囵、圆熟、浑成的风貌。不吝惜剖大材、精选料，简而无棱角的线脚，精湛的木工工艺，以至古旧家具的自然光泽（包浆亮），都是它得以形成这种风貌的种种因素。

7. 第七品　沉穆

乙 15、黑漆炕几（清前期）

129×34.5厘米，高 37.2厘米

　　不浮曰沉，沉是深而稳的意思，是浮躁的反面。穆是美的意思。故沉穆是一种深沉而幽静的美。在明式家具中，能入简练、淳朴、厚拙、凝重诸品的，必然兼具幽静的美。今举黑漆炕几作为此品的实例，因其更饶沉穆的韵趣而已。

　　此几用三块独板造成，糊布上漆灰髹退光，不施雕刻及描绘。两侧足上开孔，弯如覆瓦，可容手掌。几面板厚逾寸。几足板厚二寸，上半铲剔板的内侧，下半铲剔板的外侧，至足底稍稍向外翻转，呈卷曲之势。通体漆质坚好，色泽黝黑，有牛毛纹细断，位之室内，静谧之趣盎然，即紫檀器亦逊其幽雅，更非黄花梨、鸂鶒木等所能比拟。从式样看，并非明式家具常见的形制，当出清早期某家的专门设计，然后请工匠为他特制。设计者审美水平颇高，对家具造型是深得个中三昧的。

　　第二组包括（八）秾华、（九）文绮、（十）妍秀三品。

　　简练朴素，静穆大方，只是明式家具神态的主要一面，但绝不能说是它的全貌。有的明式家具有精美而繁缛的雕刻花纹。这三品属于装饰性较强的一组，与第一组形成鲜明的对比。

8. 第八品　秾华

丙18、黄花梨月洞式门罩架子床（明）

247.5×187.8厘米，高227厘米

　　床上安围子和立柱，立柱上端支承床顶，并在顶下安横楣子的叫"架子床"，而正面又加门罩，做成月洞式（或称"月亮门式"）的，又是架子床中造法比较复杂的一种。

　　此床门罩用三扇拼成，连同围子及横楣子均用攒斗的方法造成四簇云纹，其间再以十字连接，图案十分繁缛。由于它的面积大，图案又是由相同的一组组纹样排比构成的，故引人注目的是规律、匀称的整体效果，而没有繁琐的感觉。

　　床身高束腰，束腰间立短柱，分段嵌装绦环板，浮雕花鸟纹。牙子雕草龙及缠枝花纹。横楣子的牙条雕云鹤纹。它是明式家具中体型高大又综合使用了几种雕饰手法的一件，豪华秾丽，有富贵气象。

9. 第九品　文绮

乙111、紫檀灵芝纹画桌（明）

171×74.4厘米，肩180×85厘米，高84厘米

文绮一品，花纹虽繁，但较文雅，不像秾华那样富丽喧炽。这里以灵芝纹画桌为例。

先说一说画桌的形式结构：桌面攒框装板，有束腰及牙子，这些都是常见的造法。惟四足向外弯出后又向内兜转，属于鼓腿彭牙一类。足下又有横材相连，横材中部还翻出由灵芝纹组成的云头，整体造型实际上是吸取了带卷足的几形结构。这样的造法在画桌中是变体，很难找到相同的实例。

画桌除桌面外遍雕灵芝纹，刀工圆浑，朵朵丰满，随意生发，交互覆叠，各尽其态，与故宫所藏的紫檀莲花纹宝座，同臻妙境。晚清制红木花篮椅，也常用灵芝纹，斜刀铲剔，锋棱毕露，回旋板刻，形态庸俗。可见家具装饰，同一题材，由于表现手法的不同，美妙丑恶，竟至判若云泥。

此桌在本世纪初为牛街蜡铺黄家故物，后归三秋阁关氏。觯斋郭葆昌曾重金仿制，因缺少紫檀大料，尺寸比例多不合。雕刻后虽用大量磨工，终难肖似。

10. 第十品　妍秀

乙43、黄花梨花鸟纹半桌（明）

104×64.2厘米，高87厘米

类似大小的长方桌，北京叫"接桌"，又叫"半桌"。上部造成矮桌式样，下连圆足，又是半桌中常见的造法。不过造型、雕饰造得如此成功的却不多见。

桌面起拦水线。束腰造成蕉叶边，起伏卷折，如水生波，有流动之致。牙条轮廓圆婉，正面雕双凤朝阳，云朵映带，宛如明锦；侧面折枝花鸟，有万历彩瓷意趣。牙子以下安龙形角牙，回首上觑，大有神采。足内安灵芝纹霸王枨。枨势先向上提，然后又远远探出。这样不仅可以把枨上的花纹亮出，而且巧妙地填补了角牙内露出的空间。此下圆足光素，着地处用鼓墩结束，上下繁文素质，对比分明。整体用材较细，比例匀称，线条优美，花纹生动，有妍秀轻盈、面面生姿之妙。

第三组有（十一）劲挺、（十二）柔婉两品。

二品神态迥别，刚健婀娜，各臻其极，但互呈妙趣，异曲同工。有一点两者却又相同，即整体各个构件都比较细。言其细，主要是造得细，不是下料细。劲挺和柔婉，尤其是后者，必须用很大的料才能造出来。若就其"细"而言，它们和构件比较粗的淳朴和厚拙两品又形成对比。

11. 第十一品　劲挺
乙51、黄花梨一腿三牙罗锅枨方桌（明）
98×98厘米，高83厘米

"一腿三牙罗锅枨"是明式方桌中的一种常见形式。所谓"一腿三牙"是指四条腿中的任何一条都和三个牙子相交。三个牙子即两侧的两根长牙条和桌角的一块牙头。所谓"罗锅枨"即安在长牙条下面的枨子。不过此桌虽属此式，四足直立，不用侧脚，比例权衡，花纹线脚也与一般常见的不同，其风貌也别具一格。

方桌用料不大。桌面喷出不多，所以安在桌角的牙头既薄又小。腿子线脚不是常见的由混面或加阳线构成的"甜瓜棱"，而是别出心裁刨出八道凹槽。使人一眼就看到的是各道凹槽之间的脊线，条条犀利有力的锐棱，由地面直贯桌面。牙条不宽，起皮条线加洼儿，边棱干净利落。罗锅枨上起作用的又是枨上的那几条"剑脊棱"线脚。这些棱线的突出使用，它们又造得那样的峭拔精神，使方桌显得骨相清奇，劲挺不凡。

12. 第十二品　柔婉

甲70、黄花梨四出头扶手椅（明）

58.5×47厘米，高119.5厘米

　　这具扶手椅尺寸并不小，构件却很细；弯转弧度大，更是它的一个特点。

　　搭脑正中削出斜坡，向两旁微微下垂，至尽端又复上翘。靠背板高而且薄，自下端起稍稍前倾，转而向后大大弯出，到上端又向前弯，与搭脑相接。如果从椅子的侧面看，宛然看到了人体自臀部至颈项一段的曲线。后腿在椅盘以上的延伸部分，弯转完全随着靠背板。扶手则自与后腿相交处起，渐向外弯，借以加大座位的空间，至外端向内收后又向外撇，以便就座或起立。联帮棍先向外弯，然后内敛，与扶手相接，用意仍在加大座位空间。前腿在椅盘以上的延伸部分曰"鹅脖"，先向前弯，又复后收，与扶手相接。以上几个构件几乎找不到一寸是直的。椅盘以下的主要构件没有必要再出现弧线，但迎面的券口牙子，用料窄而线条柔和，仍和上部十分协调。

　　明式家具构件的弯转多从实用出发，这也是它的可贵之处。

以上所述也可以说是明式扶手椅造法的一般规律。不过为了取得弧度,不惜剖割大料,而又把它造得如此之细,却不多见。也正因为如此,才能把构件造得如此柔婉,竟为坚硬的黄花梨,赋予了弹性感。

第四组有(十三)空灵、(十四)玲珑两品。

二品仿佛相近,实不相同。空灵靠间架空间处理得当才能取得效果,玲珑则仗各个部位的透空雕刻予人灵巧剔透之感。玲珑必然有高度而精美的雕饰,若就此而言,它又和第二组属于同一类型。

13. 第十三品　空灵

黄花梨靠背椅（明）

51×44厘米,通高95厘米

这是一具比灯挂椅稍宽,接近"一统碑"式的靠背椅。直搭脑,靠背板上开正圆、下开海棠式透光,沿透光边起阳线。中部嵌镶微微高起的长方形瘿木片。椅盘以下采用"步步高"赶枨,只踏脚枨下施窄牙条。四面不用常见的券口牙子或罗锅枨加矮老的造法，而只安八根有三道弯的角牙。正由于它比一般的灯挂椅宽，后腿和靠背板之间出现了较大的空间。透光的锼挖，使后背更加疏朗。

作为坐具的椅子，为了予人稳定感，下半部总以重实一些为宜，否则会有头重脚轻之感，一般不使用角牙正是为此。但这具椅子由于上部间架开张，透光疏朗，下部用角牙却非常协调匀称，轻重虚实，恰到好处，整体显得格高神秀，超逸空灵。

14. 第十四品　玲珑

戊2、黄花梨插屏式座屏风（明或清前期）

足底150×78厘米，通高245.5厘米

插屏式座屏风是明式屏风中的一种。屏座在两个雕有鼓形的木墩上竖立柱，立柱前后用站牙抵夹。两副墩柱之间施两道横枨及披水牙子将它们连成一个整体。柱内侧打槽，嵌插可装可卸的独扇屏风。取此与明刊本《鲁班经》中的屏风图式相比，它们基本相同。若用《清代匠作则例》的术语来说，屏座为"榻橔木雕做抱鼓藁花瓣，立柱壶瓶牙子成做"。

屏座及边框用材粗硕，如果不在所有的绦环板上施加透雕的话，屏风是不会使人觉得玲珑剔透的。明清之际流行的螭纹是一种非常有意思的图案（清中期或更晚的螭纹不在此列），利用尾部的分歧卷转，任何空间都能被它填布得那样圆满妥帖。在直幅的空间中，螭虎可以叠罗汉似的任意叠下去。在横幅的空间中，正中加一个图案化的"寿"字，两旁又可以用螭虎摆出对称而又生动的纹样来。由于在装饰构图上有许多方便之处，难怪螭纹成了当时的工艺品，尤其在黄花梨家具，可说是最常用的图案题材之一。

或许有人问，玲珑的效果既然由透雕的绦环板取得，那么是否只要是透雕，不管什么图案都行呢？回答曰："否！"玲珑首先必须在视觉上予人美的感觉，因此和图案的好坏有直接关系。试想这具屏风如采用晚清民初的"子孙万代"（葫芦）、"蝙蝠流云"之类图案作透雕，恐将不知何以名之，至少是庸俗琐碎而不是玲珑了。

第五组有（十五）典雅、（十六）清新两品。

典雅言其有来历而不庸俗，清新言其大胆创新，悉摈陈腐。二

者乍看起来似乎大相径庭,实际上有一致的一面,即都要有超然脱俗的面目才能入品。如果有来历而只是墨守成规,平淡无奇,那么可称典雅的家具未免太多了。它必须是确有来历但又罕经人道,真正做到了推陈出新。如果说大胆创新,悉摈陈腐,但却是故弄新奇,矫揉造作,那又安得入清新之品,只不过罹怪诞之病而已。

15. 第十五品　典雅

戊39、黄花梨衣架残件中牌子部分（明）

扁方框144.5×29.4厘米

明式衣架上有搭脑，下有立柱支承。立柱下端植入墩座，并用站牙抵夹。衣架中部四木构成扁方框，横材出榫与立柱交接。这一组构件北京匠师称之曰"中牌子"。它在衣架中占有重要地位，两副墩柱仗它来连接，衣衫要有它才能披搭，同时又是施加雕饰的主要部位。

有雕饰的衣架，一般是在中牌子的扁方框内立短柱两根，嵌装三块透雕的绦环板。这具中牌子却采用攒斗的手法造出非常优美动人的图案。纹样是每一组四簇云纹间隔一枲团花。中间一层花纹是完整的，上下两层则各用其半。一般的四簇云纹都是用四枚云纹斗簇，再用栽榫来固定，这件中牌子的四簇云纹和团花是大片木板镂刻出来的。修长的凤眼，卷转的高冠，犀利的阳纹脊线，两侧用双刀刻出的"冰字纹"，完全是从古玉环、璧上的龙凤花纹变化出来的。它避开了明式家具的传统图案，因而看起来新颖醒目，又由于它植根于更久远的艺术传统，而且善于吸收运用，故能优美动人。推陈出新是新与陈合理的统一，典雅二字实寓此意。

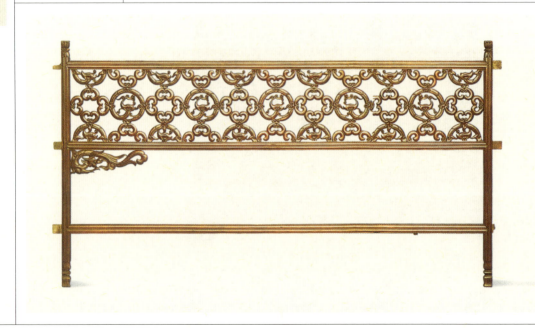

16. 第十六品　清新
甲80、黄花梨六方扶手椅（明）

椅盘最宽78厘米，纵深55厘米，通高83厘米，座高49厘米

六方椅在明式家具中极罕见。少的原因除费工耗料外，更由于容易显得呆笨，很难造得美观耐看。这具六方椅尺寸竟大于一般的扶手椅，又采用了比较复杂的线脚，不能不说是一个大胆的创新。大胆创新并不难，难在把六方椅制作得如此成功。

椅盘以下为六方形结构，不过六方不是等边的，而是前后两边长，其余四边短。这样后背自然宽了，座位面积也大了，垂脚坐或盘足趺坐都相宜，既美观又实用。如椅盘为等边六方形，后背只能造得很窄，有如胖人戴小帽，一定很难看。椅盘以下，只正面施券口牙子，其余五面均用牙条。如每面都施券口牙子，等于每足都要加宽两条边，下部分量就会过重而显得呆笨闷滞。六足外面起瓜棱线，另外三面是平的。椅盘边抹采用双混面压边线，管脚枨劈料

做。椅盘以上，搭脑、扶手、鹅脖、联帮棍等都用甜瓜棱。通体使用了分瓣起棱的线脚，对上下的完整和谐并借以破除呆笨起了一定的作用。一般说来，甜瓜棱习惯用于比较粗的直材，如桌（如一腿三牙式）、柜（如圆角式）的腿子上。此例用于靠背及扶手，显得新颖脱俗。

靠背板攒框打槽分三段装板。上段雕云纹，中段光素，下段锼出云纹亮脚。出人意想的是又一反常例把上段造得格外长，云纹压得很低，为火焰似的长尖留出空位，锋芒上贯，犀利有力，格外精神。这又是装饰上的创新。

对此椅的观察分析，感到它从结体到雕饰都有大胆创新的地方，但创新是建立在周密的意匠经营的基础上的，否则的话就是粗制滥造，炫异矜奇。看来家具设计只有付出辛勤劳动，才能创造出不落窠臼、悦目清新的作品来。

二、明式家具八病

家具的某一病往往是某一品的反面，但又不得与另一品仿佛有些相近而混淆起来，它们之间是有明确分界的。例如繁琐和赘复都是简练的反面，但它们不得与秾华相混。臃肿乃是劲挺的反面，滞郁乃是空灵的反面，但不得与厚拙相混。纤巧是淳朴、凝重的反面，但不得与构件比较细的劲挺、柔婉相混。悖谬、失位的病源每出于标新立异，逞怪炫奇。俚俗一般是不成功的来自某一地区的乡土制品。它们常使用南榆、柞木等较软木材，制作手法，别成体系，与习见的黄花梨、紫檀器等风格不同。民间作品有的非常淳朴，即使粗糙一些，也稚拙可喜。俚俗只是这类家具中的下下品而已。

1. 第一病　繁琐
甲87、黄花梨高束腰带托泥雕花圈椅（明）

60.5×45.4 厘米，座高 55.5 厘米，通高 112 厘米

圈椅是明式椅子中常见的一种，有的结构简练，朴质无纹，格调颇高，而此椅是截然相反的一例。

椅子的靠背板攒框打槽分四段装板，它们自上而下的纹饰是：

壶门开光中雕兽面,委角长方框中雕牡丹竹石,变体海棠式几何纹,云纹亮脚。靠背板及后腿两侧均有多折而起边线的长牙条。椅盘上加透雕花卉的三面短墙,仿佛成栏杆模样。椅盘下四角安竹节纹矮柱,托腮肥厚,几与边抹同大,嵌装在此处的束腰雕龙纹。托腮下的牙子为齐牙头式,腿上雕兽面,三弯腿,马蹄做成虎爪落在托泥上。托泥下还设起边线的牙条。

  首先说它的结构。束腰和托泥在一般的圈椅上是根本不存在的,而此椅用的是高束腰和厚托泥。椅盘上雕花短墙和长牙条更为累赘,它们侵占了扶手下的空间,使本来颇为空灵的圈椅造型遭到破坏。为什么要塞进这些多余的构件呢?主要的意图只是为雕花多增添一些地位。再说它的雕饰,几乎是漫无节制地布满全身,内容芜杂,花卉、兽面、龙纹、卷草等,饾饤堆砌,任意拼凑。它不像某些雕饰虽繁的明式家具,花纹有间歇,有呼应,可以看到它的连续性和统一性。再加上刀法冗弱,没有一组花纹是耐人观赏的。因此这样的圈椅说它从结构到装饰都陷入了繁琐的泥潭,似不为过。

2. 第二病 赘复

甲 24、黄花梨壶门牙子罗锅枨加矮老方凳（明）

48×47.7厘米，高54厘米

有束腰三弯腿方凳，在明式家具中并不常见，但也曾寓目十来件。它们的造法有的四面牙子锼出壶门轮廓和腿子交圈，牙子下更无其他构件，有的在四足内角安霸王枨，有的在壶门牙子下加直枨。至若此凳壶门牙子下设罗锅枨加矮老，更为罕见。

杌凳凡是采用壶门牙子的，它与腿子相交处转角是圆的，因而牙子两端的斜线比一般直牙条方转角的斜线要长一些，和腿子肩部的接触面要大一些，故比较牢固，牙子下不必再加枨子。如果加了，即使是直枨，也会损害壶门的曲线轮廓。壶门牙子的桌、凳往往采用比较隐蔽的霸王枨，就是为了保留壶门曲线的完整。此例则不但用罗锅枨，而且加矮老。矮老上端的格肩插入壶门曲线的转折处，这样就彻底破坏了壶门的轮廓，看起来很不舒服。此种在功能上是叠床架屋，在造型上是画蛇添足的造法，可以说是中了赘复之病。

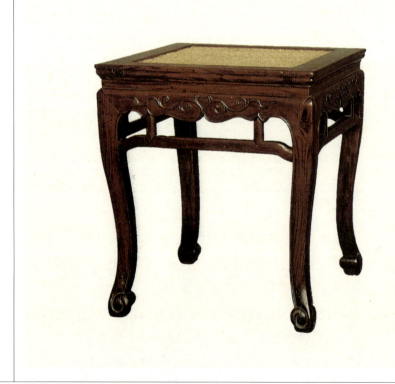

3. 第三病 臃肿

黄花梨螭纹台座（明或清前期）

面49×49厘米，肩部最宽57.5×57.5厘米，高141厘米

这是一件用途还不太清楚的家具，其造型似受石雕台座的影响，可能原为寺院中用来置放铜磬或法器的，但花纹又不类似。今姑名之曰台座。

其构造上部近似方台，四壁凹入，浮雕双螭捧寿，用栽榫与下面的大方几连接。大方几外貌似分两截，上截像一具鼓腿彭牙的雕花矮方几，惟牙子下挂，锼出垂云。此下又造成三弯腿落在托泥上。实际上两截相连，四腿都是一木连做。四面腿间空间随着腿子的曲线打槽装板，浮雕螭纹。论其制作，可谓不惜工本，下料之大，用材之费，耗工之多是惊人的。不过令人惋惜的是实效证明台座的设计是失败的，制者昧于木器不宜仿石器的道理，以致既不凝重，也不雄伟，而只落得笨拙臃肿，不堪入目。

4. 第四病 滞郁
鸂鶒木一腿三牙罗锅枨加矮老画桌（清前期）

177×80厘米，高85.5厘米

　　一腿三牙罗锅枨方桌多数造型优美，并颇具特点。其特点是四足有明显的"侧脚"，即北京匠师所谓的"四腿八挓"，故形象开张而稳定。既有侧脚，四足下端斜出，上端必然收进。但它必须与大边、抹头相交，因此边抹要有相当的宽度。边抹既宽，便不宜厚，以免用材多而过于笨重。不过边抹薄了又会与方桌的整体不相称，所以边抹多在它底面的边缘附加一条木材来解决这个矛盾，即所谓"垛边"的造法。有了垛边，它必然会遮掩长条牙子的一部分，减少它露在外面的宽度，这样就突出了罗锅枨和牙子之间的空间或嵌夹在二者之间的雕花饰件——卡子花，使方桌显得舒朗美观。以上是一腿三牙方桌各个构件之间相互牵连、彼此制约的关系。

　　做长方桌也可以采用一腿三牙式，但不容易造得像方桌那样好看，这具鸂鶒木画桌就是一例。设计者忽视了此种形式应有的特点，边抹用料薄而又没有加垛边，和整体比例失调。最大的毛病出在牙子上，造得太宽了，牙头部分尤为显著。如此之宽的牙子又没有垛边为它遮掩，致使画桌形象显得滞郁不宣，予人闷窒饱满的感觉。

5. 第五病　纤巧

乙26、黄花梨五足香几（晚明或清前期）

面径38.5厘米，肩部最大径48厘米，足部最小径25厘米，高106厘米

这具香几舍得用料，不惜费工，却是一件弄巧成拙的例子。

它采用的是鼓腿彭牙，足端又向外翻出成为三弯腿的形式，在明人小说及《清代匠作则例》中有"蜻蜓腿"之称。此种形式上下的一舒一敛，应当有较大的差别，但也不宜做过了头。此几上部径为48厘米，下部径为25厘米，相差几乎是二与一之比，这样就造成头重脚轻，失去了平衡。

在线脚和雕饰上使人感到过于雕琢的是半圆形的混面束腰和起棱多层的托腮。实际上这里所需要的只是老老实实的直束腰和线脚比较简单的托腮。就是几面的冰盘沿造得也不够理想，不如用常见的"一枭一混"为宜。圆束腰上造出椭圆的浮雕花纹，更与通体的纹饰不协调。看来香几的作者追求的是俊俏的造型和精细的雕饰，但所收到的是纤巧而不自然的效果。

6. 第六病　悖谬

乙101、黄花梨攒牙子翘头案（清前期）

153.7×35.6厘米，高85.7厘米

我们知道凡属案形结体的家具，也就是四足缩进安装，不是位在四角的桌案，正规的造法只有两个——夹头榫和插肩榫。结构见《明式家具研究》插图3·34a，3·35b。

二者外貌有别，夹头榫腿子高出牙条和牙头的表面，插肩榫则腿子与牙条表面平齐。不过最基本的一点它们却是相同的，都是把紧贴在案面下的长牙条嵌夹在四足上端的开口之内。夹头榫和插肩榫大约是晚唐、五代之际，高桌开始使用，匠师们受到了大木梁架柱头开口中夹绰幕的启发而运用到桌案上来的。由于直材（腿子）和横材（牙条）的合理嵌夹，加大了二者的接触面，搭起了牢稳的底架，再由四足顶端的榫子和案面结合，构成了结构合理的条案。千百年来，夹头榫和插肩榫经受了实用的考验，直至今日还在广泛使用。

现在来看这具翘头案，是用木条攒框的办法造成透空的牙条和牙头。它无法和四足嵌夹，而只靠几个栽榫来连接，其坚实程度

是无法和夹头榫或插肩榫相比的。这是抛弃千锤百炼的好传统，不顾违反结构原理，去使用一种在外貌上似是而非的悖谬造法。

7. 第七病 失位

乙89、黄花梨夹头榫管脚枨平头案（清前期）

162.5×51厘米，高85厘米

某一个构件或某一种装饰在哪一种家具的哪一个部位上出现及如何出现是有规律可循的。如果用得合适，符合规律，看起来就很舒服，甚至根本没有去理会它，认为本应如此。如果用在不合适的地方，违反了规律，看起来就很别扭，它也仿佛在家具中待不住，从整体形象中要跳出来似的。

举例来说，用横竖材攒斗成"卍"字，明式家具一般都是若干个连在一起，或斜行几排组成图案，用在罗汉床的床围子上或透空的柜门上，疏透而齐整，颇为美观。单独一个"卍"字，虽曾在架子床的门围子上见过，但效果并不佳，不如连续使用。现在来看这具夹头榫平头案，挡板的部位竟单独用了两个大"卍"字，非常刺目，使人感到不伦不类。此案把"卍"字用在不该用的地方，故名之曰"失位"。

8. 第八病　俚俗

甲 72、南榆四出头扶手椅（明）

63×48 厘米，座高 50 厘米，通高 120 厘米

椅用南榆制成，是次于紫檀、黄花梨、鸂鶒木但为明式家具常用的一种木材。靠背板分三段攒成，自上而下分别透雕云鹤、麒麟及双龙。最下一段亮脚特高，比例失调。鹅脖在椅盘抹头上凿眼另安，不与前腿一木连做。椅盘下三面加横枨，枨上装绦环板，正

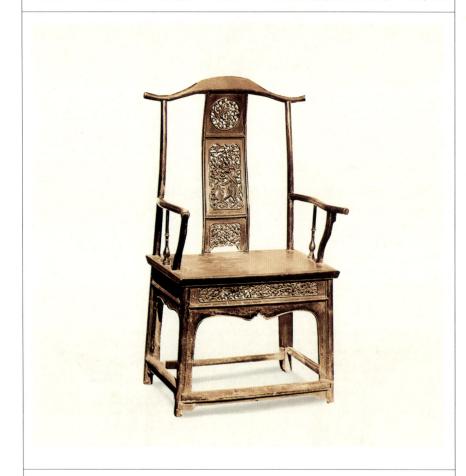

面透雕花卉，侧面平列云纹三朵。这样就不得不将下面的券口压低，致使优美的壶门曲线无地施展。联帮棍锼作葫芦形；形象恶劣，曾疑是后配，经细审其木质、色泽及使用程度，知确为原制。

此椅雕饰繁琐，刀工疲沓，动物形象欠佳，头小而身躯臃肿的麒麟尤为显著。它从造型到装饰都带几分"土"气，用北京匠师的

口语来说就叫"怯"。可以看出它与精制的紫檀、黄花梨家具并非出于同一流派的工匠之手,而是某一地区的中小城市或乡镇的木工为当地的地主乡绅特制的家具。当时的木工确实在精心细制,极力迎合定制者的趣味和要求。不过越是这样就越增加了它的俚俗之态。

本文曾收作《明式家具研究》附录

明式家具五美

如果哪一位有机会去美国参观几家大博物馆,如波士顿美术馆、纽约大都会美术馆、费城美术馆、甘泽兹城奈尔逊美术馆等,或许会惊奇地发现它们都有陈列中国古典家具的专室。如果哪一位为了考察我国博物馆事业,巡游各省市,或许会失望地发现目前只有上海博物馆有一间陈列明清家具的专室。

我国博物馆缺少家具陈列室的主要原因是由于中国文物太丰富了。许多重要收藏的文物都未能一一开辟专室,家具自然更难排上队。对家具重视不够,也是一个原因,认为它是日用工艺品,艺术价值高不到哪里去。这种看法有一定的道理,但也存在着偏颇。

我国传统家具的艺术价值,在世界上越来越得到公认和推崇,有的特点是外国家具所不具备的。概括言之,殆有五美:

首先是木材美。传统的考究家具多用硬木制成。珍贵的硬木或以纹理胜,如黄花梨及瘿𱀋木(图1)。花纹有的委婉迂回,如行云流水,变幻莫测;有的环围点簇,绚丽斑斓,被喻为狸首、鬼面(图2)。或以质色胜,如乌木紫檀。乌木黝如纯漆,浑然一色;紫檀则从褐紫到浓黑,花纹虽不明显,色泽无不古雅静穆,肌理尤为致密凝重,予人美玉琼瑶之感。难怪自古以来,又都位居众木之首。外国家具则极少采用珍贵的硬木材料。

其次是造型美。传统家具不论是哪一品种,成功之作的比例权衡,无不合乎准则规范,但又没有严格限定,匠师们有充分的创作自由。可贵且使人惊叹的是每一件的空间的虚实分割,构件的

图 1　鸂鶒木样（颜色较浅者）

图 2　黄花梨木样（有斑眼花纹）

图 3　黄花梨五足带台座香几，17 世纪

图4 黄花梨门围子架子床,17世纪

粗细短长,弧度的弯转疾缓,线脚的锐钝凸凹,都恰到好处,真有增一分则太长,减一分则太短之妙(图3)。尤其是简练淳朴一类,更使海外工艺家佩服得五体投地,认为已远远超前,望尘莫及。因而竞相乞灵于一桌一椅,一杌一床。当代北欧等国的设计,可以明显看到受我国的影响。对造型复杂家具的认识,也开始有了转变,如围栏立柱的架子床(图4),大量使用绦环板的屏风,他们也渐渐能领略制者的匠心,欣赏器物的神采。

第三是结构美。传统家具把大木梁架和壸门台座的式样和手法运用到家具上。由于成功地使用了"攒边装板"及各种各样的帐子、牙条、角牙、短柱、托泥等等,加强了结点的刚度,迫使角度不变、整体固定。我国的榫卯工艺更可以毫不夸张地说是世界家具之最。由于使用了质地坚实细密的硬木,匠师们可以随心所欲地制造出互避互让但又相辅相成的各种各样、精巧绝伦的榫子来。构件之间,金属钉销完全不用,鳔胶也只是一种并不重要的辅佐材料,仅凭榫卯就可以做到上下左右,粗细斜直,连接合理,面面俱到,工艺精确,扣合严密,天衣无缝,间不容发,使人欢喜赞美,叹为观止。对比之下,外国家具离不开螺丝钉销,金属构件。中国的榫卯,实非他们所能梦见。

第四是雕刻美。明清家具,不少雕刻精美,超凡脱俗,焕彩生辉。技法众多,表达能力大大增强。约略言之,有阴刻、高低浮雕、透雕、圆雕及两种乃至多种技法的结合。题材则灵芝卷草,鸾凤螭龙,飞禽走兽,山水楼台,人物故事,八宝吉祥,无所不备。雕刻效果又和木材有密切关系。只有硬木,尤其是紫檀,受刀耐凿,容人细剔精镂,不爽毫发。再经打磨拂拭,熠熠生光。更加突出了中国家具的雕刻美。

第五是装饰美。古代匠师善于利用不同木材镂刻填嵌,互作花纹、质地,如黄花梨嵌紫檀、乌木或楠木,紫檀嵌黄杨、黄花梨或瀍鹅。嵌件上再施雕刻,借色泽之异,粲然成文。至于采用各种珍贵物品,如玉石、玛瑙、水晶、象齿、螺钿、琥珀等作嵌件的所谓"百宝嵌",始于晚明扬州,运用到家具上,更是珠光宝气,异彩纷呈,取得了装饰的最高效果。即使是家具附件,诸般金属提环拉手,面叶吊牌,垫线包角,等等,也无不起装饰作用。交椅上的鋄金、鋄银饰件(图5),与嵌金,嵌银近似,但更饶古趣幽情,无喧炽秾华之憾,把人们带到了更高的装饰境界。

图5 黄花梨交椅上的铁鋄银饰件

谈几种明代家具的形成

　　任何一门艺术，到了某一时期，呈现出前所未有的灿烂光辉，因而被称为黄金时代，都是从它的前一时期的成就继承、发展而来的。被推崇为中国古代家具顶峰的明至清前期家具，当然也不例外。它所继承的主要是宋代家具（包括辽、金、元），并且又有了很大的发展和提高。

　　在拙著《明式家具研究》第六章中有这样几句话："家具的造型，尤其是常见品种的基本形式，往往延续数百年无显著变化。例如夹头榫条案，灯挂椅或扶手椅，宋代已基本定型，而直到今天，有些工匠还在如法制造。"我所说的基本定型和无显著变化，当然不等于说完全定型和无细微的变化。我们只有持比较慎重的态度——即使在明代家具中发现了某些前所未有的细微变化，也不宜贸然地肯定它们是明代的新发展。因为我们现有的明以前的家具形象知识，主要得自传世的图画和雕塑，所反映的很不完全。实物更为稀少，只不过是当时家具的一鳞片爪而已。

　　不过从另一方面来讲，如果某一品种或某一形式乃至某一构件，在明代家具中大量出现，而在明以前的形象资料中并未见到，或只看到略有几分相似的前身。那么我们说这一品种、这一形式或构件形成于明代，或不致有大误。与上述情况不同的是某种家具形式在宋代曾大量出现，到明代却发生了变化。其中某一部分被简略掉而不再出现了，另一部分则被继承，而且有较大的发展。我们把上述变化的时代定在宋、明之间，其完成、定型则在明代，或许不会引起太多的异议。

还有同一品种的同一形式，在宋代有几种不同的做法，骤然看去，似乎差异不大，经过分析比较，可以看出它们有不合理与合理、原始与先进之别。到了明代，绝大多数的实物都采用了合理而先进的做法。因此我们说这一形式的最终定型是在明代，似乎也是讲得通的。

下面将围绕上述的几种情况，举一些画例和实物来说明几种家具是如何形成于明代的。

（1）开光坐墩

明代有制作得十分精美的开光式坐墩，开光或四或五，实例如紫檀制四开光的一具（参见前文《明式家具的"品"与"病"》第六品图）。它的造型渊源于宋代流行的藤墩。

宋代藤墩这里举刘松年《唐五学士图》中七开光的一件（图1）和题名为《羲之写照》（见《天籁阁旧藏宋人画册》）中上面覆有草垫的一件（图2）。形象清晰，并且相信和宋制无大差异的藤墩却能在明初商喜的《写生图》中看到（图3）。它的做法是先把藤条弯成五个椭圆形的圈，用藤篾把它们连缀在一起，再和上下的墩面及底圈缠扎成器。

图1 宋刘松年《唐五学士图》中的藤墩

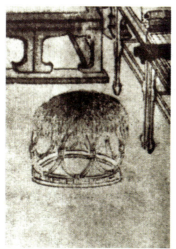

图2 宋画《羲之写照》中的藤墩

图3 明商喜《写生图》中的藤墩

图4 宋苏汉臣《秋庭婴戏图》中的漆木制坐墩

图5 北京西郊辽墓壁画中的坐墩

宋代已有仿藤墩的漆木制坐墩,如苏汉臣《秋庭婴戏图》中所见(图4)。北京西郊辽墓壁画则可看到用粗木仿制的一具(图5)。不过前者因木胎不外露,可以用栽榫或铁钉来连接,贴麻糊布来加固,故对榫卯工艺的要求不高。后者制作粗陋,看不到有谨严、精密的榫卯结构。只有用珍贵的硬木来制作,匠师才能发挥他们的智慧才能。明紫檀坐墩足以使人赞叹,它四根立材两端用近似插肩榫的做法和上下的牙子相交,并留出榫子和墩面及墩底的边框拍合。严密整洁,予人天衣无缝的感觉。如果我们意识到以木仿藤的成功设计需要有一个较长时期的研究、实践的过程的话,那么即使类似的硬木坐墩也曾在宋代出现,恐也未必能达到如此成熟的境地。这具坐墩可视为明代木工用高度的硬木工艺成就,成功地再现了藤制家具的范例。

(2)玫瑰椅

玫瑰椅是明代扶手椅中常见的形式,其特点是靠背与扶手和椅面垂直相交,尺寸不大,用材较细,故予人一种轻便灵巧的感觉(图6)。追溯其源,是吸取了宋代流行的一种扶手与靠背平齐的扶手椅并加以改进而成的。

扶手与靠背平齐的椅子在宋画中一再出现,举例如《西园雅集图》中苏轼等四人三面围着一具壸门大案坐的都是此种椅子(图

7),无脚踏,结构简练,可视为此种宋椅的基本形式。南宋《会昌九老图》(辽宁省博物馆藏)屏风前有此种椅子三把,似乎是用斑竹制成的。南宋张训礼《围炉博古图》中一具有脚踏(图8),可从背面看到此椅的形象。描绘得最为精细的是《十八学士图》两轴中所见,而尤以第二轴的一具造型最为复杂。不仅有脚踏,而且扶手向前延伸,尽端有立材与脚踏相连(图9)。不难想象,这样的椅子搬动起来是很不方便的。现在让我们回到第一例,只须把两侧的扶手降低一些,其大貌就很像明代广泛流行的玫瑰椅。为了轻便适用,小型的椅子不需要有脚踏,而扶手的下降,更是合理的改进,免得把坐者的两肘架得过高以致感到不舒适。

图6 明黄花梨玫瑰椅

图7 宋人《西园雅集图》中的扶手椅

图8 宋张训礼《围炉博古图》中的扶手椅

图9 宋人《十八学士图》中的扶手椅

（3）炕　桌

炕桌是明代家具中最常见的品种之一(图10)，到今天还有较多的实物传世，用南方珍贵木材制成的为数不少，形式雕饰，亦多变化。不过我们查阅宋元绘画，在描写中原或南方景物的作品中竟难看到它的形象。有几分像炕桌，似是而非的有宋人《宫沼纳凉图》妇人背倚的一具(图11)。尺寸高，用料细，与其说它是炕桌，不如说酒桌(如《韩熙载夜宴图》中所见)被搬上了壶门床。又如元刘贯道《销夏图》(美国奈尔逊美术馆藏)画入屏风放在壶门床上的一具，造型如台座，上置笔砚，功能近似都承盘，也很难说它是炕桌。

我们如转向描绘游牧民族生活的绘画及辽代壁画，都时常有矮桌出现。它们制作简单，多放在地下，有的显然在户外。用途则颇为一致，陈置食具及饮食。名画如胡瓌《卓歇图》(图12)及宋人《文姬归汉图》(图13，美国波士顿美术馆藏)中所见。壁画如辽宁昭乌达盟敖汉旗康营子辽墓的《侍奉图》，跪坐一人前有矮桌，上置壶、碗等器(图14)。翁牛特旗解放营与辽墓的《宴饮图》，两桌前后排列。前桌置炊具，后桌列陈食物多种，主人跪坐其后。

自古以来，北方家庭卧具以炕为主。名曰"炕桌"，已经说明

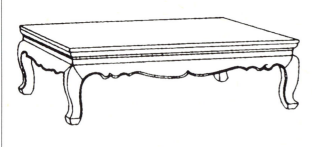

图10　明式炕桌

图11　宋人《宫沼纳凉图》中的桌

图 12 五代胡瓌《卓歇图》中的矮桌

图 13 宋人《文姬归汉图》中的矮桌

了它的用途。不过将它移到地下,围坐就食,也是北方家庭的习惯。正因如此,炕桌又有"饭桌"之称。炕桌既是北方家具,又常用于饮膳,其前身应当就是北方游牧民族的矮桌。

或许有人问,设如所云,何以明式炕桌的精美多姿,和古代矮桌的简单原始,相去如此悬殊,且数百年间又看不到其演变的过程?个人的体会是炕桌虽多用于北方,考究的却生产于江南地区,大量硬木制品可以为证。因此,其工艺是随着其他家具品种的发

图14 辽宁昭乌达敖汉旗康营子辽墓壁画中的矮桌

展而发展的。尤其是炕桌的体形和榻及床的下部基本相同,只有大小之异。因此它们的形式制作是相通的,几乎有什么样的床榻下部就有什么样的炕桌。故其日趋成熟的时代也和其他明式家具一样约在明代中叶。

(4) 闷户橱

闷户橱兼有承置、储藏两种功能,以抽屉下设有"闷仓"(比较隐蔽的存放物品的空间)而得名(图15),一具、两具、三具抽屉的都属常见形式。两屉的又名"联二橱",三屉的又名"联三橱"。

明代闷户橱曾有大量流传在北方,多为黄花梨制。在苏州地区曾见到榉木制的闷户橱,多数只有一具抽屉。有的虽具闷户橱外形,但抽屉下并无闷仓。

在宋、元的家具形象资料中尚未发现闷户橱而只看和它有几分相似的家具。山西文水北口峪元墓壁画中的一例(图16),两具抽屉下虽无闷仓,但正、侧面都设帐子。如果在这帐子上加立墙,并打槽装板,就和明式闷户橱无异了。另一画例见于传为宋龚开作的《钟进士移居图》(台北故宫博物院藏,笔墨与美国弗利尔美术馆所藏龚开《中山出游图卷》不同,可能为元人所作)。两鬼穿杠,肩荷而行。抽屉下虽无闷仓,但设长棖多条,与四足及足间的横枨结合(图17)。它比上例更接近了闷户橱一步。约建于西夏中晚期(12世纪末至13世纪初)的宁夏贺兰县拜寺口西塔,塔刹穹室内发现雕花木桌(图18),造型和闷户橱颇相

图 15 明黄花梨二屉闷户橱

图 16 山西文水北峪口元墓壁画中的抽屉桌

图 17 宋龚开《钟进士移居图》中的抽屉桌

图 18 宁夏贺兰县拜寺口西塔中发现的雕花木桌

似，只安装抽屉的部位均为绦环板。

明代流行的闷户橱应从上述几种家具发展而来，它比北宋时已基本定型的高桌凳椅等显然要晚得多。

（5）官皮箱

官皮箱是明代家具又一常见品种，其基本形式是顶上开盖，下有平屉，两扇门，门后有抽屉，分列三层，底有台座，实例如这里所示(图19)。

由于"官皮"二字费解，前人对它的用途说法不一。再加上明代宫廷有漆木制者，采用考究的髹饰做法，如剔红、雕填、百宝嵌等，造型大同小异，有的只有抽屉，不设平屉，似乎只宜存放小件文玩及图章等，故使人困惑，未能断定其用途。不过传世实物既如此之多，只能是家庭用具而不像是官方衙署中物。其花纹雕饰又多为吉祥图案，且往往与婚嫁有关，如喜上梅梢、麒麟送子等，故可信为陪嫁妆奁，乃妇女用具。盖下平屉适宜存放铜镜、油缸、粉盒等，下面抽屉可放梳、篦、簪、钗等。

近年在江苏武进村南公社南宋墓中发现镜箱(图20)，为上面的看法提供了证据。它也是顶上开盖(图中不见盖，因拍照时正在修理，故

图19a　明黄花梨官皮箱

图19b　盖门打开情况

图20 江苏武进村南公社南宋墓发现的镜箱

图21 明黄花梨高面盆架

未能摄入),下有平屉,屉内有可以支起并放下的铜镜支架,证明了它的用途。平屉下设抽屉两具。和官皮箱相比,主要只缺少两扇门而已。官皮箱门上的子口,与盖扣合后可以加锁,对抽屉内存放的细软起防盗作用。这一增设,当然是合理的。

南宋镜箱的发现说明官皮箱的确切用途,并使我们看到了如何从宋代比较简单的奁具发展到明代的更为完善适用的官皮箱。

(6) 高面盆架

在明代家具中,面盆架有高、矮两种。高者多为六足,前四足短,后两足向上延伸。稍上两足间设横板以备放胰子(肥皂),再上为有雕饰的"中牌子",最上横材为"搭脑",可以搭手巾,实际上就是手巾架。实例如图所示(图21)。

据宋代家具形象资料,面盆架和手巾架是分开的两件家具。年代为元符二年(1099)的河南白沙一号宋墓,后室西南壁壁画,绘

图 22　白沙宋墓壁画中的面盆架及巾架（左图）

图 23　大同十里铺辽墓壁画中的面盆架及巾架（右图）

一具三弯腿的矮面盆架，架上置蓝色白边的面盆。此后又有赭色巾架，上搭蓝色巾，巾面织方胜纹（图22）。约与此墓同时的大同十里铺第二十七、二十八号辽墓，两壁均绘有海棠式面盆，放在直足的架上，后有十字足中植立柱，立柱上安横木的架，架上也有巾垂搭，巾上花纹清晰可见（图23）。

明代依然保留着矮面盆架这一品种，而高面盆架则把巾架合并到一起而成为一件家具。这当然是一个合理的发展。看来正是由于高面盆架的日益流行而巾架的使用价值越来越小，即使不致绝迹，也会大量减少。迄今尚未找到明代的巾架，原因可能在此。

（7）矮老与卡子花

在明代家具中有两个不断出现的构件——矮老与卡子花。矮老就是短柱，卡子花就是装饰化了的矮老，镂刻成圆、方、双套环、方胜、卷草、云头等多种式样。它们多用在家具边框与帐子之间，起着承重和装饰双重作用。实例如两具机凳上所见（图24、图25）。

矮老的形象在宋画中未能发现，而只在山西大同卧虎湾一号辽墓（约1110）及辽宁朝阳金墓（1184）两处壁画的桌子上看到（图26、图27）。最近却有了新的发现，不是壁画而是实物，不仅有矮老，而且有卡子花,那就是 1990 年 7 月经北京市文物工作队清理完毕,从辽乾统十年(1110)建造的房山岳各庄塔塔基地宫中取出的一张供桌(图 28)。它长方形(55×41 厘米、高 35.5 厘米),无束腰,圆材,四面设双枨。在正面的桌面下、枨子上,用两组双矮老将空间分隔成三个空当,每个空当内安一个圆形的透雕四瓣花纹的卡子花。每组矮老之间的窄长空隙还安一个花瓶式的装饰。极为巧合的是塔的

图 24　明黄花梨罗锅枨加矮老方凳

图 25　明黄花梨直枨加卡子花方凳

图 26　大同卧虎湾辽墓壁画中的桌

图 27　辽宁朝阳金墓壁画中的桌

图 28　北京房山岳各庄辽塔中发现的供桌实测图

年代恰好和卧虎湾辽墓相同,连一年都不差。

据古代有关矮老和卡子花的形象资料,我们有以下的认识。如果说达到最高水平的明代硬木家具其生产中心在苏州地区,所以理所当然地会吸取很多南宋的木工手法。但就矮老和卡子花而言(二者都是自明以来苏州地区木工惯用的构件),却是吸取了北方的制作。明代家具从全国各地吸取营养来丰富自己,应当是它能高跻传统家具顶峰的重要原因之一。

(8) 罗汉床

北京匠师称三面有围子的床曰"罗汉床"(图29)。围子据其扇数有三屏风、五屏风、七屏风等称。做法有独板、装板、浮雕、透雕等多种。床身有直足、马蹄足、鼓腿彭牙、三弯腿等多样,但几乎全部都是四足,有托泥的极为罕见。

从研究家具制作及演变的角度来看,宋人《维摩诘图》是一幅很重要的绘画。古代画家很少将家具的细部刻画得如此仔细精到。它使我们看到床围子的制作是攒框装板做。边框素混面起双

图29 清榉木罗汉床

图 30 宋人《维摩诘图》中的床

阳线,边框内子框起脊线和边框的一条阳线交圈。边框转角处委角。子框和边框用大格肩榫相交。框内的装板一律用浅色的瘿木,取得不同木材色泽对比和天然活泼纹理与谨严精密的木工对比的脱俗、耐看的效果(图30)。这些做法我们都可以在明代家具中看到,故感到亲切而熟悉,足以说明明代家具如何继承了宋代家具的造型、结构和线脚,包括选料和配料。

不过《维摩诘图》中的床身却与明代的罗汉床大不相同,我们还举不出一件采用台座式造型的明代壸门床。我们不妨说明代家具继承并发展了床的上部而简化了其下部。我们有可能在传世实物中发现一件明制罗汉床其围子近似《维摩诘图》中所见,但其床身将是四足的,而不会是台座式平列壸门的。明代对宋代家具既有继承,也有简化和摒弃。

在这里不妨同时指出宋代的桌案有不少是台座式平列壸门的。这种造型明代已经不用了。就是宋代高桌常有的托泥,到明代也大为减少。从这点来说,明代家具的造型和结构,比起宋代来是简化了而不是更加复杂了。

（9）夹头榫案

夹头榫是案形结构最常用的一种结构，也是非常合理的一种结构。它的做法是四足上端开口，嵌夹一条横木，即所谓"牙条"。在嵌夹的地方，牙条上还做出牙头，借以加长腿足与牙条的嵌夹面，使腿足更加稳定，不易摇晃。为了便于就案工作，案面下要留有足够的空间。故正面牙条下不设帐子，只侧面设帐子一根或两根。这是明代夹头榫案最常见的做法，很少有例外。实物如图所示(图31)。

如果我们看一看宋画中的案，会发现很多不是按上述的做法制成的，而是在相当长一段时间内存在着不同的做法，至明代才统一定型，合理、先进的做法取代了各种不合理、原始的做法。

宋代夹头榫案的做法大概有四种：

第一种是四足上端只能看到有小小的牙头，案正面无帐子，侧面有单帐或双帐。画例如南宋陆信忠《罗汉像》中的一具(图32)和宋人《瑶台步月图》中的一具(图33)。由于牙头小，案足只有侧面安帐子连接，故此种做法肯定会摇晃不稳。

图31 明黄花梨夹头榫画案

图 32　南宋陆信忠《罗汉像》中的案

图 33　宋人《瑶台步月图》中的案

图 34　宋人《槐荫消夏图》中的案　　　　　图 35　宋人《妇人斫鲙图》画像砖中的案

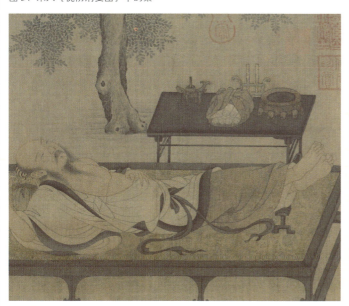

　　第二种是四足上端嵌夹牙头，案正面有单枨，侧面有单枨或双枨。画例如宋人《槐荫消夏图》（图 34）、宋人《妇人斫鲙图》（图 35）画像砖中所见。实物则有河北巨鹿北宋故城出土的木案（图 36）。此案虽只有腿足上端的里侧有牙头，但尺寸很长，几乎将要连接成一根通长的牙条。

图36 巨鹿北宋故城出土的案（线图）

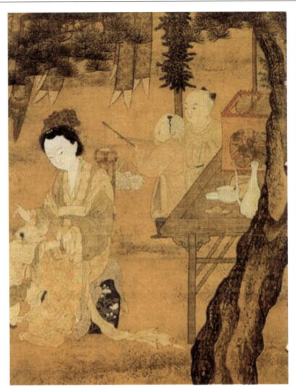

图37 宋李嵩《观灯图》中的案

正面安枨子主要在矫正第一种做法摇晃不稳的缺憾，但又出现了新的缺憾，那就是正面枨子妨碍使用者就案子进行工作。

第三种是四面设枨子有如第二种，故妨碍就案工作的缺憾依然存在。但腿足上端的两个牙头已经连接成一根通长的牙条。这是一个重要的改进。因为通长的牙条能把两足从正面有机地连接起来，增加了案子的稳定性。同时也只有有了通长的牙条才有可能去掉迎面的枨子，解决妨碍就案子进行工作的问题。画例如李嵩《观灯图》（图37）、宋人《蕉阴击球图》（图38）和金刘元《司马槱梦苏图》中的案子。

第四种是正面通长牙条、无枨子，侧面双枨。画例如《孟母教子图》《村童闹学图》（图39）中的案子。这种做法既能防止摇晃不稳，又不妨碍使用者就案工作，因此比以上三种都来得合理、先进，也正是明代夹头榫案普遍采用的做法。宋代的通长牙条都很窄，牙头也很小，到明代牙条用料加宽，牙头中部下垂，目的就在增加和腿足的嵌夹面，使桌案更加稳定坚固，夹头榫结构也日趋完善合理，终于定型。

以上只就历年涉猎所及,提出一些不成熟的看法。正如前述,由于古代家具的形象资料所见甚少,故难免有误。一旦发现新材料,会立即把已有的看法否定、推翻。笔者渴望有新材料发现,更希望得到究心此道的诸公匡误正谬,使本人的认识逐步接近历史的真实。

1990年秋应邀赴香港及美国几个大城市参加《明式家具研究》英文本首发式,曾以此文用英语作报告,并在香港英文杂志《东方美术》(Orientations)1991年1月号上刊载。1994年12月略作修改。

图38 宋人《蕉阴击球图》中的案

图39 宋人《村童闹学图》中的案

案铭三则

1997年以来,曾为三具画案作铭。

第一具是花梨木大案,铭曰:

> 大木为案,损益明斫。
> 椎凿运斤,乃陈吾屋。
> 庞然浑然,鲸背象足。
> 世好妍华,我耽拙朴。

郭君永尧,赠我巨材。与家青商略兼旬,始作斯器。绳墨操斧者陈萃禄,刳剔铭文者傅君稼生也。丁丑中秋王世襄书于城东芳草地西巷。(图1)

已经是七八年前的一次出行了,我去浙江慈溪参观旧家具市场,获识瑞永工艺公司经理郭永尧先生。他经营仿古家具,厂房院中堆置大量硬木木材。最大花梨圆木,横置地面,高及人肩,系由泰国输入。后因禁止出口,遂不可再得。我提出请求,希望在开料时给我留一块厚板,作画案面板之用。承蒙郭君同意。

郭君重然诺,三年后忽来电话,告知大材即将剖锯。我立即绘制画案草图,标明尺寸寄往,不久即用集装箱运到北京。付款时,郭先生说:"你出了几本明式家具书,我们大大受益,赚了不少钱,案料理应奉赠。"我坚决不同意。几经"争执、交涉",才按当年进料成本,外加增值之数,勉强收下。郭君盛情可感。

画案结构为夹头榫式，由五个部分，即案面、两根长牙子、两个由双横枨连接腿足的支架组成。造型简练，连侧端的牙子都省略掉了。任其空敞，不交圈，故铭文曰"损"。独板面板，厚8厘米，纵宽为270.5×91厘米。重量没有称过，估计在300至400公斤之间。腿足断面扁圆形，周长47厘米，其硕大粗壮均为明式桌案所未见，故铭文曰"益"。八句铭文只有两句较为形象——"庞然浑然，鲸背象足"。横置室中，稳如泰山。既可高叠图书压不垮，展开长卷任挥毫，真是快哉！快哉！

第二具是田家青为何孟澈先生制作的紫檀画案。铭曰：

> 紫檀作案，遵法西陂。
> 黝如玄漆，润若凝脂。
> 可据览读，得就临池。
> 宜陈古器，赏析珍奇。
> 更适凭倚，驰骋遐思。
> 君其呵护，用之宝之。

孟澈先生喜予旧藏宋牧仲大案，乞家青监造一具，神采不让原器。乙卯中秋，畅安制铭并书，稼生刊刻。(图2)

清初文学家兼收藏家宋荦，字牧仲，号西陂。所遗大案(见拙著《明式家具珍赏》图版115)，即刊有红豆馆主(溥侗)题识，现陈置在上海博物馆展室者(图3)。孟澈先生久居香港，现在英国牛津大学攻读医学博士，对祖国传统文化十分崇仰，读古籍、学书法，日以为课。亦喜收藏文物，时时赏析摩挲，故铭文及之。

此案之可贵亦在其硕大，长宽均已超过西陂的原器，传世紫檀画案亦罕与匹。

第三具是徐展堂先生烦请田家青制作的紫檀画案。铭曰：

> 紫檀美材硕且长，
> 循古思变存其良。
> 斫成大案生奇光，
> 莹润不让陈包浆。

帛天隹走下

家具

郭君永
尧赠我
巨材典
哈桑甫
家棄旬
器縄斯
操斧者
陈草禄
剞劂傅
文者铭
君稼生
也
丁丑中秋
王世襄
书於城东
芳草地
西巷

凭倚
驰骋
遐思
君具
呵护
用之
宝之
孟澈先生
嘉芳曰蒲
宋牧仲大
安宋芝家青
监造一具
神采奕奕
原器己卯
中秋赐出
襄铭並书
稼生刊刻

图1　花梨独板面大画案铭文

妍世象鲸浑庞吾乃运椎明损为大
华好足背然然屋陈斤斲益案木

图2　紫檀大案铭文

赏古宜临得览可凝润玄黟西遵作紫
所器陈池就读抟脂若漆如陂法紫檀

家具

图3 明紫檀插肩榫大画案及铭文

061

善兹事者田大郎，

用之宝之徐展堂。

斯制损益宋牧仲遗案而更饶明韵，喜为铭之。庚辰夏王世襄。（图4）

此案的特点在格外长大。由于紫檀无大料，故大件的紫檀家具十分珍贵。据往日所见，以同仁堂乐氏捐赠给故宫博物院的夹头榫带托子画案（图5）为最大。尺寸是231×93厘米，高85.7厘米。当年放在鲁班馆家具店店堂，索价相当于一所中小型四合院。协和医院著名脑科专家关颂韬大夫多次前往洽购，绕案多匝不能去，终因价昂难谐，后为乐氏所得。今案的尺寸是238×105厘米，高83.5厘米，超过带托子的一具，故堪称第一大案。家青曾说起物色紫檀大料的体会："做大案只要有了两根大边，其余部位都好办。如要求大案的长度增一寸，其难度就要加几倍。"正说明紫檀粗长正直，中心不空之料实在罕有。此案的两根大边是在上千根大料中选出的，仅此一点，就足以论定此案为稀世重器。

"循古思变存其良"是说此案虽循西陂遗制，但又有更易。如牙条两端不再浮雕回纹，显得更为古朴。云纹牙头由于案面的加大而增长，以期符合比例权衡。正面、侧面的侧脚都加大，即北京匠师所谓的加大跑马挓和骑马挓借以增加大案的稳定性。凡此改进，都是经过缜密思考、精心设计的。为此铭文末句叮咛展堂先生要"用之宝之"。

说起这三具画案，不免要提到参加制作的各位同志。"善兹事者田大郎"，给家青老弟开了一个小小玩笑，他当不致以此为忤。他自然是三案的主要设计者和监制者。十多年来他潜心研究家具史和制作工艺，著述日富，蜚声中外。精制"明韵"系列，严肃认真，一

图4　紫檀大案铭文

图5 夹头榫带托子大画案

丝不苟，成品为识者所珍。尤其是手执斧凿，躬身操作，追求获得最真实、最直接的经验感受，这正是我想做而没有做的。说得更准确一些，正是我想做但又做不了的。使我自叹弗如。陈萃禄同志为花梨大案付出劳动，名见铭文，意在破除轻视工匠、古代家具从来无制者署名的陋习。剞劂铭文的傅稼生先生，在荣宝斋雕镂彩色水印木板有年。以刻宋元名画、明清笺纸之手来刻铭文，自然是游刃有余。墨拓铭文，请傅君万里为之。他是已故传拓圣手傅大卣先生的哲嗣，

紫檀美材硕且长思古幽情其良匠成斯大案先生奇不荧润

克绍箕裘,以此技艺已为文物工作做出重要贡献。

拙作三铭,乃游戏之作,原无足称道。今得以墨拓博得读者一哂,似略具古趣,视手书为胜。我感谢铭文的刻者,也感谢铭文的拓者。

二千年重阳

附记:

家青近制大架几案(图6),铁梨面,长340厘米,宽逾60厘米,厚11厘米,莹洁无瑕,巨材也。紫檀架几,四足有托泥,镶圈口起边线。雄伟壮丽,得未曾有。喜为铭曰:

紫檀架几铁梨面,
莫随世俗论贵贱。
大材宽厚品自高,
相物知人此为鉴!

癸未元月
世襄八十有九

图6 架几案

记明万历缠莲八宝纹
彩金象描金紫漆大箱

  50年代中期某晚，经吴学荣介绍，前往广渠门附近一曾业古玩者家购得此箱。胡同方位及名称早已茫然，只记得地甚偏僻，主人出门许久始找到三轮车。搭箱上车，绳索固定，已不能再坐人，我只得在车后推搡，快步进入崇文门，不久即抵家，此景犹历历如昨。当年得益于放鹰逐兔，快跑四五里，不在话下也。

  此箱最早于《髹饰录解说》中述及："彩金象描金，可以万历款缠枝莲纹大箱为例（图1）。原有底座，已散失。漆地紫色，四面及盖顶以回文作边，各描绘莲纹十六朵，分作四排，以枝叶串连；每朵上承八宝（轮、螺、伞、盖、花、罐、鱼、肠）一件，金色分深浅。花蕊、花瓣用赤色金，球状花心及枝叶用正黄色金。双鱼鱼身用赤色金，鬐鬣用正黄色金。其他各宝也用两种金色分层次。款在盖里，正中直行泥金楷书'大明万历年制'（图2）。花纹做法是先在紫漆地上用漆作描绘，干后用黑漆勾纹理。两种不同的金彩，分两次贴上，最后在花纹上勾金色纹理。箱前面正中有鼻纽，以备穿钉上锁。背面有铜铰链三枚，两侧面各有铜环。又因箱盖无子口，所以在前面的鼻纽两旁，各安桃形铜饰一枚，两侧面各安铜饰三枚，目的在代替子口作用。这是明代宫廷的做法，民间箱箧，尚未见过。"

  此后又于《明式家具研究》中言及此箱。因列在几种箱具之后，为避免重复，述说从简。但指出箱盖下未见有平屉痕迹，也无抽屉。此乃就明代几件同类大箱比较而言。

  1983年编写《明式家具珍赏》，此箱未能收入。因"文革"后发还首批抄家文物，均用卡车运入故宫博物院。其目的在让故宫得以从中挑选，扣留认为值得由故宫收藏之文物。为此故宫曾成立挑选组，有多位专家参加。其中以工农出身之魏松卿研究员最为积极，共扣留尚均雕红寿山螭纹印泥盒、铜炉等数十件，此箱亦在其中。因此我未能将它编入《珍赏》一书中，否则早已随同收入《珍赏》之明清家具七十九件入藏上海博物馆矣。两年后吴仲超院长发现扣留抄家文物，不符合国家政策，决定全部发还给原主。1989年我编写《明式家具研究》遂得将箱收入该书。

图1　万历缠莲八宝纹彩金象描金紫漆大箱　　　　图2　箱盖内年款

记清黄花梨小交机

50年代,德胜门外马甸小高,以晓市买卖旧物为生。一日送交机至我家,购之。

1983年编写《明式家具珍赏》,此件收作实例(见页70,编号30),说明如下:"由八根直材构成,是交机的基本形式。其制作年代可能晚到清中期,但与宋人摹《北齐校书图》(图1)中所见,已无差异。可见民间日常使用的交机,千百年来一直保留着它的原来结构。"

1992年香港庄贵仑先生为纪念其先人,拟购买拙藏明清家具,捐赠上海博物馆,成立专门陈列室。予欣然同意,并有诺言:"只要先生自己一件不留,全部捐给上博,那么我用了四十年搜集到一起的并已编入《珍赏》的家具七十九件也一件不留,全部奉上。"同时我还不计所值,给多少是多少,决无二议。就这样明清家具七十九件,于1993年2月全部入藏上海博物馆。

此件小交机(图2),原为我所有,而现仍在我家,却不在七十九件之内。是何缘故,说明如下。

1962年10月,中国音乐研究所负责人通知我,已摘掉"右派"帽子,即日调回文物局,分配到文物博物馆研究所工作。上班后,我上书所长姜佩文,请求用一部分时间从事古代家具研究。随即得到所长的批准。为了绘制家具图,承蒙杨乃济先生(古建筑专家,梁思成先生高足)慨允,愿大力协助,不接受任何酬报。此事对研究所本是一项无偿的贡献。不料为了在所中工作室支架一块绘图板,竟遭到中层领导的种种刁难,拖延数月,不予安排。随后他又联合人事处处

图 1　宋人摹《北齐校书图》中的交机

长李某及由小器作工头转为干部、以欺凌工人而不齿于人的某甲，召开斗争会，对我进行批判。绘图一事自然也被取消。

我本以为"右派"摘帽后，应当可以回到人民中间。到此方知"摘帽右派"早已成为一种身份，和"右派"并无差异，随时都可以对具有此种身份的人进行管制、歧视。中层领导自己干不了，也不愿看见有别人干。一心向上爬的最善利用欺凌"右派"来表现自己进步，某甲就是以此起家的。现在研究所新调来一个"摘帽右派"，自然大有文章可做了。此时我也明白全国各单位都是如此，我又何必耿耿于怀。不过专程上门义务绘图都会遭到拒绝，未免使乃济兄感到很不愉快。我也为有负他的美意而不安。为此我将小交机赠送给了他，聊表寸衷。1983年我编写《珍赏》，将交机借来拍照，拍后即送还。在《珍赏》交机图下及书末收藏者一览表中均注明"杨乃济藏"字样。我与庄先生洽谈转让家具时，小交机非我所有，自然不能列在七十九件之内。

在家具全部入藏上海博物馆之后，一日乃济兄忽挟交机来。言称："你的家具都已没有了，不感到有些失落感吗？这一件还是还给你吧。"其意甚坚，我只好将它留下，因此交机现仍在我家。

图2 清黄花梨小交机 面支平 47.5×39.5厘米，高43厘米

记北楼先生自制楠木画案

　　画案由面板、小箱、大箱各二组装而成。拆卸后，面板、小箱可装入两具大箱，一人肩挑而行。尺寸如下：

画案组装后：

案高84厘米。案面164×82厘米。

案足足底占地面积174×92厘米。

画案拆卸后：

案面板两块，每块厚3厘米，横纵82×41厘米。

小箱两具，每具高33厘米，横纵82×41厘米。

大箱两具，每具高54厘米，横纵92×51厘米。

　　此案经北楼先生亲自设计并绘图，延工监制。儿时在墨茶阁，翘足立案旁，注视舅父挥毫，情景犹历历如昨。"文革"中案被抄。归还时钱粮胡同故居被挤占，无地可容，只得交付商贩。襄闻讯，购之于北新桥旧家具店。时吾家亦狭隘不堪，只不忍见其流落，恐遭毁灭耳。

　　画案小箱两具，均有抽屉，但数量及抽拉方向并不相同。两小箱分别放在左右大箱之上，位置可以左右对调。两具大箱各有两个抽屉，均向后抽拉。但大箱可掉头摆放，抽屉之抽拉方向也随之改变。大箱位置也可以左右对调。画案可根据个人需要，及室内空间情况，变换大小箱的安放方法，以期达到合理使用的目的。

　　特备图片六幅，可看到画案如何经过拆卸，装入两具大箱。同时还绘图示意，说明为了适合不同使用者的要求，如何变换摆放方法。

图 1 为画案组装完成，可供使用的情况。

图 2 同上，只左侧小箱的两个抽屉和右侧大箱及小箱的两个抽屉都稍稍拉开。

图 3 可见画案面板已卸下，置大箱顶面落堂上，尚未放入其内。案面板两端，安木条抹头，两端各装走马楔两个，与小箱一侧的上边框连接。走马楔为铜制，在抹头上凿槽安榫头，小箱边框上凿槽安卯室，榫头可拔出或推入。推入后榫头全隐不外露。

两具小箱已从大箱上搬到地面。两具大箱的抽屉均已拉开一些。

图 4 右侧的小箱已装入大箱的两具抽屉中，但尚未将其推入大箱。左侧小箱已装入大箱的一个抽屉中，另一抽屉则扣在地面上，有待扣到小箱之上。

这里有待说明的是大箱两个抽屉的特殊构造：一般家具如上下有抽屉，中间一定设隔板，否则上者压下者，无法开启。此案为了大箱要容纳小箱，故两屉之间不设隔板，而在上一抽屉之侧面安木条，大箱两帮内侧开槽，做成轨道，用木条及轨道架住上一抽屉，不使下压。更因轨道位居上抽屉帮之正中，抽屉既可朝上，又可朝下推入大箱。抽屉朝上时仍可存放物品，朝下倒扣时，上下抽屉之间有足够空间容纳小箱。图中两具抽屉侧帮上的木条轨道，明晰可见。还有上下抽屉之高度也不同。上高 18 厘米，下高 22 厘米。上低下高，也是为了减轻上者向下的压力。

图 5 可见左侧大箱已将装有小箱的两个抽屉完全推入。右侧大箱也已装好小箱，抽屉尚未全部推入。

图 6 可见两块案面已分别装入两具大箱顶面的落堂内。大箱只待捆绳肩挑了。

以下用线图 2 假设在不同情况下画案的不同摆放方法。

假设画家右手用笔，准备将画案放在三间北房东侧一间。案右端靠南窗摆放，以利取光。画家座位在案后，面朝西，背对东壁。沿壁置书架、柜格，故案后所余空间不大，而案前则较空敞。因此摆放两具大箱使其正面朝前，抽屉向西抽拉，关启全无阻碍。案右端小箱，有抽屉四具，前后各二，抽拉亦甚便。左端小箱抽屉两具，

图 1

图 2

线图 1　画案俯视图

图 3

图 4

图 5

图 6

073

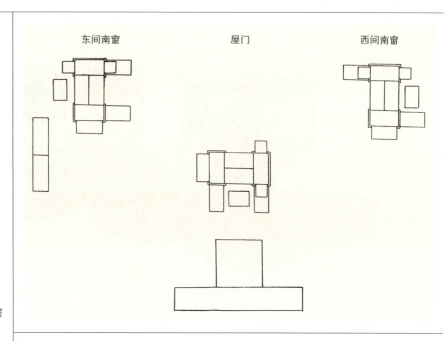

线图2　画案不同摆法示意图

横宽而纵浅,朝北方向抽拉,其空间可能更大于案前。

再假设使用者愿将画案放北房正中一间,座位设在案后,面南而坐。为了取物方便,不必离座即可拉开抽屉,故摆放大箱与前例恰好相反,使其正面朝后,抽屉向北抽拉。至于两具小箱,左右亦可易位。因大箱顶面落堂尺寸与小箱底部尺寸均按规定大小制作,故可随意调换两小箱的摆放位置。

再假设主人用左手书画,则可将案放在西间,贴靠南窗,以利取光。画家座位在案后,面朝东。为了出入方便,右侧大箱不妨正面朝东,左侧大箱正面朝西,各自向前或向后抽拉。

如上所述,足见此案之制,曾经吾舅精心设计。思考周详,形制巧妙,乃为其早年南北往返频繁而特制者。仅此一端,已允当摄影著录,藉见匠心。不仅其为一代名家之遗物也。

工藝

中国古代漆工杂述

一、我国漆器最早出现于何时

在人类物质文明发展史上,漆汁的利用,最早应该是用于生产工具的粘连、加固,然后才有漆制的日用品和带纹饰的漆工艺品。后者往往不仅用生漆,还要用经过炼制的熟漆,调配研细的色料,乃至施加雕刻才能做成。我国商代已有高度纹饰的漆器。在此之前,漆器肯定已经经历了一个相当长的发展阶段,我们相信它最早出现于原始社会。实物材料近年已有所发现。

1978年在浙江余姚县河姆渡村距今已有七千年的遗址中发掘到大量木器。据报道,"第三文化层有一件木碗,造型美观,腹部瓜棱形,有圈足,内外有朱红涂料,色泽鲜艳。它的物理性能和漆相同"❶。

1960年前后,江苏省文物工作队在吴江梅堰新石器时代遗址中发现彩绘陶器,观察到上面的彩绘原料十分像漆。拿它和汉代漆片及纯属陶器的仰韶彩陶、吴江红衣陶进行试验对比,结果与汉代漆片相同而与仰韶、吴江陶器不同。可能由于试验方法比较简易,报道的结语中只说彩绘原料和漆"性能完全相同"❷,而没有断言它究竟是不是漆。进一步的化验和判断,尚未见到正式报告。

1977年中国科学院考古研究所在辽宁敖汉旗大甸子古墓葬中发现两件近似觚形的薄胎朱漆器。墓葬遗物经碳-14测定,距今约为3400—3600年,属于夏家店下层文化。夏鼐同志对该文化

❶《余姚河姆渡村发现距今七千年的原始社会遗址》,《光明日报》1978年5月19日第3版。

❷ 江苏省文物工作队:《江苏吴江梅堰新石器时代遗址》,《考古》1963年第6期。

层做过分析,认为部分遗物与黄河流域的青铜器时代较早遗址的出土器物面目相似,而另一部分则有龙山文化的特征,因而视为中原地区晚期龙山文化的变种❸。远处北方的这样早的墓葬竟埋藏着漆器,很可能来自中原或南方。如果这种推测不错,那么中原或南方制造及使用漆器就应有更早的历史。

二、关于髹饰用油

我国长期以来油和漆连属并称。专业的工匠被称为"油漆匠",也说明油漆并用,不可或缺。说到髹饰,我们知道凡是黑色及深色主要用漆,浅淡鲜艳颜色的描绘则必须用油。《髹饰录》杨明注早就指出:"黑唯宜漆,而白唯非油则无应矣。"又说:"如天蓝、雪白、桃红,则漆所不相应也。"❹

古代彩绘漆器,这里试举三例。一、信阳长台关楚墓发现的小瑟残件,出土不久曾获谛视,至少施用了鲜红、暗红、浅黄、黄、褐、绿、蓝、白、金九种颜色❺(图1)。二、江陵一号墓出土的战国木雕小座屏,透雕及浮雕五十一个动物,在黑漆地上施红、绿、金、银等色,其中绿色甚为鲜明❻。三、大同石家寨北魏司马金龙墓发现的木板屏风,人物面部敷白色,再用墨笔勾眉目,衣服、器物用红、黄、白、绿、灰蓝、橙红等色(图2)。值得注意的是白色容易脱落❼。这三例,几乎可以肯定凡是鲜明的浅色,都是用油调配的。白色易脱落,正是油色不及漆色坚牢的应有现象。前两器都曾经复制,复制的同志在摹绘浅色花纹时用的也是油彩。

如果可以肯定战国和北魏的彩绘漆器部分使用了油色的话,接着很自然会想到桐油的利用,因为髹饰用桐油已有相当长的历史。但考察有关油桐树和桐油的历史文献,又不敢遽然下战国时已使用桐油的论断。

"桐"虽早见于《诗经》❽,但所指是梧桐一类树木而不是油桐。油桐据清代吴其濬的考证,唐陈藏器《本草拾遗》始著录❾。宋寇宗奭《本草衍义》有"荏桐早春先开淡红花,状如鼓子花,花开成实,子可作桐油"的记载❿。明李时珍《本草纲目》罂子桐条列举虎子桐、荏桐、油桐三个名称,释曰:"罂子因其实状似罂也,虎子

---

❸ 夏鼐:《我国近五年来的考古新收获》,《考古》1964年第10期。

❹ 黄成著、杨明注:《髹饰录》,坤集,1927年紫江朱氏刊本。

❺ 见《文物参考资料》1957年第9期彩色版。

❻ 湖北省文化局文物工作队:《湖北江陵三座楚墓出土大批重要文物》,《文物》1966年第5期。

❼ 见《文物》1972年第3期彩色版。

❽ 《诗经·定之方中》:"椅桐梓漆。"

❾ 吴其濬:《植物名实图考》卷三五页815,商务印书馆排印本。

❿ 据李时珍《本草纲目》卷三五引文(商务印书馆排印本)。查《本草衍义》原文与此有出入:"一种荏桐,早春先开淡红花,状如鼓子,花成筒子,子或作桐油。"见卷十五页3下"桐叶"条,光绪三年陆心源据南宋麻沙本重刊。

图1 战国彩绘射猎图漆瑟残片，河南省文物研究所藏

以其毒也，荏者言其油似荏油也。"⑪值得注意的是，油桐宋时名叫"荏桐"。"荏"就是"苏子"。桐油类似荏油（苏子油），可以代替荏油在漆工中使用，因而把油桐树叫作"荏桐"。这说明桐油之被广泛使用在荏油之后。

宋崇宁二年(1103)经李诫重修的《营造法式》讲到熟桐油和煎合桐油所用的物料⑫。南宋程大昌《演繁露续集》⑬有一条记载："桐子之可为油者，一名荏油。予在浙东，漆工称当用荏油。予问荏油何种，工不能知。取油视之，乃桐油也。"⑭它说明当时浙东使用桐油，但由于多年来漆工惯用荏油，因而后来虽改用桐油，却仍沿故习称之为荏油。这应当是在桐油取代荏油还不太久的时候，否则就不会沿用名不副实的旧称了。证以修造古琴的文献，北宋时配熟漆用的是清麻油，到南宋景定时的杨祖云才用桐油⑮。关于油桐或桐油的历史文献，尚未见到早于唐代的，愿读者以更早的史料见教。

《尔雅·释草》有"桂荏"之名。李时珍说："味辛如桂，故《尔雅》谓之桂荏。"⑯北魏贾思勰《齐民要术》称："荏子秋末成，……收子压取油，可以煮饼；涂帛、煎油弥佳。荏油性浮，涂帛胜麻油。"⑰南朝陶弘景说："荏状如苏，……笮其子作油，日煎之，即今油帛及和漆所用者。"⑱唐陈藏器《本草拾遗》："江东以荏子为油，北土以大麻为油。此二油俱堪油物。若其和漆，荏者为强尔。"⑲从文献

⑪⑯ 李时珍：《本草纲目》卷三五页14，商务印书馆排印本。

⑫ 李诫：《营造法式》卷二七页88、92，商务印书馆影印本。

⑬ 即《续演繁露》。——编注

⑭ 程大昌：《演繁露续集》卷五页10上，《学津讨原》本。

⑮ 北宋人《琴书》载煎鰵光法所用材料为："好生漆一斤，清麻油六两，皂角二寸，油煤烟六钱，铅粉一钱，诃子一个……"《琴苑要录》，瞿氏旧藏明抄本；杨祖云：《合光法》，明蒋克谦辑《琴书大全》，明万历刊本。

⑰⑱⑲ 据吴其浚《植物名实图考长编》卷十二页676引文，中华书局排印本。《学津讨原》本一两字有出入。

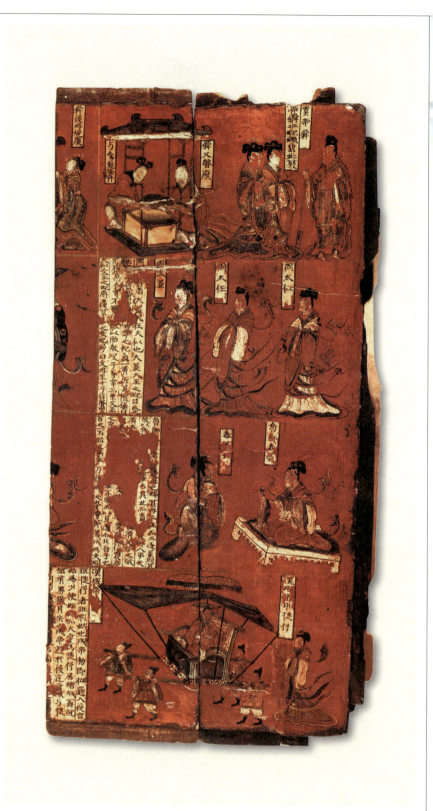

图 2 北魏彩绘人物故事图漆屏风,大同市博物馆藏

来看,古人对荏的认识和荏油的使用,都比油桐树和桐油要早得多。这就不由得使人设想,战国时的彩绘漆器,会不会是用荏油来调色呢?

除荏油外,古代漆工还可能用大麻子油及乌桕子油来调色。这两种可以制涂料的植物油,都有较早的文献记载。

至于司马金龙墓出土的屏风,配色的油料似乎不能排除用核桃油的可能。《北齐书·祖珽传》称"珽善为胡桃油以涂画",颜之推《颜氏家训·省事篇》也有关于煎胡桃油的记载。说明核桃油用作涂料流行于此时。据郑师许的考证,三国曹魏"有言密陀僧漆画事"[20]。密陀僧是一氧化铅,又名黄丹,入油起促进干燥作用。用于髹饰的密陀油可以用荏油或核桃油调制。7世纪日本的密陀绘玉虫厨子,田边泰认为是承袭我国六朝的衣钵[21];而藏在正仓院的许多密陀绘漆器,有的就是唐时由中国送往日本的。因而司马金龙墓出土的北魏屏风可能就是密陀绘漆器。

以上只能说是根据接触到的少量材料作了一些臆测。要想断定上述三件漆器是否用油调色;如果用了,用的是什么油;北魏屏风是不是一件密陀僧绘;等等,还应用现代科学方法进行分析化验。日人小野胜年1964年在中国科学院考古研究所的演讲,就谈到正仓院的唐代密陀绘漆采用荧光照射后已经明确知道可分为两种情况,一是一开始就在油彩中混入了密陀僧,一是彩绘以后再涂上密陀油[22]。对漆器分析化验的要求,使人想到提高科技水平的重要性和迫切性。

三、几种髹饰工艺的早期形态

近年考古发掘中出土大量漆器,使我们可以看到几种髹饰工艺的早期形态。下列实例,有的虽不一定和后来的制作有直接关系,但还是可以看出漆工的嬗递演变。若干实例未见实物,所根据的只是已发表的文章报告,难免理解错误。因此特别希望参加发掘、整理等实际工作的同志多予指正。

[20] 郑师许:《漆器考》页18,1936年中华书局排印本。

[21] 刘敦桢译,田边泰:《玉虫厨子之建筑价值并补注》,《中国营造学社汇刊》3卷1期。

[22] 小野胜年:《日唐文化关系中的诸问题》,《考古》1964年第12期。

图3 商代漆器残片，河北省博物馆藏

1. 镶 嵌

漆具备粘固的性能，可以累积、充填、研磨，所以适宜用镶嵌的技法作漆器的装饰，而镶嵌也就成了几种髹饰工艺的总称。凡用一种或多种物体作为嵌饰的，都可称之为镶嵌。明清流行用金玉、珠宝、竹木、瓷料等多种物料镶嵌成的"百宝嵌"，是这一漆工艺的较高发展。

古代漆工很早就掌握了漆的特性而制造出镶嵌漆器。庞家沟西周墓镶蚌泡器托的发现，洛阳博物馆的同志认为它"把我国镶嵌工艺美术上溯到西周中期或早期"[23]。这样的论断当时是完全正确的。1973年河北藁城台西村商代漆器残片（图3）的发现，又将

[23][28] 洛阳博物馆：《洛阳庞家沟五座西周墓的清理》，《文物》1972年第10期。

镶嵌漆器上推到商代早期。商代残片上"嵌有磨制成圆形、方圆形、三角形的嫩绿色松石"[24]。嵌件构成图案的一部分，雷纹中间的一块三角形松石和相邻的花纹配合得很好，说明当时镶嵌艺术已达到很高水平。很有可能今后的考古发现还会将漆工镶嵌的年代推得更早。

2. 螺钿漆器

螺钿也是一种镶嵌漆器。由于自古以来长期流行，明清制品传世更多，所以它独自形成了一个比较重要的髹饰品种（图4，图5）。近数十年的西周遗址发掘收获，已经可以把螺钿漆器的历史上溯到西周。

郭宝钧同志在《浚县辛村》一书中讲到1932—1933年在辛村西周卫国墓中发现蚌泡，"出土时多环绕在他器的周围，作他器的配饰"[25]。不过蚌泡和器物如何连属，是否用漆粘着，没有讲到。

1953年考古研究所在陕西长安县普渡村西周一号墓中发现蚌泡二十七枚，依形状可分为三种。石兴邦同志在报告中指出："这

[24] 河北省博物馆、河北省文管处：《河北藁城县台西村商代遗址一九七三年的重要发现》，《文物》1974年第8期。

[25][31] 郭宝钧：《浚县辛村》页67，1964年科学出版社。

图4 明缠枝莲纹嵌螺钿黑漆长方盘

图 5 清楚莲香嵌螺钿加金银片黑漆碟

三种蚌泡,都是镶嵌在器物上的装饰品。第二、第三两种比较简单,当是镶附在器物外面的漆皮上。平直的一面切住漆皮,鼓起的一面露在外面。"第三种发现时围绕在四件陶器的周围,"多在底部或腰部,只留下附着的漆皮,漆皮作棕黑色,有许多地方是折皱起来的,也有重叠的。根据这些情况,推测当时在漆皮里面有一层木质或纤维编织的腔,外涂漆皮,再镶蚌泡"㉖。

从漆工的角度看,普渡村一号西周墓遗物的重要性,不仅在于可以看到漆皮,而且可以推知漆皮中曾有壁腔,也就是漆器的木胎或夹纻胎,或木上糊有织物的布木胎,而蚌泡正是镶嵌在这种漆器之上的。

1956 年考古研究所在河南陕县上村岭虢国墓(时代为西周晚期到东周早期)中发现外壁镶嵌着六个蚌泡的漆豆㉗。1964 年洛阳博物馆在邙山庞家沟西周墓中发现瓷豆,以及套在豆外的嵌有蚌泡的漆器托残片㉘。这两次发现证明了镶嵌蚌泡漆器的存在,同时把螺钿漆器的出现推到西周。我们回过头来再看宋人方勺在《泊

㉖ 石兴邦:《长安普渡村西周墓葬发掘记》,《考古学报》第 8 册,1954 年。

㉗ 考古研究所:《上村岭虢国墓地》图版 412,1959 年科学出版社。

㉙ 方勺:《泊宅篇》卷三页 3 下,《读画斋丛书》丁集本。

㉚㉜㉝ 黄成著、杨明注:《髹饰录》,坤集,1927 年紫江朱氏刊本。

宅篇》中说什么"螺填器本出倭国"㉙,把西周已经出现的漆工艺说成日本的创造,真是数典忘祖了。

《髹饰录》螺钿条杨明注说:"壳片古者厚而今者渐薄也。"㉚这句话基本上概括了螺钿漆器的发展经过。我们看到的西周螺钿不仅厚,而且用立体的蚌泡作镶嵌。它自然比后来的锯开贝壳、裁切成片的饰件来得原始。不过裁切成片的做法,西周时期也可能已经有了。实例就是在浚县辛村一号墓发现的"蚌组花纹"。郭宝钧同志除了说明这是"用磨制的小蚌条组成图案"外,还指出"应为我国螺钿的初制"㉛,只是没有讲到用来承受蚌条镶嵌的背地是否为漆制,粘着蚌条是否用漆而已。

3. 金银嵌

镶嵌漆器的另一类是金银嵌。《髹饰录》将它分列为"嵌金""嵌银""嵌金银",并说"右三种片、屑、线各可用。有纯施者,有杂嵌者"㉜。也就是说镶嵌花纹或由片组成,或由屑组成,或由线组成,或由片、屑、线综合组成。从传世实物来看,金银嵌到明清两朝已少独自存在,而多和薄螺钿镶嵌结合在一起,即《髹饰录》所谓的"螺钿加金银片"㉝。

明清金银嵌的前身为盛行于唐及五代的金银平脱。前者如漆背金银平脱铜镜㉞(图6)、现藏日本正仓院的多种金银平脱器㉟(图7);后者有王建墓所出嵌武士、鸟兽、花卉纹的朱漆匣和宝盝㊱。

自唐代上溯至魏晋期间,金银嵌漆器实物尚未发现。曹操《上杂物疏》有"纯银参镂带漆画书案""银镂漆匣"等器。"参""带"等究竟何指,未敢遽断㊲。但银镂自可理解为用银叶镂刻成的花纹饰件,此种饰件与漆器相结合,除粘嵌外更难有适合的做法。三国上接东汉,而汉代是金银嵌盛行的时代。因此可以认为,曹魏时有金银嵌漆器。

西汉晚期至东汉早期的墓葬中多有嵌金银叶镂刻动物花纹的漆器出土。例如1951年考古研究所在长沙发掘的二一一号墓㊳和1970年广西壮族自治区发掘的合浦木椁墓㊴,都是西汉晚期墓葬,其中都见从漆器上脱落下来的金叶花纹,作鸟兽等多种形象。南

㉞ 见《文物参考资料》1957年第8期羽人飞凤花鸟纹镜彩色版;《文物》1966年第1期唐金银平脱天马鸾凤镜彩色版。

㉟ 见日本出版的《正仓院御物图录》《东瀛珠光》等图录。

㊱ 杨有润:《王建墓漆器的几件银饰件》,《文物参考资料》1957年第7期;冯汉骥:《前蜀王建墓发掘报告》,1964年文物出版社。

㊲ 曹操:《上杂物疏》,《全上古三代秦汉三国六朝文》第2册页1057–1058,中华书局影印本。近人陆树勋《汉钮器考》(《古学丛刊》1–2期)对"参镂带"的解释是:"盖嵌钑镂银带于案之缩腰处。"按当时案仍如汉制,岂能如后来的高桌而有束腰,故纯属臆说。

㊳ 考古研究所:《长沙发掘报告》图版83、84,1957年科学出版社。

㊴ 广西壮族自治区文物考古写作小组:《广西合浦西汉木椁墓》,《考古》1972年第5期。

图6 唐金银平脱天马鸾凤漆背镜，陕西省历史博物馆藏

京博物院则在西汉晚期的霍贺墓中发现比较完好的奁盒，器身和器盖嵌贴由银叶镂成的兽纹[40]。同类最精美的漆器当推在连云港网疃木椁墓中发现的奁八件盒[41]，时代可能晚到东汉初期。

早于西汉晚期的墓葬中，有与上述形制相似的漆奁盒，它们没有鸟兽花纹金银嵌饰，但盒顶有三叶或四叶银片嵌件，有的器身还镶银箍。实物如湖北光化五座坟五号墓出土的奁[42]，年代约当武帝时或稍晚；海州侍其繇墓出土的小漆盒，年代为西汉中晚期[43]。似乎可以设想，镂刻动物花纹的金银嵌饰是从比较简单的叶纹嵌件发展出来的。

实际上，金属嵌件和漆器的结合更早出现于西汉的钿器上。钿器就是把金属的圈安在漆器口上，起加固防护的作用。金属圈必须与器口粘牢，并与器身泯然相接，安装的技法仍为镶嵌。不妨说，钿器的出现就是金银嵌的出现。由钿器的口圈及器身的箍到镂花的金银饰件，是一个从实用到装饰的发展过程（图8）。

漆器的金银嵌应当是受了金银错铜器的影响。战国时期金银

[40] 南京博物院等：《海州西汉霍贺墓清理简报》，《考古》1974年第3期。

[41] 南京博物院：《江苏连云港市海州网疃庄汉木椁墓》，《考古》1963年第6期。

[42] 湖北省博物馆：《光化五座坟西汉墓》，《考古学报》1976年第2期。

[43] 南波：《江苏连云港市海州西汉侍其繇墓》，《考古》1975年第3期。

图7 唐金银平脱琴（正、背面），日本正仓院藏

图 8　西汉彩绘金银平脱奁

错铜器已流行,至于当时是否已有金银嵌漆器,尚难举出实例来说明。山东省博物馆在临淄郎家庄东周墓中发现厚仅 0.04 毫米的金箔,报道说:"用针刺出蟠龙兽面纹,针孔细密、整齐,似为漆器上的装饰。"[44]如果确实,那么金银嵌工艺可以上推到东周了。

4. 戗金

戗金或写作"鎗金",是在朱色或黑色漆地上用针尖或刀锋镂划出纤细花纹,花纹内填漆,然后将金箔或银箔粘着上去,成为金色或银色的花纹。元陶宗仪《辍耕录》有一条讲此法颇详,常见引用,兹不赘述。

[44] 山东省博物馆:《临淄郎家庄一号东周殉人墓》,《考古学报》1977 年第 1 期。

关于戗金、戗银，《髹饰录》杨明注说："余间见宋元之诸器，希有重漆划花者，戗迹露金胎或银胎，文图灿烂分明也。戗金、银之制，盖原于此矣。"[45]用金胎或银胎做成的戗金、银器，杨明曾目见(图9)；但他认为戗金、戗银器起源于此，却是错误的。戗金、银漆器的形态、用料和技法都可以从春秋、战国的金银错铜器中得到启发。战国时期漆工艺已十分精美，有金银错铜器作为借鉴，不需要再过一千几百年到宋代才有戗金、戗银漆器出现。再从金工中早有"戗金"或"戗金"等名称来看，也足以说明戗金、银漆器和金工有渊源关系[46]。

据近年考古发掘所得，西汉不仅已有针划纹漆器，而且在针划云气纹中施加彩笔勾点，说明技法已相当成熟。实例如马王堆

[45][52][54] 黄成著、杨明注：《髹饰录》，坤集。

[46]《诗经·周颂·载见》："鞗革有鸧，休有烈光。"郑玄笺："鞗革，辔首也。鸧，金饰貌。"陆德明《音义》："鸧，七羊反，本亦作戗，同。"按鸧、戗、戗音同而义通，乃金饰貌，并用来作金工的名称。

图9　南宋人物花卉纹朱漆戗金莲瓣式奁（附：奁盖面），常州市博物馆藏

图 10 西汉针划纹双层七子奁，山东省博物馆藏

一号汉墓出土的双层九子奁中的椭圆形的奁[47]和临沂银雀山西汉墓出土的漆奁[48]（图10）。马王堆三号墓葬于汉文帝初元十二年（前168），墓中部分漆器用针划花纹作雕饰，同墓出土的竹简记载着这种技法的名称，叫作"锥画"[49]。晚于此墓只一年的湖北纪南城凤凰山一六八号汉墓也出土一件针划纹奁，上刻似狐而操着人动作的怪兽[50]。如果说上述几件锥画漆器只有划纹而未填金，和"戗金"尚有所不同的话，那么从湖北光化西汉墓中则确实发掘到了针划填金漆器。该遗址三号、六号两墓出土两件漆卮（图11），承湖北省博物馆杨权喜同志函告："二卮技法一致，即在黑漆地上用针刻虎、鸟、兔、怪人等，并在这些动物之间针刻流云纹，然后在所有针刻的动物、流云线条内填进了金彩。"两墓均经发掘的同志归入墓群的第二组，年代约当汉武帝时期[51]。因此我们可以说，至迟在西汉中期已经有戗金漆器了。

5. 堆　漆

《髹饰录》"阳识""堆起"[52]两门中的若干品种，都是在器面上堆出花纹作为装饰，可以统称之为"堆漆"。用来堆花纹的材料，从来就有用漆调制和用胶或其他物质调制的两种。前者比较坚实，

[47] 湖南省博物馆、考古研究所：《长沙马王堆一号汉墓》下册图85，1973年文物出版社。

[48] 山东省博物馆等：《临沂银雀山四座西汉墓葬》，《考古》1975年第6期。

[49][53] 湖南省博物馆等：《长沙马王堆二、三号汉墓发掘简报》，《文物》1974年第7期；考古研究所等：《马王堆二、三号墓发掘的主要收获》，《考古》1975年第9期。

图 11 西汉铨金卮，湖北省博物馆藏

颜色较深；后者比较松脆，颜色淡浅。浙江瑞安北宋慧光塔出土的堆漆经函和舍利函所用的材料属于前者[53]。《髹饰录》"堆彩"一条中讲到的"各色冻子"[54]属于后者。因为如果用漆，很难做到各色俱备。明清漆器中也能遇到属于后一类堆漆的实例。

根据近年考古发现，堆漆在西汉漆器中已见端倪。长沙马王堆三号墓出土布满粉彩云气纹的长方形奁(图12)，做法是先用白色凸起的线条勾边，然后用红、绿、黄三色勾填云气纹[55]。白色物体未闻曾取样化验，成分不详。因是白色，估计没有用漆，而用胶或其他物质调成的可能性较大。

1961年长沙砂子塘所出西汉木椁墓中的外棺，一端挡板正中绘一特磬，特磬下悬特钟，磬上两豹，匍匐相背，豹背各坐羽人[56]。承沈福文同志观察实物后相告，特磬上的谷纹是先用稠灰堆起，然后施加描饰的。参看发表在《文物》1963年第2期的彩色图片，稠灰有可能是用漆调制的。

根据上述两件实例，我们认为堆漆在西汉已经出现了。

[50] 《关于凤凰山一六八号汉墓座谈纪要》，《文物》1975年第9期。

[51] 湖北省博物馆：《光化五座坟西汉墓》，《考古学报》1976年第2期。

[53] 浙江省博物馆：《浙江瑞安北宋慧光塔出土文物》，《文物》1973年第1期。

[56] 湖南省博物馆：《长沙砂子塘西汉墓发掘报告》，《文物》1963年第2期。

图 12 西汉堆填云气纹长方漆奁，湖南省博物馆藏

㊼ 镇江市博物馆等：《金坛南宋周瑀墓》，《考古学报》1977 年第 1 期；和惠：《宋代团扇和雕漆扇柄》，《文物》1977 年第 7 期。

㊽ Harry Garner：*Chinese and Associated Lacquer*, 1973, London, pp.9–10.

㊾ Harry Garner：*Gurit Lacquer of the Ming Dynasty*, *Transactions of the Oriental Ceramic Society*, vol.31, 1957–1959.

㊿ Serindia：*Detailed Report of Explorations in Central Asia and Westernmost China*, vol.1, pp.459–467, 1921.

6. 剔犀

剔犀是雕漆的一种，用两种或两种以上色漆逐层积累至相当厚度，然后用刀剔刻出云钩、香草、回文等图案，在刀口断面呈现厚薄不同但有规律的色层。

现知最早的剔犀实例是 1975 年在江苏金坛周瑀墓发现的漆扇柄㊼（图 13）。周瑀卒于宋淳祐九年（1249），扇柄应是一件南宋剔犀器。

以研究我国陶瓷、漆器及珐琅器闻名的英人迦纳（Harry Garner）于 1973 年出版的《中国漆器》一书中，指出最早的剔犀实例是 1906 年斯坦因在米兰堡发现的 8 世纪唐代皮质甲片（图 14）㊽。他说早在 1957 年就在一篇名为《明代剔犀漆器》㊾的文章中提出，但竟没有引起中、日学者的注意。

据斯坦因所著书的描述，甲片可能用骆驼皮制成，各片均作长方形，长度由二英寸多到四英寸多，宽二英寸多，两面髹漆，有的多至七层，以朱黑两色漆为主，有的地方也施褐色及黄色漆。甲片上的花纹有同心圆圈、椭圆圈和近似逗号及反置的 S 等几何花纹，是用刮擦的方法透过不同的漆层取得的㊿。从该书第四卷所附的图版，也可以看出花纹刮痕很浅，并无深刻剔沟的痕迹。

这件唐代漆皮甲，我们认为还不能算是真正的剔犀，而是剔犀

图 13 南宋剔犀脱胎柄团扇（附扇柄），江苏省镇江博物馆藏

图 14 唐代漆皮甲（骆驼皮胎锥毗甲，英人斯坦因发现）

尚未成型的一种早期的形态。它的名称应叫作"锥毗"。

《髹饰录》剔犀条杨明注有这样几句话："此制原于锥毗,而极巧致,精复色多,且厚用款刻,故名。"杨明讲得很清楚,剔犀是从更早的"锥毗"发展出来的。二者的差别是"剔犀"比"锥毗""精复色多",即反复积累起来的不同颜色漆层多,而且"厚用款刻",即剔刻得深,不像"锥毗"那样浅(图15)。锥毗的特征正和漆皮甲吻合。

再从漆皮甲经刮擦而使露出不同色层这一技法来看,和犀皮漆器也有近似之处。犀皮漆器上色层重叠而旋转的花纹,类似唐代的搅胎瓷器,也是经过打磨后呈现的。只是犀皮是在有些高低不同的表面上打磨而成,故其花纹仿佛自然形成;而漆皮甲则依图案轨迹来刮擦,故呈现出人为的纹样。锥毗的效果既不及剔犀那样绚丽醒目,又不如犀皮那样自然成文。它传世实物不多,没有形成重要的髹饰品种,可能就是由于上述的缘故。

剔犀的定型可能在宋代。其器形、花纹和宋代银器有极为相似的地方。银器实例如四川德阳孝泉镇出土的云纹盖罐[61],上海宝山宋墓出土的香草纹铅粉盒[62],杭州老和山宋墓出土的云纹盒[63]。它们的相似不仅说明漆工和金工之间有关系,也为剔犀定型的时代提供了一些参考材料。

[61] 沈仲常:《四川德阳出土的宋代银器简介》,《文物》1961年第11期。

[62]《考古》1962年第8期图版10。

[63] 蒋缵初:《谈杭州老和山宋墓出土的漆器》,《文物参考资料》1957年第7期。

图15 元张成造剔犀盒,安徽省博物馆藏

图 16 清卢葵生制菊石雄鸡图百宝嵌砚盒，故宫博物院藏

7. 漆砂砚

清代扬州名漆工卢葵生以善制漆砂砚闻名（图16）。据顾千里的《漆砂砚记》，康熙五十六年(1717)，葵生的祖父卢映之于市中得一砂砚，上有"宋宣和内府制"六字，经仿制，"其法遂传于今"云云。他把漆砂砚的制造推至北宋末年。

漆砂砚体轻而具研石的功能，这是因为用比石头轻得多的物体作胎骨，而于垸漆、糙漆中加入用"土子"或砥石等研得其细逾沙的颗粒。颗粒大小和调漆多少必须适宜，粗则损墨伤毫，漆多则光滑而难发墨。故卢葵生在卖砚的仿单中说："其砚全以沙漆，制法得宜，方能传久下墨。"

1965 年由安徽省文化局文物工作队和寿县博物馆联合发掘的茶庵马家古堆东汉墓中，发现夹纻胎漆砚，上髹黑漆，外加朱漆。它究竟是明器还是用具，是否发墨，因未见原物，无由得知。但它的发现，至少可将漆砂砚的制作上溯到东汉中期[64]。

[64] 安徽省文化局文物工作队等：《安徽寿县茶庵马家古堆东汉墓》，《考古》1966 年第 3 期。

原载《文物》1979 年第 3 期

我与《髹饰录解说》

一

在我的自述诗《大树图歌》中有如下一节：

蠖公授漆经，命笺《髹饰录》。
两集分乾坤，字句读往复。
为系物与名，古器广求索。
为明艺与工，求师示操作。
始自捎当灰，迄于洒金箔。
款彩陷丹青，犀皮灿斑驳。
更运剞劂刀，分层剔朱绿。
十载初稿成，公命幸未辱！

以上概括地讲述了我撰写《髹饰录解说》的经过。

蠖公就是朱桂老前辈，朱启钤（桂辛）先生。他是我国古建筑、髹漆、丝绣等门学术研究的奠基人。和发现宋本《营造法式》自筹资金刊刻行世一样，桂老几经周折，把我国仅存的一部漆工专著，只有孤本藏在日本的明黄成（号大成）撰、杨明（号清仲）注的《髹饰录》，录得副本刊印流传。这是他对祖国文化的又一重大贡献！

1945年秋，我从重庆到北京，向桂老汇报中国营造学社在川西李庄的情况。他随即谈起《髹饰录》，问我曾否见过此书，要我注意它的重要性。当时因任教育部清理战时文物损失委员会平津区助理代表,忙于追还被敌伪掠夺去的文物,未能遵照桂老的教导阅读此书。1949年8月,我从美国参观访问博物馆归来,再谒桂老。此次他把《髹饰录》亲授我手并郑重地说:"你现在回到故宫工作,是个有利条件,应该下些功夫注释此书。"从此解说《髹饰录》成了我的研究项目。

二

　　《髹饰录》只有两卷,但名词、术语甚多,求解其义是从编索引入手的。即把书中出现的专门词、语一一摘录出来,借知其出现的次数。对每一次的出现,先联系其上下文体会其义,再结合其他各次的出现做综合的探索研究。

　　《解说》材料来源于以下三个方面:(一)观察实物;(二)匠师的讲述和示范操作;(三)文献记载。

　　《髹饰录》中的漆器名称,往往与见于一般文献的和流行于古玩业之口的不同。想知道该书所讲的究竟是哪一种漆器,只有一方面记住书中对各种漆器花色形态、制作方法的描述,另一方面随时与见到的漆器对照印证,用"对号入座"的方法来逐步求得解决。例如《髹饰录》对名为"款彩"的漆器有十分形象的描述:"阴刻文图,如打本之印板而陷众色。""打本印板"就是印线装书的木刻板片。所云和常施于插屏、屏风,图像留轮廓、铲地子,地子填彩色,被古玩业称为"刻灰"或"大雕填"的完全吻合。可断定名称不同,实为一物。现在学术著作已普遍采用"款彩"一称,古玩业也开始放弃俗名。又如"雕填"一称,明清以来被广泛使用,但在《髹饰录》中却找不到。它的外观是彩色图像,沿外廓勾划填金,通称"戗金"。廓内亦常用戗金勾文理,一般都有锦地。如仔细观察实物,会发现有的图像花纹是用彩漆填成的,有的是用彩漆描成的。因不论填或描,花纹边缘都戗金,效果几乎一样,不易分辨,故一律通称"雕填"。《髹饰录》命名要求准确反映技法,故对上述两种做法分别名之曰"戗金细勾填漆"和"戗金细勾描漆"。只因二者外观相似,名称比"雕填"冗长,故没有被后人采用。但从这里可以看到黄成严肃的科学态度,并唤起我们去注意:名曰"雕填",实含有"填"和"描"两种做法,两个品种。填漆比描漆工料两费,但耐磨损,入清后制者渐稀,故辨别做法,分清填与描,对鉴定年代,品评优劣都有重要意义。

传统漆工艺品种繁多,任何一位漆工不可能全部掌握一切技法。50年代初我遍访北京匠师,技艺最精,所知最广,又毫不保守,乐于教人的是多宝臣师傅❶。他擅长彩绘、描金、雕填、堆漆等多种技法,那时已年近古稀。我向他执弟子礼,历时约三载,经常去他家请求讲述各种做法并操作示范。也曾请到家中为修补大件描金柜架,我在旁打下手,并随时作记录。木胎漆器一般要经过:合缝(粘合板片)、捎当(开剔木胎缝隙,填塞丝麻纤维及漆灰,通体刷生漆)、布漆(用生漆糊贴麻布或绢)、垸漆(上漆灰,由粗至细,道数不等)、糙漆(施加装饰前所上的一道或几道光漆,使表面光洁润泽)等工序,始能成器。我曾看到上述全过程。最后的装饰是洒金。在糙漆上打金胶,然后把不规则的金箔碎片洒贴到漆器表面。故曰:"始自捎当灰,迄于洒金箔。"至今我还珍藏着多师傅为示范填、描并施而制作的仿宋缂丝紫鸾鹊谱纹勾填盒(图1),厚积漆灰再用刀刻的三螭纹堆红盒(图2)。为了了解多师傅并不擅长的脱胎夹纻,曾求教于老塑工曹鸿儒师傅❷。有幸去福州参观脱胎漆器厂,已经是在1980年以后了。犀皮漆器做法,北京早已失传,不料却保留在烟袋杆上。在一家小小作坊里,看到打埝、点尖、刷漆、磨显等道工序❸。

有关漆工艺的古代文献虽然很多,惟因出于士人之手,罕及技法。言之有物,翔实可信的实甚少,像《辍耕录》那样讲戗金,《太音大全集》等琴谱那样讲"光漆""退光"真是太少了。连仅记工料、不讲做法的《清代匠作则例》,都要算是难得的文献。古籍所提供的材料并不像我曾想象的那样丰富。

当代考古发掘报告、文物鉴赏文章有关漆器的材料甚多。我们可以看到的唐代以上漆器远远多于黄大成、杨清仲,不少件已被引用来解说《髹饰录》。不过除非参加发掘,或曾前往采访,目见实物并聆听主其事者讲述介绍,不可能获得第一手材料。若仅凭读报道、看图片所得,只能算是获自第三个来源——文献记载,片面、错误都难免。我常为此对解说缺乏自信。在那些年月里,我是

❶ 多宝臣(1888 – 1965):名善,蒙古族,得名师刘永恒传授,制描金、彩绘、雕填等器,不失古法。擅长修复,整旧如旧。经笔者推荐1953年起任故宫博物院修复厂技师。

❷ 曹鸿儒(1881 – ?)曾从固安田巢阁、肃宁于顺堂、望都杨老姚等学泥塑,略知夹纻做法。

❸ 见袁荃猷《谈犀皮漆器》,《文物参考资料》1957年第7期。

图 1　多宝臣制紫鸾鹊谱纹戗金细勾填漆兼描漆长方盒

图 2　多宝臣制三螭纹堆红盒

多么想能外出采访,核实材料呀,可那是不可能的。拉上窗帘,围好灯罩,像做"贼"似的,闭门写作,还生怕被发现,扣上"白专道路"帽子,开批判会。夫复何言!夫复何言!

三

《解说》工作始于1949年冬。此时起到"三反"运动前,在故宫虽然只在编目、陈列、开辟库房等工作的间隙看看漆器,还是有很大的收获。运动开始不久,我被打成"大老虎"。原因只因为我清理战后文物损失,经过奔走侦查,追缴德人杨宁史的青铜器百数十件,起出溥仪存在天津张园旧宅保险柜中的珍贵文物、翠玉细软一千几百件,均经故宫派员接收。运动主持人的逻辑是:"国民党没有不贪污的。你是国民党派来的接收大员,不可能不贪污!"在东岳庙集中"学习"后,又关入公安局看守所十个月,饱尝手铐脚镣滋味。审查结果,没有盗窃问题。颤颤的双腿,支撑着患结核性肋膜炎的身子,被释放回家。尤其不可思议的是既经证明我无罪,剩下的应是有功,但文物局、故宫博物院竟把我解雇,书面通知去劳动局登记,自谋出路,真是岂有此理!从此我离开了曾誓以终身相许的故宫,自然也断送了我手把院藏漆器观察研究的机会。只好到收藏家、古董店、挂货铺、晓市、冷摊去寻找实物了。

在治疗肺病的一年中,并没有放下《解说》,被民族音乐研究所收容后,业余时间更是全力以赴。转瞬到了1957年,鸣放中因对"三反"的"逼、供、信"和"三反"后的处理有意见,又被划成"右派"。但却因被停止正常工作,有较多时间干"私活"而感到因祸得福。1958年秋,《髹饰录解说》初稿完成。当时不可能出版,而桂老年事已高,一再嘱咐"愿见其成",并许为撰序、题签。我只好署名改用王畅安,将手稿送到誊印社,自费刻蜡版油印。事有凑巧,一日在研究所门口遇见誊印社来人找党委送审我交印的稿件。顿时我大吃一惊,感到将有大难临头,惶惶不可终日。待所长李元庆同志找我谈话,才知道他认为《解说》还是一本有用的著作,同意誊印社为我油印。事后又听说他说服了所内中层领导,取消了本打算开的"右派放毒"批判会,方得化险为夷。可是到了"文革","包庇袒护右派"成了元庆同志的罪状之一,屡遭批斗。故我挽他的联中,有"风雨廿年频,每为累君增内疚"之句。好人不长寿,老天真欠公道!

《解说》只油印二百部(图3)，分赠博物馆、图书馆、漆器厂及不吝赐教的师友。不久即得悉福建名匠师李卓卿将《解说》列为漆器厂教材。扬州厂闻讯派人专程来京索取，研究所中层领导不准会见，不许赠书，致空手失望而归。杭州厂则不得不去图书馆尽数周之力抄录全书。1959年故宫研究员、陶瓷专家陈万里与英国大维德(Sir Percival David)交换资料，寄去一本《解说》，受到海外学人的重视。在他的英译《格古要论》中及迦纳所著《琉球漆器》《中国漆器》两书中，广泛引用。梁献璋女士在美国弗利尔美术馆工作时曾试英译。仅有初稿，未出版。1961年，全国大专院校重编教材，沈福文教授领衔主编，我当然没有资格参加。朱家溍兄任小组成员，承蒙相告"《解说》是教材的主要参考书之一，尤其是明、清实例，被整段地录引"❹。

《解说》曾呈送给张效彬前辈。他收藏书画、青铜器，和陈叔通、齐燕铭、郭沫若诸公有交往。郭老见到此书，致函科学出版社，推荐出版，旋因作者是"右派"而作罢。事隔多年，偶听张政烺夫人傅学苓先生谈及，经林小安同志趋访黄炜、丁始玉两先生❺，才问明当年有过这样一回事。

1962年，摘掉"右派"帽子，我也从民族音乐研究所调回文物

❹ 见朱家溍《髹饰录解说》书评，《读书》1983年第8期。

❺ 傅学苓先生曾在科学出版社工作，黄炜先生曾在科学院院长办公室工作，丁始玉先生曾在科学出版社总编室工作。

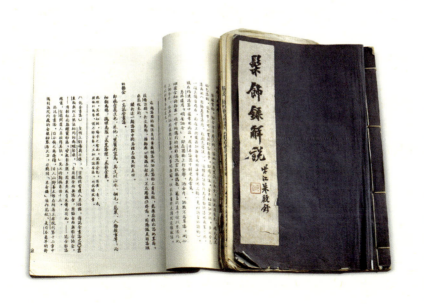

图3 油印本王世襄《髹饰录解说》

局文物博物馆研究所工作,随即把《解说》送到中华书局,承蒙赵守俨先生同意出版。签约之前,感到应向文物局领导汇报一下。局长王冶秋指示,据书内容,应由文物出版社出版,于是又将稿件取回。但文物出版社一时不能安排编印。在等候之余,感到距1958年写成初稿已有数年,某些材料值得加入。待"四清"归来,补充完毕,"文革"已经开始,交到出版社,只能被束之高阁了。

1973年夏,我从咸宁干校回到北京,把《解说》又作了一次较大的修改补充,到1983年才由文物出版社出版。使人气短的是,出版社领导担心滞销蚀本,连一幅彩图都不许有,使绚丽多彩的漆器黯然无色,不少读者为此抱怨。出版后短期内即售罄,大出社领导所料。

1983年夏,李一氓同志写了一篇题为《一本好书》的书评,刊登在是年7月18日《人民日报》上。中有如下字句:"《解说》没有空话,没有疑似之词,没有牵强附会之说。……要说马克思主义的话,这就是马克思主义。"给了我极大的鞭策和鼓励。

四

"文革"中我肺病复发,且有空洞,发着烧来到咸宁干校。一天来到菜地,望着倒在地上的油菜花,作了一首小诗《畦边偶成》:

风雨摧园蔬,根出茎半死。
昂首犹作花,誓结丰硕子!

十一届三中全会以后,1979年起我出版了几本书,也算结了几颗子。但现在垂垂老矣,自叹目眊体衰,再难开花结子了。我不禁想:尊敬的各位,不知你现在认识到没有,在有人能写有益无害之书,做有益无害之事时,您高抬贵手,让他们去写去做,那该多好呀!您的功德,也就胜造七级浮屠了!

1998年4月于芳草地西巷

时年八十有四

说 葫 芦

1973年浙江余姚河姆渡原始社会遗址发现葫芦子❶，可知我国种植葫芦已有七千年历史。甲骨文已有"壶"（）字❷，像葫芦之形，是先民用葫芦作水浆容器之证。其后虽以陶、铜等各种物质为之，仍名曰壶，且逐渐成为容器之专用名称。千百年后，"壶"之本义为葫芦反日益淡漠矣。

"葫芦"一称，唐代始流行❸，古则称之曰壶、曰瓠、曰匏，均见《诗》三百篇。《豳风》"七月食瓜，八月断壶"；《小雅》"幡幡瓠叶，采之亨（烹）之"；《邶风》"匏有苦叶"是也。《诗》郑笺："壶，瓠也。"许慎《说文》："瓠，匏也。"又曰："匏，瓠也。"三者可互训，故李时珍谓"古人壶、瓠、匏三名，皆可通用，初无分别"❹。宋代以后，葫芦品种繁衍，元王祯《农书》言及有大、小、长柄、亚腰等不同形态之葫芦（见后引文）。《本草纲目》"壶卢"条则称："后世以长如越瓜，首尾如一者为瓠，瓠之一头有腹长柄者为悬瓠，无柄而圆大形扁者为匏，匏之有短柄大腹者为壶，壶之细腰者为葫芦。各分名色，迥异于古。"❺所言为明代葫芦品种及名称。清代以还，北京以身细而长者为瓠，体硕腹大者为匏。破匏为二，可以挹水者为瓢。细腰（亦称约腰或亚腰）者为葫芦（或写作壶卢）。葫芦亦用作匏、瓠等各种葫芦之总称。今本书以葫芦名篇，即取此义，因所收实物备赅不同品种，亦缘此称通俗易懂，尽人皆知也。

葫芦可供食用，子曰："吾岂匏瓜也哉，焉能系而不食！"❻适足证古为主要园蔬，其有益民生，居园蔬之首，《农书》言之尤详："匏

❶ 浙江省文管会等：《河姆渡发现原始社会重要遗址》，《文物》1976年第8期。

❷ 甲骨文三"壶"字，分别见董作宾：《殷墟文字外编》441；《小屯，殷墟文字乙编》2144；《小屯，殷墟文字乙编》3864。

❸ 隋陆法言《广韵》："瓠㠠，瓢也。""瓠㠠"当为葫芦之早期写法。"葫芦"两字，唐代文献始大量出现。如《酉阳杂俎》记载镣身者在臂上刺有葫芦精形象。《晋公遗语》："唐世风俗贵重葫芦酱。"《记事珠》："唐世风俗重葫芦酱，桃花醋。"《唐书·礼乐志》："高丽伎有……葫芦笙。"

❹❺ 李时珍：《本草纲

目》卷二十八"壶卢"条，1957年商务印书馆铅印本。按王念孙持论与李时珍同："匏也，瓠也，瓠㽞也，实一物也。瓠㽞或作壶卢，或作瓠瓟。"见《广雅疏证》卷十上，商务印书馆《万有文库》本。

❻ 见《论语·阳货》。

❼ 据《古今图书集成·草木典》第四十七卷《瓠部》引王氏《农书》。乾隆武英殿聚珍版本王祯《农书》与此略有出入。

❽ 罗愿：《尔雅翼》卷八《匏》："瓠有柄曰悬瓠，可为笙，曲沃者尤善。秋乃可用，用则漆其里。匏在八音之一，古者笙十三簧，竽三十六簧，皆列管匏内，施簧管端。"《学津讨原》本。

❾ 见《鹖冠子·学问篇》，《四部丛刊》本。

❿ 游修龄：《葫芦的家世——从河姆渡出土的葫芦种子谈起》，《文物》1977年第8期。

之为用甚广，大者可煮作素羹，可和肉作荤羹，可蜜煎作果，可削条作干。小者可作盒盏，长柄者可作喷壶，亚腰者可盛药饵，苦者可治病。"又曰："瓠之为物也，累然而生，食之无穷，烹饪咸宜，最为佳蔬。种得其法，则其实硕大。小之为壶勺，大之为盆盎，肤瓤可以喂猪，犀瓣可以灌烛，举无弃材，济世之功大矣。"❼此外匏为八音之一，自古即用作笙、竽等乐器❽，至今苗族仍广泛使用。裁匏成轮，车床旋转，为治玉抛光不可缺之工具。其功更莫大于系以涉水，所谓"中河失船，一壶千金"❾，实即堪托死生之救生圈。考古植物学家游修龄曾撰《葫芦的家世》一文，列举多种用途，并谓"如与各国比较，全面利用葫芦莫如我国者，可谓举世无二"❿。惟笔者以为尚有十分重要一面罕经人道，即葫芦有特殊之体质，美妙之色泽，故可制成观赏价值极高之艺术品及工艺品。本书所收百数十器，盘、碗、瓶、壶、炉、罐、盂、盒之外，堂上陈设，案头清供，闺房佩饰，乐器音槽，无不有之。他如簪花注水，贮药盛烟，呼鸟饲鹰，畜虫系鸽诸具，亦足以赏心悦目，养性怡情。其中尤以范制葫芦，自然生成，而造型结体，文字画图，悉随人意，真可谓巧夺天工，实为我国独有之特殊工艺，而西方人士讶为不可思议者，讵不应大书特书。此外复有多种装饰方法，使之生色增辉。绳网勒扎，交互呈文，仿佛花苞欲绽，彩结成球。燃香火画，可缩名山大川于盈寸之间，移嘉卉奇葩于指掌之上。坚刃砑押，浮雕隐起，恍如竹刻之薄地阳文。针划墨染，细若游丝，视刻瓷尤为纤密。煮红刀刻，流畅快利，与宋磁州窑同一民间意趣。故葫芦之美，美不胜收，不妨称之为葫芦艺术或葫芦文化。

葫芦之天然美、人工美，前人虽有言及，惟片言只语，遗阙尚多，今为表而出之，乃有斯篇之作。本书上卷分篇叙述天然及诸般人工雕饰葫芦，下卷谈贮养鸣虫葫芦及其饰件。所收实例，均有彩图，并附简略说明。间加插图，俾供参照，有关文献，非随手可以拣得又未录全文者，收入附录，以备查阅。

葫芦至此，已尽欲言。顾不能自已，又信笔所之，写成捉虫、育虫、养虫等篇。良以葫芦静止，有虫则灵，声出于中，愈增其美。言葫芦而不遗鸣虫，亦犹爱屋之及乌也。更以葫芦畜虫，由来已久，为博视听欢娱，破寒冬寂寞，萃多人之心力，寄无限之情思，长期研习，世代相传，乃形成特殊之耽爱。鸣声务求其悦耳，器用不厌其妍华。凡此虽得诋之为玩物丧志,亦喜其可冶性陶情。毁誉纵殊,终不失为我国独有之民间习俗。鉴于明清以来,鲜有形诸笔墨,故不辞琐屑,缕缕述之。知我罪我,皆非所计也。

一、天然葫芦

天然葫芦有纯属天然与裁切成器之别。前者可喻之为天生璞玉,后者为成器而破形,已是大璞不完矣。

古人每以匏或瓢作室名、别号。陈邦彦室曰匏庐,彭镛号匏庵道人,吴宽号匏庵先生,钱载号匏尊,黄慎号瘿瓢,此皆广为人知者。其中或只以匏自况,或因藏匏而得名。至所藏者为纯属天然,抑已裁切成器则难详考矣。

纯属天然葫芦,寻常者弃不足惜,故难保存。端正停匀,肌理光洁,百不得一,始为人重。画家为高人逸士写照,身背葫芦,或绦系杖头,多属此类(图1)。金麻九畴植匏诗"何如游子杖挑来"❶,所咏似为未经裁切之天然葫芦。

❶ 据《佩文斋广群芳谱》卷十七"壶卢"条引文引。

图1 元颜辉铁拐李像

⑫ 据《全唐诗》页222，1986年上海古籍出版社印本。

⑬ 文中"图版""插图"均指《说葫芦》一书之图像。——编注

⑭ 高濂：《遵生八笺》卷十六《盆种小葫芦》，光绪甲申重刊本。

⑮ 叶金寿：《曼盦壶卢铭》，《美术丛书》三集四辑四册，神州国光社排印本。

唐张说有《咏瓢》诗："美酒酌悬瓢，真淳好相映。蜗房卷堕首，鹤颈抽长柄。雅色素而黄，虚心轻且劲。岂无雕刻者，贵此成天性。"⑫所咏乃取天然葫芦，不施雕饰，只经裁切制成之器。

葫芦之特大特小者亦难得。本书图版1⑬即为罕见之大约腰葫芦（图2）。特小者唐韦肇《瓢赋》已有"有以小为贵"之句（附录1）。陆放翁诗则曰"色似栗黄形似茧，恨渠不识小葫芦"，言贵人佩金鱼，何如野人之佩小葫芦。又曰"行过山村倾社看，绝胜小剑压戎衣"（附录2），言身佩小葫芦，村人倾社出看，不胜艳羡，可见唐、宋时已为人所重。高濂《燕闲清赏笺》称："小葫芦形仅寸许……用为披风钮子，有物外风致。但难于成功，亦难美好，为可恨也。"⑭屠隆亦珍爱小葫芦，《游具笺》所述与高略同（附录3）。《曼盦壶卢铭》称："小壶卢极难种，有极小可为耳珰者，一双直百余金。"⑮予曾见小葫芦与珍珠、珊瑚、象牙须梳同缀成串，佩老人襟际。其天生丽质视珠牙诸珍宝不多让。

并蒂骈生葫芦更为难得，一大一小者固稀有，同大如孪生者尤

图2　红色大约腰葫芦（附乾黄六棱小鼻烟壶）

为可贵,张叔未于嘉庆六年在琉璃厂古董肆见双结葫芦,价昂不可得,因有"昔见双壶双结联,欲购厂肆囊无钱"之叹,可见当时已作为古董,且价必可观。

在理⓰人家多在中堂供养天然葫芦,三枚、五枚或七枚为一堂,不仅贵在枚枚完好,更讲求全堂之仪容。大者居中,左右递小,一一相称,莹澈无瑕,艳如重枣,浑然一色,方是奇珍。蒂柄(通称曰"本")尤不可伤,即些微须蔓,亦爱惜护持,视同头目脑髓。

葫芦制器,肇自远古。甲骨文之"壶"字,颜回之"一瓢饮",《豳风》之"八月断壶",均为较早之文献。南齐卞彬,不仅饮酒用瓠壶、瓢勺,且以"大瓠为火笼"⓱。葫芦易燃,而竟用作笼火之具,故史称其"多诸诡异"。唐韦肇《瓢赋》:"器为用兮则多,体自然兮能几?惟兹瓢之雅素,禀成象而瑰伟。……离芳叶,配金壶,虽人斯造制,而天与规模。柄非假操而直,腹非待剖而刳。……黄其色以居贞,圆其首以持重。"(附录1)对葫芦之天生质色,自然成形,便于制器,瑰伟不凡,赞颂备至。《前赤壁赋》有"驾一叶之扁舟,举匏尊以相属"之句,是坡仙饮酒亦尝用葫芦器。元王恽有《匏瓜亭》诗:"君家匏瓜尽尊彝,金玉虽良适用齐。"⓲乃谓葫芦可制成多种器物,金玉虽良,未必有其适用。明代以降,制者愈多。忧国忧民如杨忠愍公,亦曾制酒器而铭之。据钱箨石先生所记,器"高六寸,容半升,肤色黄栗,滑不留手。上刻小行书云:'酿成四海合欢酒,欲共苍生同醉歌。嘉靖己酉岁秋九月诗。椒山。'"⓳高濂称方古林作瘿瓢,"就物制作妙入神"⓴,亦似取天然葫芦裁切而成。

浙江欈李,更以匏尊著称,驰名遐迩,人争购之,《嘉兴府志》竟列入《物产》门㉑,成为一方特有之工艺品。其制始于明遗民巢鸣盛。《静志居诗话》称:"巢孝廉鸣盛端明,绕屋种匏凡十余种,长如鹤胫,纤若蜂腰,杯勺之外,室中所需器物,莫非匏者。远迩争效之,欈李匏尊,不胫而走海内。"㉒朱竹坨曾为所制尊作铭,有"截为杯勺与俗殊,……物微奚足道,难得高人制"㉓之句。盖正因所植品种齐备,故能制成多种器用。当地石佛寺僧能仿制,亦称妙手,第揩磨之工较逊㉔。此后邑人王应芳,字蟾采,善治匏器,每语人曰"破匏为尊,太古之制",自号太朴山人㉕。后来居上者更有周廉夫,号五峰。俞汝言称其"时其节候而取之,相材量质为尊、槃、壶、杯、

⓰ 北京人家多奉"在理教",简称"在理"。教规主要戒烟酒,供桌上陈置大小葫芦为在理之家常年习俗。据《国语辞典》页3386:在理教为"白莲教之支派,清初创于山东人杨来如,言在儒、释、道三教之理中,故名。明亡,来如志切兴复,创立此教。其制不设像,不焚香,戒烟酒,不禁茹荤。北人信奉者众,乃供奉慈航大士,以避清廷耳目"。

⓱ 萧子显:《南齐书》卷五十二《卞彬传》。

⓲ 王恽:《秋涧先生大全文集》卷二十五页267,《四部丛刊》册74,据弘治刊本影印。

⓳ 钱载:《箨石斋诗集》卷六《杨忠愍公壶卢诗》并序,清刊本。

⓴ 同⓮卷十四《论剔红倭漆雕刻镶嵌器皿》条。

㉑ 《嘉兴府志》卷三十三《物产》,光绪二年修本。

㉒ 据㉑卷三十三引文引。

㉓ 据《嘉兴县志》卷十六引文引,光绪三十二年修本。

㉔ 据曹溶:《匏杯歌》，见附录3。

㉕ 据㉑卷三十三引文引。

㉖ 据㉓卷二十七《列传·艺术》引文引。

勺、烛擎、熏炉，摩挲精润，声价在王应芳上。求之者不远燕、赵、秦、楚，以是给朝夕"㉖。秀水曹溶对五峰尤为推崇，其《匏杯歌》曰："郡中攻匏始王氏，其后模仿纷然多。……石佛寺僧称妙手，工惟急就亏揩磨。……东郊周生最晚出，家无尺帛颜常酡。穷思莽苍得其窍，尽刷怪诡还中和。终年黯惨与神遇，欻起奏刀如掷梭。不规而成妙天质，因物纤巨无偏颇。瓶罍满眼总适用，譬若圣教陈四科。其间卓绝首觞器，琴轩书榻光相摩。……"（附录4）味诗意，所谓得窍，仍在尽去怪诡而归于自然。不受迫促，耐心摩挲，乃得与琴书相映，一室生辉，此石佛寺僧所不能及也。

综上所述，可知裁切天然葫芦制成多种居家器用，代有其人，且入清以后，其制愈精，其类愈备。惟取作饲鹰、系鸽、畜虫等供游乐之具，二三百年来，京中独盛，却少有人言及。

养鹰家取修长约腰葫芦（图3），横置时蒂柄稍稍上翘者尤为合用，就上肚之半，随形开口，余半凹掬如勺，刳去瓤子，磨光髹黑漆

图3 清紫红鹰水葫芦两具

图4 王世襄火画瓦当纹鸽哨葫芦

里,名曰"水葫芦"。出猎鸟雀,葫芦下肚贮清水,木楔塞之,系腰间随行。日夕饲鹰,置肉勺内,去塞平卧,水流入勺,鹰就之而食,水肉两足。本书所收两具乃驯鹞名家李凤山故物(图版48),三世家传,色泽红润,为水葫芦之至佳者。

系鸽飞放之哨有多种,取材葫芦者有大小葫芦、截口、众星捧月等名色,均用约腰葫芦之下肚为之,作为哨之主体(图4)。其上镶哨口,用匏或毛竹剜成。匏口发音嗡嗡然,视竹口为胜。本书所收鸽哨数对,皆五十年前制哨名家周春泉、陶佐文、吴子通等手制,经笔者火画文图(图版49—56)。请参阅拙著《北京鸽哨》一书[27]。

以葫芦畜养冬日鸣虫,取其休轻,便于纳入怀中;性温,离怀而仍有暖意;质松,有助虫声振动,发出好音。凡取材天生者,统称"本长"("长"音zhǎng,乃生长之长),以别于"模子葫芦"(即范制葫芦)。

鸣虫之卵经人工孵化,培育成虫(俗称曰"分",读去声,音fèn),使鸣于寒冬,有蝈蝈、扎嘴、油壶鲁、蛐蛐、梆儿头、金钟六种,所用葫芦,形制各异,但均可从天然葫芦截取,详见下卷"鸣虫种类与所用葫芦"一章。

[27] 王世襄:《北京鸽哨》,1989年生活·读书·新知三联书店排印本。

二、勒扎葫芦

勒扎葫芦者，绳索结网，兜套幼实上，长成后或勒出下陷直痕，如本书所收之八棱呼鸟葫芦(图版47)，或界成花瓣，如揉手之小葫芦(图版45)、呼鸟小葫芦(图版46)等。直痕之疏密，花瓣之大小，悉凭绳索网目而定，自以匀整为上，故亦有精粗、巧拙之分。

别有强力勒扎一种，不仅表面下陷成文，且迫使改变造型，拗屈成畸形葫芦，书中身扁颈曲，略似卧凫者是也(图版4，图5)。

更为奇妙者将葫芦绾挽成结，圆转柔婉，全无拗屈痕迹(图6)。张叔未《清仪阁所藏古器物文》只收有文字、花纹之器物，而绾结葫芦全体光素，亦经著录，并倩人绘图(插图1)，自书题记及诗各二(附录5)，足见对葫芦之珍视。题记之一曰："绾结壶伸之可长丈许，自明时来止庵，未有图而咏之者。嘉庆间，壶入王氏对山阁，后归儿子邦梁。昔岁壬辰之冬，江苏何一琴钰，貌其全身，余既系诗其上，兹复嘱受之辛缩图为册。道光十九年己亥元日，嘉兴七十二岁老者张廷济叔未甫。"之二曰："壶长丈许，柄绾一结，前明中叶，止庵初建时，西域僧携留者。里中丈胡雄飞、孙君尚、沈育佳觅长柄

图5　勒扎葫芦
　　　凫形壶

图6 绾结葫芦成对

种,仿绾之,柄辄折。拔少时令柄软,结而复种之,则又萎。启其蒂,出子植之,亦不遂。"㉘按葫芦伸长达丈许,可谓硕大无朋,自属罕见,但只挽一结,尚不能称之为绝无仅有。如与余曩年所见葫芦如意相比则瞠乎后矣。

绾结与范制相结合葫芦如意一柄,1930年前后见之于琉璃厂古玩店。其上端昂然反转,范成云头,有"乾隆赏玩"款识。蒂部微垂,范作如意柄下端,亦有文饰。中部不施范具,而将细长之身,绾挽打结。全器三停匀称,直径大小,弧线起伏,无不合度,且花纹

㉘ 张廷济:《清仪阁所藏古器物文》册四,民国十四年商务印书馆石印本。

文字，清晰饱满。色泽深黄，莹洁无瑕，不禁叹为观止。良以一器之上，有范、有结、有天生，任一生疵颣，必然累全身，故不知经多少年之栽培，多少次之不如人意，始获一完璧，殆真如沈初《西清笔记》所云"数千百中仅成一二"者（附录6）。如意旋经陈仲恕（汉第）丈买去，后赠其弟叔通先生。惜未能拍摄照片，为此重器留一写真。十年浩劫，亦不知尚在人间否？

张叔未与同里诸君曾多方试种绾结葫芦，终不遂。余亦深知葫芦幼实脆嫩易断，回环绾结，百思不得其法，而实物有之，又不容怀疑。后读《广群芳谱》，载葫芦打结法，深恨叔未未之见，否则定可一试。亟录全文，以告来者。

长颈葫芦如前法。如欲将长颈打结，待葫芦生成，趁嫩时将其根下土挖去一边却，轻擘开根头，捱入巴豆肉一粒在根里，仍将土罨其根，俟二三日，通根藤叶俱软敹欲死却，任意将葫芦结成或绦环等式，仍取去根中巴豆，照旧培浇，过数日，复鲜如故，俟老收之。㉙

所述于理可通，惟未尝依法试验，不知其切实可行否？愿园艺家予以验证。倘能生成各式绾结葫芦，岂不将如叔未所云"若使人人绾辄成，百千万结应无算"（附录5），而为我国葫芦文化增色生辉乎！

三、范制葫芦

范制葫芦者，当其幼小时，纳入有阴文花纹之范，秋老取出，形状图文，悉如人意，宛若斤削刀刻而成，诚天然与人工之巧妙结合。尝向海外园艺家言之，彼坚信任何果实如遭套裹，与阳光空气隔绝，必停止生长而蔫萎朽烂。虽详为讲述，中国范匏已行之千百年，仍大惑不解。直至示以木范及成器，始首肯惊叹，咄咄称奇，许为中华所独有。其法初创者大胆设想，再经长期探索，多方实践，始形成特种工艺。中国人勤劳智慧，富开创及改进精神，范匏一艺，虽至微末，亦足为证。

㉙ 据《佩文斋广群芳谱》卷十七"壶卢"条引文引，同治七年刊本。

图 7　范制葫芦唐八臣瓢

商承祚《长沙古物见闻记》有《楚匏》一则:"二十六年,季襄得匏一,出楚墓,通高二十八公分,下器高约十公分,截用葫芦之下半,前有斜曲孔六,吹管径约二公分,亦为匏质。口与匏衔接处,以丝麻缠绕而后漆之。六孔当日必有璜管,非出土散佚则腐烂。吹管亦匏质,当纳幼葫芦于竹管中,长成取用。"㉚惜此匏出土后已化作飞尘,无从观察研究。意吹管必上下直径相等,与天生葫芦上细下粗不同,故商氏有纳管长成之说。倘其推测不误,则至迟战国时已施范于葫芦矣。

古代范匏流往日本者有原藏法隆寺、明治间奉献宫中成为御物之"唐八臣瓢"(图 7)。器形似盖罐,图像为人物三组:孔丘、荣启期问答图,苏秦、张仪向鬼谷先生求教图,四皓盘游图,共九人。据显真《古今目录抄》:"人形虽有九人,其中荣启期非臣家,故云八臣。"㉛人物席地而坐,间以柳竹杂树,经营位置,近似南朝砖墓《竹林七贤图》及唐孙位《高逸图》。八臣瓢制于何时何地,何时流往日本,均不可考。据图案风格及在日收藏经过,定为唐物,自属可信。惟耐人思考者为范匏技法唐时既已娴熟,何以国内竟无实物遗存,且宋、元诸朝,亦无记载及之。岂唐代之后,斯艺沦亡,至明而又复兴耶?有待考古及史料之更多发现为作解答矣。

《五杂俎》,万历谢肇淛撰。其《物部》一条称:"余于市场戏剧中见葫芦多有方者,又有突起成字为一首诗者,盖生时板夹使然,不足异也。"㉜可见至明晚期,范制葫芦已成为民间常见工艺品。

㉚ 商承祚:《长沙古物见闻记》卷上,金陵大学文化研究所 1939 年刊本。

㉛ 据关野贞:《支那工艺图鉴》第四辑,图版 99 解说引文引,日本印本。

㉜ 谢肇淛:《五杂俎》卷十《物部》一,1959 年中华书局排印本。

113

所谓板夹,实即木范,设非四面夹之,又安能使之成方耶。

范制葫芦自入清廷而踵事增华,蔚为大观。宫廷艺术,本多来自民间,范匏何独不然。玄烨(康熙帝)赐其孙弘历(乾隆帝)葫芦笔筒[33]即为方形,且突起成字(插图3),与《五杂俎》所记吻合,似可为万历民间范匏工艺进入清廷作一旁证。

前曾浏览康熙至道光五朝御制诗文集,言及范制葫芦者仅弘历一人。初检所得,已有各体诗十首之多(附录7)。据此得知清宫艺匏始自康熙朝,种植之地在禁苑丰泽园,由内监司其事。所云"壶卢器出于康熙年间,皇祖命奉宸取架匏而规模之"、"壶卢模器始康熙,苑监相承法种之"、"园开丰泽重农圃,蔬匏尔时种于此",皆言之凿凿,并知沈初《西清笔记》称"葫芦器,康熙间始为之"(附录6),所据亦弘历之诗也。丰泽园据《清宫史续编》在西苑太液池瀛台西北,"南向,门五楹,门外一水横带,前有稻畦数亩,圣祖仁皇帝尝于此劝课农桑"[34]。此西苑在今中南海内,非海淀之西苑也。

康熙艺匏已达到极高水平,惟由于弘历钟爱特深,以为形制浑朴,可胜金玉(附录7),自然扩大种植,无论质与量,均超越前代,故吴士鉴有"乾隆间所制者尤为朴雅"之论(附录8)。两朝所范,均有"赏玩"款识,无款或模糊难辨者仅占少数,故能断定其准确年代。雍正、嘉庆款者未之见。道光所制,多无款识,间有易"赏玩"为"年制"者,均为小型器物,颇疑非尽供御玩而为府邸制品。此时宫廷种植远不及乾隆之盛,但又复苏于民间。京西安肃[35]、京东三河均有以范匏为业者。所制以畜虫葫芦为主。直至20世纪中叶,此艺已罕有人知而濒于失传,此三百年来兴衰之大略也。

清宫范匏,除供御玩,亦馈赠邻国君主,赏赐贵族王公[36],惟多数仍留宫中,故收藏之富,首推故宫博物院。四十余年前曾手写编目卡片,并在西路抚辰殿辟匏器陈列室。寓目各件未能收入本书而尚能忆及其品色者有:凤纹尊、砚盒、香盒、匏背铜镜、自鸣钟钟楼、大小笔筒、盘、碟、杯、碗等不下数十种,一二百件。如编成图录,定琳琅满目,美不胜收。惟各件孰为康熙,孰为乾隆,今已不能详言矣。

以下列举实例自康熙始,依器形区分为盘碗、笔筒尊瓶及其他三类。

[33] 蔡玫芬:《葫芦笔筒》,台北《故宫文物》月刊总第12期,台北印本。

[34] 庆桂等:《清宫史续编》卷六十四,1932年排印本。

[35] 即今徐水县。民国时改安肃县为徐水县。

[36] 承李鸿庆先生见告,在苏联冬宫博物馆获见玄烨赠彼得大帝匏器。清宫档案有关于王公大臣入宫观剧后赏赐匏器之记载。

盘碗类

　　小碟全体光素,只弦纹三道,乃范匏中之最朴质者(图版6)。六瓣碗,每瓣范云纹一朵,回旋圆婉,仿佛剔犀器上所见。黑漆里描绘彩金象牡丹纹,灿烂夺目,可见匏器与髹饰之高度结合(插图4)。圆寿字纹黑漆里描金花卉纹碗,亦属此类(插图5)。

笔筒尊瓶类

　　四方笔筒(图版23)(插图3),今藏台北故宫博物院,范出"经纬天地,错综群艺"铭文,弘历受玄烨之赐者即此,乾隆二十三年有诗纪其事(附录7)。故宫所藏八方形笔筒与上相似,模印唐人五言流水诗,楷书极工整(插图6)。四兽尊(图版8),每面突起异兽,形态奇古,艺术价值甚高。花卉树石纹瓶(插图7),图案简拙而色泽深紫,似为康熙早年制品。蒜头瓶(图版7),寿字纹瓶(图版9),造型复杂,非有精湛之技艺不能成器也。

其他类

　　缠莲寿字纹盒(图版10),盖与底用两匏分制,其中心部位各有花脐,可以为证。乐器四件(图版12—15),音箱皆为匏制。昔年拙作《谈匏器》一文[37],述及其中之提琴及二弦,因无年款,姑凭木雕龙头造型定为康熙时制。后阅近年出版太监信修明遗著,又为上述断代提供佐证。修明记胤禛(雍正帝)封太监魏珠为团城总管(附录9),事近传奇。但谓魏珠善范匏,曾制乐器多种,似属可信,且为范匏艺人留一姓名,故弥觉可贵。

　　列举乾隆时葫芦器,仍依上述分类。

盘碗类

　　番莲纹盘,"乾隆赏玩"器中之不甚精者(图版16)。十四瓣长

[37] 王世襄:《谈匏器》,《故宫博物院院刊》1979年第1期。并经 Craig Clunas 译成英文,刊登在 *Chinese Translations* Number Ten, The Oriental Ceramic Society, London, 1981。

圆形盘(插图 8),每瓣范葫芦花一朵。盘内朱漆地,金漆描绘葫芦花纹,花实累累,即俗称"子孙万代"。足内黑漆,金书"乾隆年制"。按范匏施漆,多在器里,器外任匏质外露,示其本色。今此盘足内髹黑漆,恐因圆形之匏,欲范出径约一尺,底平而完整之盘,实非易事,不如范束匏身之一匝,秋老后裁作盘边,不仅容易长成,且可范数边于一匏。惟用此法,盘底中空,必须用板片镶嵌,并施髹漆。此盘虽经把玩,因底部完好,无从审知其制作方法。姑记臆见于此,以待今后验证。卷草纹碗(图版 17)、云龙纹碗(图版 18),分属撇口及兜口两式。类似之碗传世不少,如范印蝶纹(插图 9)及圆环穿卷草纹(插图 10)者皆是。

笔筒尊瓶类

圆寿字云蝠纹笔筒(插图 11)、八仙纹瓶(图版 22,图 8),造型与康熙制品同,诚如弘历所云:"遵奉成规,每得佳器。"(附录 7、8)纸槌式瓶(图版 23),刻御题七律一首,亦弘历赏心之物。龙纹扁壶(图版 25),未见款识,似亦制于乾隆时期。

其他类

饕餮纹炉(图版 24),图案仿青铜器而加以变易,与同时期之贴黄器有相似处。缠枝连纹盖罐(图版 26),盖与罐乃用两种葫芦范成。九桃匏(插图 12),径近尺,乃一完整之匏实。本身为一大桃,其上范出八小桃及枝叶,合成九桃之数。倘剖为两半,加贴子口并髹漆里,便成捧盒。故宫有此成品,惟作为案头清供,反不及完整者天然囫囵,别有情趣。桃上范痕,清晰可数。上下两面各为一圆形大片,两侧用不规则两片范出桃之外缘,底部范片作方形,共五片。特记之以供今后艺匏者参考。如意,两端施范,中间绾结,其设计之巧,范制之难,前已言及。康熙时御园能否为此,今不可知,但乾隆赏玩有此一器,足证技艺已登峰造极。弘历虽曾谓"今司囿者亦仿为之,然大不如旧时者矣"(附录 7),心口未必如一,殆不欲自我矜夸,僭越乃祖耳。鼻烟壶仅见一具(图版 36),现藏台北故宫博物院。

图 8 范制葫芦乾隆赏玩款八仙纹瓶

此一烟壶，应予注意。因据传世实物，乾隆以后不再范制大型匏器，而自道光时起，烟壶、畜虫葫芦等日见流行。有此烟壶一具，得知乾隆时期，已开始范制小型器物。

据文献记载，乾隆时民间已用葫芦畜蝈蝈。潘荣陛《帝京岁时纪胜》称蝈蝈"能度三冬，以雕作葫芦，银镶牙嵌，贮而怀之，……清韵自胸前突出……而悠然自得之甚"[38]。杨米人《竹枝词》"忽地怀中轻作响，葫芦里面叫蝈蝈"，皆可为证[39]。惟所用葫芦当为本长而非范制，而用以怀虫之风，似亦尚未传入宫中。何以知之，请阅御制诗文：玄烨有《络纬养至暮春》诗，起句曰："秋深厌聒耳，今得锦囊盛。"（附录 10）弘历《咏络纬》诗序曰："皇祖时命奉宸苑使取络纬种育于暖室……每设宴则置绣笼中，唧唧之声不绝，遂以为例云。"（附录 11）可知自康熙至乾隆，宫中以丝织品作虫具，并未用葫芦。不然，以弘历爱范匏之深，岂能不言及之。故乾隆时宫中是否已范制畜虫葫芦，有待作进一步之考证。

乾隆以后，范匏之事，无文献可征，不得不求教于老年养虫家，而世代以育虫为业者(人称罐家)亦能言其大略。据称迨及道光，宫中范匏，规模已不如前，只在小花园(或谓乃慈宁宫花园之别称)范制小型葫芦器。但宫廷之外，王公府第，转多培植。鼓楼、海淀两王府在前，继有地安门内慈慧殿宗室永良私邸。永良之子绵宜，同、光间任盛京户部侍郎，于沈阳亦开园范匏。

北京养虫家及古玩业对大内及诸府第所范葫芦，统称"官模子"。其广义自然包括康、乾两朝赏玩器，其狭义则指道光时始大量出现之小型葫芦器。所谓"官"者，与民间相对而言，安肃、三河等地农家所范不与焉。

小型葫芦器包括案头陈设、鼻烟壶及畜虫葫芦。

案头陈设

用圆形小葫芦范成。或柄蒂尚在，出范后不复加工，实例如官模子六方回纹葫芦(图版 27)、四方瓦当纹葫芦(图版 29)及民间制品六方博古纹葫芦(图版 31)。或顶部已裁切开口，倘加铜胆，便是水中丞(图版 28)。或安象牙口、盖，盖上有孔(图版 136)，虽可贮养札嘴

---

[38] 潘荣陛：《帝京岁时纪胜》，"蛐蛐"条，1982 年北京古籍出版社排印本。

[39] 杨米人：《都门竹枝词》，1982 年北京古籍出版社排印《清代北京竹枝词》本。

或小绿蝈蝈,但不被视为正式蝈蝈葫芦。各件用途不一而皆可置之几案,供人把玩,故以"案头陈设"名之。

鼻烟壶

历年所见官模子鼻烟壶不下二三十具,仅就本书所收八件而言,雕范精粗,年代早晚,颇有差异。其早者为乾隆(图版36),晚者乃绵宜所制(图版41、42,图9)。山水纹一件为民间制品(图版43)。

图9　范制葫芦官模子马上封侯鼻烟壶

畜虫葫芦

官模子与民间所制畜虫葫芦将分别言之。

官模子　绝大多数为蝈蝈葫芦,本书所收已达半百之数,可定为道光制者亦有十五六器,予历年所见十倍于此。粗略估计,百数十年来,范制当以万计。

官模子何以蝈蝈葫芦独多,罐家赵子臣亦有说:"元旦至上元,大内宫殿暖阁设火盆,炽木炭,周围架格上满置蝈蝈葫芦,聒耳之

图 10 官模子五言唐诗蝈蝈葫芦

声,昼夜不停,蝈与国同音,乃取'万国来朝'之意。"询所说来源,谓父辈闻诸同、光间内侍。传说虽不可尽信,但葫芦发音,自较锦囊绣笼为优,而道光以来有大量蝈蝈葫芦传世,实物已为其作证矣。

官模子蝈蝈葫芦大小长短颇有出入,形状以尖底者为多。模印图文,题材丰富。花纹则龙凤麒麟,吉祥图案之外,山水、园林、人物、花鸟、走兽、虫鱼,无所不有,且有取材于历史故事(图版90、92)、民间神话者(图版108)。内容广泛,远远超过康、乾赏玩器。故可以通过葫芦,窥见当时之木刻艺术。文字则真草隶篆,四体咸备,钟鼎铭文(图版114)、唐人诗篇(图版71、73,图10)、隐语诗谜(图版155、156)、清文辞语(图版85),皆用以镌范雕模。更于器上题字、闲章印文中不时流露文人趣味、墨客情怀(图版115—118,图11),借知打稿绘样,乃出士人之手,非民间制品所能有。至于畜养札嘴、油壶鲁、蛐蛐、金钟等官模子葫芦,传世不多,本书只收得少数实例(图12)。有"道光年制"款油壶鲁葫芦(图版142),花纹文字,清晰饱满,为大量无年款官模子断代,提供可资参照材料。

模制葫芦表面,每可见范痕四道或六道,乃用不同之模具范成。四道痕者其范四瓣。制范先用梨木四条拼合,断面作⊕形,中

心依拟定之造型挖空，阴刻花纹。此范年年可用，惟不论葫芦能否长成，每年只能用一次，故成品数量大受限制。实例如凤仪亭故事（图版91）及双龙纹木范（图版119）。

　　六道痕者，制模先用梨木七条，拼成木棒，断面作⊞形。其中心一条，上大下小，顶端留柄，以便抽出。木条先胶粘牢固，车床镟削成形，雕刻阳文花纹。随即入水泡开，束以铜箍，木模便告完成，实例如风雨归舟一具（图版120）。下一步在木模外敷泥，厚约2厘米，

图11　官模子双蕙图蝈蝈葫芦

图 12 官模子笸箩纹鱼篓式札嘴葫芦

俟稍干,将木模中心一条抽出,所余六条可一一依次抽完,此时中空内有阴文花纹之泥范已具。入窑烧焙,便成瓦范,亦称砖模,用以套束葫芦幼实,秋老破范取之。用此法一木模可翻制无数瓦范,不受四瓣木范年仅一用之限制,实为范匏工艺一大突破。官模子瓦范烧成未用者,往年亦曾在冷摊觅得。十年浩劫,被当作手榴弹于谩骂声中掷碎,惜哉!

官模子偶有范痕多至八道者,实例如郑审诗蝈蝈葫芦(图版71)。其范何若,可能有二:一为阴文木范,由八瓣斗合;一为阳文木模,用梨木九条拼成。前者可能性较大。

按事物发展规律,自应先有印出四道痕之木范,后有印出六道痕之瓦范。故有人认为四道痕为道光时制,乃真官模子。六道痕为道光以后所制,乃伪官模子。其言实不可信。因观察实物,不少官模子可定为道光制者,分明有范痕六道(图版76、78、82、83、84)。故用木模翻瓦范道光时早已有之。而四瓣木范,亦不可能在出现瓦范后便停止使用。故只凭范痕之为四为六,不足以作为断定年代早晚之依据。只凭范痕六道,亦不足以作为断定官模子真伪之依据。至于传世实物,四道痕者自然少于六道痕者。倘物以稀为贵,则前者尚矣。

安肃模 今日徐水,清代为安肃县,所制畜虫葫芦,通称"安肃模"。

安肃模何时始有,有待考证。据传世实物,最早者色泽已红,不亚于道光官模子,故可上溯至19世纪前叶。1949年以后,农村几经变革,无人再以种葫芦为副业,此艺遂绝。据此统计,安肃模前后至少有百数十年历史。

安肃模有光素与有文两种,均有范痕六道,四道者尚未发现。有文者因木模镂刻不精,故花纹粗糙欠清晰。予曾见蝈蝈葫芦范有胖娃娃、蝴蝶、金鱼、花鸟等图案。其佳者饶有乡土气息,风格清新,尚有可取之处。其劣者不免平庸俚俗而不堪入目。与官模子相比,自有文野、精粗之别,价格亦不及官模子之什一。当年正因其易得未着意搜集。本书只收四件,木瓜棒式为无文者(图版128)。南极老人图(图版121)可为其时代不晚于道光作证。笸箩纹(图版123)文理似细而实粗。蟠桃献寿图(图版122)则因其花纹尚精细,近似官模子而入选,却非安肃模之标准制品。

三河刘 京东三河县刘某所范之葫芦曰"三河刘"。其名及年代已罕有人知。承虫友黄振风先生见告,赵子臣曾说出刘名显庭,咸丰时人,亟记之以免湮没无闻。

三河刘一律光素,未见亦未闻范有花纹者。自晚清以来,身价最高,竟超出官模子倍蓰。推其故,乃因"叫虫出音",久已有口皆碑,深入人心。葫芦胎质原有坚实与疏松之别。养虫家称前者曰"瓷胎",后者曰"糠胎"。冬虫鼓翅发声,瓷胎不为所动,其音紧而直;糠胎则起共鸣,其音舒而松,故糠胎为优。三河刘多糠胎,乃其特色。胎之"糠"与"瓷",与葫芦品种有关,而如何培植,亦至为重要。传闻刘氏种葫芦,得控制施肥法,既能令胎有一定厚度(薄胎葫芦俗称"秋薄儿",不可取。传统乐器音箱皆不能薄,古琴尤为明显。葫芦胎不宜薄理亦相通),又不使生长过足,以至胎质坚实。正复因此,三河刘之表皮并不光泽照人,而予人一种精光内含之感觉,养虫家称之曰"草子皮"。其皮色亦不易变黄,与生老长足之本长及模子葫芦七八年已如蒸栗,数十年便红似琥珀大异,故三河刘多白皮。安肃模下架后多经水煮,揭去葫芦内壁之白色肤瓤,目的在便于防蛀。三河刘则保留肤瓢而使其贴实在内壁，借以增加其厚度，即所谓"带里儿"或"带里子"。以上均为辨认三河刘之标志，与造型鉴定同等重要。惟葫芦多畦，结实累累，又安能千百如一。亦曾见成对三河刘，皮色光泽，胎骨厚度，并不一致，以上指其标准者而言耳。

清代养虫家只知听鸣虫天然振翅音响，即所谓"本叫"。本叫葫芦不宜高，故三河刘多为矮身。入民国后，用近似火漆物质点在虫翅，改变其音高，即所谓"点药"（亦称"粘药"），而叫点药之虫，葫芦身宜高（有关"点药"请参阅下卷《鸣虫之畜养》），三河刘原无高身葫芦，只有偶然发现尚未裁切及度者，可贮点药之虫。以其稀有，自然身价十倍，珍同珙璧。乐咏西之棠梨肚，余叔岩之大白皮，王星杰之砂酒壶，皆赫赫有名、脍炙人口、啧啧称羡之高身三河刘葫芦也。

三河刘亦用瓦范，但翻制时先用纸包裹木模，故葫芦上呈现纸

图13 三河刘和尚头式油壶鲁葫芦成对之一

图14 三河刘棒子式小蝈蝈葫芦成对

纹而掩其范痕。人或称之曰"纸模"。此称易滋误解,因以纸糊范,其强度不足以约束幼实之生长而必然破裂,且难禁长夏之露浥雨淋。天津宣家仿三河刘葫芦亦有纸纹,未闻其范为纸制也。

三河刘以油壶鲁葫芦为多,主要式样除前已述及外尚有"和尚头"(图版146、147,图13)、"滑车"(图版148)等。其次为蛐蛐葫芦(图版162),造型与油壶鲁葫芦相近。蝈蝈葫芦以棒子式(图版126,图14)、金钟葫芦以滑车式较为常见。

天津模 本世纪初,津沽始范制畜虫葫芦。宣家最早,继有史老启、陈摆设、大李六等,所制统称"天津模",绝大多数光素无文。宣大所创一式略似电灯泡,遂以为名,乃从三河刘棠梨肚变出。此后史、陈之制,颈愈长而身愈高、扁肚"咘咘噔式"[40]最为常见。当时点药盛行,矮身葫芦已少有人问津矣。蝈蝈葫芦亦改变官模子尖底"鸡心瓶"形状,近似棒子而肚稍粗(图版129—132)。总之,天

[40] 咘咘噔为玻璃制儿童玩具,富察敦崇《燕京岁时记》:"咘咘噔即鼓珰,亦名响葫芦,又名倒掖气,小者三四寸,大者径尺,其色紫者居多。小儿口衔,嘘吸成声。"咘咘噔式天津模子因形状近似而得名。

津模造型颇能显示其时代及地区风格，与他处葫芦不同，置之寻丈外，一瞥已知其大略。其上如有火画或押花，毋庸见署名、辨干支已知其为近数十年之作品。1949 年以后，宣、史等相继谢世，未闻更有以范匏为业者。

1960 年据悉范匏艺术在全国范围内业已绝迹，有感于此而草《谈匏器》一稿，投之《文物》杂志。当时主编恐罹玩物丧志之责而不敢采用，直至 1979 年始得在《故宫博物院院刊》刊出。此后不断有人函询或家访，颇有以恢复范匏为己任者。顾言易行难，未见成效。近数年始喜见北京张金通、天津王强范制畜虫葫芦获得成功，在制范材料、翻模工艺上均有所改进，并将试制大型匏器。惟艺术修养及文化水平均待提高，始能有成。我国巧夺天工之特殊工艺或不致消逝泯灭而终将获得新生，发扬光大，不禁年愈迈而望愈切也。

四、火画葫芦

火画，又名火绘、火笔或烫花，其法不外乎烧炙器物表面，借焦黄之烙痕，呈现图文。至于器物质地，或纸，或竹，或绫，乃至葵扇、笋箨，皆可为用，且各有名家[41]，而葫芦又其小焉者也。

葫芦初收，皮色白皙，三五年后转黄，年愈久愈深，直至红紫。火画只宜施之色浅者，如已深黄，烙痕几与皮色相等，混沌难分矣。天生葫芦，难免有鸟啄虫伤，艺匏者称之曰"硬伤"；或渍梅雨斑痕，称之曰"阴皮"或"叶搭"；皆可假火画掩其瑕疵。或借虫瘿作树瘿，或依直墨垂柳条，或就霉痕画磐石，运用得当，不觉其丑，反生佳趣。其理与玉人"巧做"相通，亦北京所谓"无绺不做花"也。

火画葫芦，始于何时，有待考证。北京最早名家，当推白二，人称"白老头儿"。以其孙常连死于日寇侵占北京之后，当时年约六旬推之，白二为咸、同（1851—1874）时人。

白二，旗籍，以售葫芦为业，常在隆福寺设摊，镟口框、雕蒙心、烫葫芦，无所不精，只未闻其能押花。其火绘特点，画景及物象皆简率不繁，除非大片阴皮有待遮掩者。所作有婴戏图金钟葫芦（图版 164，图 15)，树下幼儿一手攀树，一手递送拗下花枝。蹲地一儿回

[41] 火画纸有籍班禄（见何道生《双藤书屋诗集》卷一《罗云山人火画歌》。籍班禄号罗云山人。歌中有句："炷香入手烟一缕，忽然落纸成丹赭。"故知所画为纸)，竹器有武恬（方邵村《武风子传》，见《竹人续录》)、张玉贤（阮葵生《茶余客话》)，香绫有章锦（陈文述《画林新咏》)、王毓曾（李放《中国艺术家征略》)，火画笋箨有胡荣峰（李放《中国艺术家征略》)，火画葵扇有赵兆铭、赵晃（钱定一《中国民间美术艺人志》)。

首伸臂接取。余三儿嬉戏相逐,描绘不工而神态生动。此外陂陀远山而已。小儿衣衫皆用阔针烙出,一抹而下,不再重复,笔间所留缝隙,恰好成为衣纹,可想见画时毫不矜持,顷刻可就,甚至不须打稿。非成竹在胸,心手相应,不克臻此。白老风格如此,虽不落款,识者亦能辨认。

　　白二之子文三,既承父业,亦承父艺,名声渐著,生意日隆,雕工、火画亦更工细。所绘三河刘蛐蛐葫芦(图版162),群山回抱,中有人家,稍右,坡石上杂树丛生,自此山峦迤逦而上,主峰巍然,大有气势。近景溪桥上有人曳杖而行。惜年久葫芦已深黄,手中把玩,丘壑分明,求之摄影,实难再现。不独由于烙痕淡褪,更因蛐蛐葫芦身细而圆,摄入镜头之画面极为有限。当年虫友所藏,有文三画老人垂钓江干,山水为冬景;有鹰立山巅,熊在下蹒跚而行。前者为"寒江独钓",后者为"英雄斗智",均为民间题材而常见于烟壶者。文三所作,视青花加紫彩瓷更为工细。概而言之,其精致超过乃翁,而简练自然之趣鲜矣。

　　崇文门外打磨厂路北小巷曰北深沟,本世纪前半叶巷内有店

图15　白二火画婴戏图本长金钟葫芦

图16 李润三火画本长蛐蛐葫芦

名仁义顺,春夏经营冷布,秋冬专售葫芦及象牙口框、玳瑁蒙心等(皆畜虫葫芦之饰件,详下卷)。李润三为店中主要成员之一。渠号守业,乳名"狗儿"。"业"与"夜"谐音,故人每笑其号与乳名,何契合乃尔。

润三实为象牙雕刻家,立体圆雕蒙心如"叫五子"(鸡笼内伏母鸡,以翼护五雏),月季花,皆高逾二寸,且有能活动者,剔透玲珑,穷工极巧,独步当时,而火画亦秀润可喜。所绘灵芝山石蛐蛐葫芦(图版152,图16),乃用低温之烘针,徐徐熨出,宛如水墨渲染,无烟火气息。连钱骢(俗称菊花青)图油壶鲁葫芦,亦用此法烘出马身斑纹,惟笔力稍弱耳。

陈锦堂亦能火画,为押花所掩,故知者较稀,其技艺与李润三在伯仲间。

溥僩,字毅斋,清宗室,载瀛贝勒之子,名画家溥忻(雪斋)之弟,溥佺(松窗)、溥佐(庸斋)之兄,亦工绘事,以花鸟人物见长,戏作火画,自然出色当行。曾见所绘油壶鲁葫芦,花枝交亚,石上幽禽,有南田笔意。又紫藤花,蝶闹蜂忙,喧不伤雅。

管平（1897—1967），名画家念慈先生之子，号仲康，字平湖，以字行，即古琴国手，以《流水》《广陵散》等曲闻名于世者。先生幼年从父学画，后为金北楼先生弟子，工仕女花卉，精通诸艺，栽盆花，养金鱼，畜鸣虫，无不高人一等。所绘葫芦，自然不同凡响，非李润三、陈锦堂所能梦见。曾见珠帘仕女图油壶鲁葫芦，雾鬟风鬓，冰肌玉骨，在王小梅、费晓楼之间，旁一鹦鹉，引颈立架上，似闻学语之声。曾以竹石图旋家模蝈蝈葫芦见赠，湖石玲珑多皱，略法陈老莲。竹为双勾，甚有法度，颇似李息斋。予什袭藏之，不忍用以贮虫。十年浩劫，竟不知去向，惜哉！

　　予年十七八，王珍赠我铁针二，粗香一束，学火画葫芦自兹始。王珍世居隆福寺孙家坑，自其祖始即设葫芦摊，粗知火绘，烫所谓"行活"在东西庙（隆福寺、护国寺）出售。予改其针形而自制多枚，大小、钝利各异，所画不只畜虫葫芦，兼烫鸽哨等（图版49—58，图17、18），直至大学卒业后始知读书，弃不复作。七八年间，所画不下二百器。

图17　王世襄火画菊花纹鸽哨葫芦成对

图 18 王世襄火画北宗山水天津模蝈蝈葫芦（正面及背面）

当年为虫友索去者已不可踪迹，所剩无几。今不辞自我矜夸之嫌，缕述火画工具及其基本方法，以供读者参考撷拾焉。

火画工具有新、旧两种。新者用电笔，旧者用香及针，二者各有利弊。电笔有电线相连，终觉累赘。旧者燃香生烟，烫时须手擎葫芦，高与眉齐，烟始不致迷目。予所用者为旧工具。分述于下：

一　粗香　粗如手指，长约一米，名曰"鞭杆子香"；又曰"子午香"，言可从子时燃烧到午时。除献神佛，亦可驱蚊蚋。当年在香蜡铺极易买到，今则须向香厂定制。长香截断备用，每段似笔管而稍长。

二　铁针　截自行车废条为之，每段长寸许，一端磨细如针，

另端按需要锉使成形,再打磨光滑。针形主要有三:

(一)画针。针端似尖而实圆,有如圆珠笔笔头,用以画一般线条。(二)烘针。针端较粗,锉出斜面,略如马蹄,用以烘熨面或片。(三)刀形画针。刃扁而薄,宜用其刃划出细长均匀之线条,如水纹、柳丝、马尾等。

以上三种各有大、中、小(插图13),益以点苔用之平头圆针已有十枚矣。

三　蜡烛　一根

四　镊子　一把

五　小木板　一块

六　小水碗　一具

将针尖扦入香之一端中心,只能扦入二三分,就烛将香燃着后,再将针垂直拄向小木板,始能徐徐扦入香中。待外露针头仅一二分,有如铅笔笔芯,即可以此烫花。如扦入过急,香易开裂。

更换铁针,可用镊子拔出,掷入水碗,再夹他针扦入。铁针温度可以调节控制。勾画轮廓宜重笔,需高温,当用完整之香头烧针作画。渲染片或面色贵匀,需低温,可夹去烧红香头三之一,或仅留其半,徐徐烘熨。火画时应随时将针拄向木板,以免外露过长。

火画程序先用铅笔在葫芦上打稿,次用画针勾轮廓及轮廓内主要线条,再用烘针熨出阴阳向背。以上只是一般画法,贵在随景运笔,灵活变通。例如烘针可借指腕之轻重、提按之变化,画出有粗细、深浅、飘忽、跌荡等多种意趣之笔画。有如作画,一笔而兼用中锋、偏锋、侧锋。一切应依需要定画法,并无一定之常规。至于拙绘葫芦所用方法,图版说明中略有述及,兹不复赘。

火画葫芦应藏诸囊匣,或用织物包裹,避免强光照射,如此可推迟其颜色变深,保持花纹清晰。大忌摩挲盘弄,致将烙痕磨泯。

五、押花葫芦

押花葫芦者,取质坚而润之物体,如玛瑙、玉、象牙、牛角等,磨成钝刃,押、砑、挤、按葫芦表面,使呈现有如浮雕之花纹。押不同于刻。刻无论浅深,受刻之皮与肌,必有所失,始生文理。押则皮、肌尽在，并无所失，且皮表不破不裂，方为高手。押宜施之于葫芦，因其皮韧质疏，受按押自然下陷，故借运刀之轻重，可生高低起伏，凹凸阴阳，有如画图。押如施之于竹、木（如紫檀、黄花梨等）、牙、角，质地坚硬，拒不受刃，饶用力气，依然光滑，又安能押出花纹！故"押"与"刻"为两种不同之技法。曾、莫两家合著《中国文饰葫芦》一文，对押花与刀刻不加区别而统称之曰刀刻(Carved)[42]，殆昧于二者有明显之不同，致有此误。

前人有关押花葫芦文献，遍寻典籍，只得徐康《前尘梦影录》所记徐某一则："道光中叶有徐某，居城北，用玛瑙厚刀押葫芦阳文。尝见所制有三小儿斗蟋蟀图。册子[43]，凡虫及牵草，小儿注视状，一垂髫，一作小髻，一双鬟，面目各异，而阳文突起，极勾勒，不见一毫斧凿痕，如天生成花纹者。其盖即用本身之顶，或海棠，或葵花瓣，刀削之稍厌，掩上提携不坠。闻其性情孤僻，终身不娶。嗜酒，不与人共饮。偶制一枚成，携出即为人购去，大率一金一枚。得值即沽酒独酌，须酒尽再制。家无长物，囊无余资，绝不干人，品亦高矣。惟葫芦须北产方佳，每北客来，多购备用。生平不肯收徒，故无门弟子得其传，惜哉！"[44]

《梦影录》所记多吴中事，故知徐某为苏州人。"每北客来，多购（葫芦）备用"一语，更可证明徐家居江南。其技法正是用玛瑙厚刃押出，故不见斧凿痕，与刀刻者大异。

传世押花葫芦所见不下数十器（旧葫芦新押者不在此数），多数已紫红，可用以畜虫，均不用本身之顶作盖，故无一件可定为徐某所作。其花纹题材，图案占十之七八，山水人物不过十之二三，有康熙、乾隆年款者亦不多，押者署名更未之见。至于押法，颇为一致，线条柔和，不伤皮与肌理，花纹突起不高，绝无犀利生辣之画面。其色紫久经摩挲者，文图却朦胧迷离，予人云遮月、雾中花之感。忆五六十年前，曾求教于京中畜虫耆宿，并质诸世代估贩如赵子臣、王珍，皆认为色紫年深者乃"老押花杨"所作。进而请告杨氏名字，则无以对。至于年代，或谓大明，或谓清初，莫衷一是。对年代较近，色已深黄之押花葫芦，则笼统称之曰"老押花"或"旧押花"，以别于当时押花艺人陈锦堂、小雷及怯郭之作。据以上访问所得，只能做出以下之推断：清中期之前，北京有杨姓民间押花能

[42] Gerard Tsang and Hugh Moss: *Chinese Decorated Gourds*, International Asian Antique Fair, pp.62–75, 1983, Hong Kong. 按其图二十九为刀刻葫芦，图二十一至二十八、三十至三十七均为押花葫芦。

[43] 此处疑有夺文。"册子"当指南方斗蟋蟀所用之栅笼，亦名曰"册"。如以为是"画册"，误矣。

[44] 徐康：《前尘梦影录》卷下，《美术丛书》初集二辑四册，神州国光社民国排印本。

图19 康熙赏玩款押花龙凤纹夹扁葫芦

手,因从不署名,又缺少记载,故已难道其详。久萦于念之疑问,如被称为老押花杨之作品是否尽出杨氏之手,此外尚有何押花艺人,杨氏押花有何特征,何为杨氏之代表作等等,迄今均难解答,仍待作进一步之研究考证。

以下略谈本书所收押花葫芦实例。瓜形图案鼻烟壶（图版33）、龙凤纹夹扁葫芦（图版3,图19）,皆色泽紫红,押痕浅而柔,属于所谓老押花杨 一类。福寿纹鼻烟壶（图版34,图20）,颜色丁黄,押法尚存古意,属于所谓"老押花"一类。曾、莫文中第二十一、二十三两器,亦属"老押花杨"一类,尤以前者（插图14）腹部缠枝团花,挤砑成文,较为标准。惟从养虫角度言之,腹过大而项过细,口小又有罗锅翻儿,蝈蝈难出好音。

近现代押花手陈锦堂、小雷及怯郭皆活跃于本世纪二三十年代。

陈锦堂,天津人,有巧思,多艺能,养鸟育虫,押花火画,优于侪

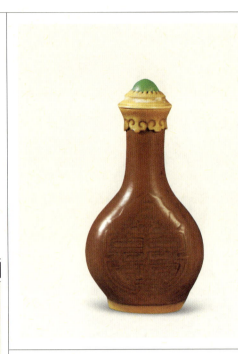
图 20　押花福寿纹鼻烟壶

图 21　陈锦堂押花秋塘游鱼图天津模油壶鲁葫芦

辈,故赢得绰号"陈能根儿"。"能根儿"者,"能干"二字一音之转也。竟无人以"锦堂"相称而只见于葫芦款识。

　　锦堂生于晚清,1930年尚健在,曾在茶肆有数面之雅。是时予方寄兴火画,心仪溥毅斋、管平湖,以为锦堂之艺未能超越工匠,故不甚重之。且京津相隔,交往不多,亦未尝购藏其所制。

　　陈之押花,与小雷、怯郭颇有不同。陈喜作画景;雷、郭以图案为主。陈知花纹上宜再分层次,实例如曾、莫文中图三十菊花旁之山石(插图15);雷、郭惯在花纹上加划理,实例如曾、莫文中图二十八小雷押花山水纹瓶(插图16)。陈每取葫芦之胎厚者用力深押,使花纹高起,俾可多加层次。但不免因此而伤损表皮、肌理,出现裂痕。裂痕易积尘垢,不易清除,锦堂索性沿花纹边缘,一律染以墨色,以掩其迹。实例如曾、莫文中第三十四(插图17)、三十五(插图18)树石山水纹蝈蝈葫芦。此法为锦堂所独有,而不免贻人话柄。北京养虫家不喜花纹染黑,以为皮肉既伤,已大失古意。雷、郭更扬言:"陈能根儿押花伤皮,算不了能根儿!"按伤皮固是瑕疵,但诋毁实含妒意。平心而论,锦堂押花,非雷、郭所能及(图21)。

　　小雷,北京人,身高而癯,短髭微黄,鼻尖目小,骨碌有神。年已古稀，人仍称"小雷"或戏呼之曰"雷不击"，亦不以为侮。少于锦堂约十岁，逝世在日寇投降后。久居城北，能鉴别葫芦，每夜拂晓前巡游德胜门鬼市，得紫红本长、官模子、三河刘等，分户致送，常得善价。各家所好，渠固了了于心。天然葫芦可裁切成器者，低值收得，押花后售与古玩店，以此给朝夕。其制工整有余，生气不足。器口常作蕉叶纹，器身每以龟背锦纹作外框，框内密划纹理，用以衬托花纹。貌似费工，实最省力，因只需划而不必押也。器上从不留姓名，而常署康熙或乾隆年制及赏玩，尤喜押道光某年行有恒堂制款。茶肆相见，有新作必相示，全不讳言赝古作伪。予尝建议不如专署某一年款，以免同一类制作在不同时期出现，易滋疑虑。渠笑曰："无妨，古玩店未尝不知吾之底蕴。"雷、莫文中图二十四至二十八五器皆出小雷之手，第二十五（插图19）、二十八且曾在其手中见之。

　　小雷年老目衰，生计维艰，曾在交道口土儿胡同膏药祝家任虫佣（冬虫把式）。铺东珍贵葫芦常在小雷怀中。不幸有所失落，无以取信于人，遂遭辞退，小雷竟潦倒以终。艺人困厄，亦可叹也。

　　京中称乡村人呆土俚陋曰"怯"。怯郭貌虽寻常，心实灵巧，不知何以得此绰号。其名凤山遂不为人知。渠幼年失学，以育虫为业，乃是罐家。又兼卖秋蛐蛐，任把式，并在蛐蛐局上奔走照料，可略有收入，押花则因卖葫芦而揣摩自学，限于文化修养，不及小雷，更逊于陈锦堂。但喜大言，若四座无人，滔滔不绝。予在高中读书时，初冬某日，在隆福寺茶肆与郭同桌对坐。渠手持所押葫芦示左右曰："押成我这样，至少得苦练十年！"予少年气盛，嗤其狂妄，出是日新购倒栽蝈蝈葫芦告郭曰："我没押过花，现在想学学，明天把它押完给您看，怎么样？"归途亟购骨筷一束，锉成刃具，尽一夜之力押成樱桃鸣禽图（图版70）。次日示郭，渠为之挢舌，从此不言苦练十年事。

　　骨筷作刃具，只为应急，坚而不润，并不适用。后经试验，象牙、牛角实胜玛瑙、玉石。其形有钝尖、斜刃、马蹄等式，亦分大小，与火画之针有相似处。

　　押花之程序为用铅笔在葫芦上打稿，次用小斜刃押轮廓，复次用马蹄刀研轮廓外缘，然后押轮廓内文理。此时大斜刃可划出长线，钝尖可按出花蕊、苔点等。其间自有轻重起伏，亦贵有变化。或谓押花之前须将葫芦入水泡软，此纯属子虚，不可信也。

押花不失为装饰葫芦技法之一，惟为求不伤皮，遂难见神采。老押花杨之作，亦只堪称是工艺品而已。若深押以求增加层次，丰富表现能力，又有伤皮之虞。此一矛盾陈锦堂曾力图突破，但终无两全之策。由于押，须从笔画两边按研，故款字皆过大，于是款识位置亦难摆放妥适。故予终觉押花不如火画更能随心所欲，运针如运笔。正复因此，予试押三五器后即中辍，并被虫友先后索去。今所存者，只第一次试押之倒栽蝈蝈葫芦耳。

六、针划葫芦

针划葫芦为甘肃兰州传统工艺品。葫芦乃一特殊品种，当地所产，单肚无腰柄，蒂微隆，大者如鸡卵，小者如荸荠，不留本，有如核桃，可以揉手，或纯作观赏之用。

葫芦秋老下架，刮皮干透后，打磨光滑，针划花纹，各种题材咸备，染墨使图文清晰醒目，实例如观音及山石乔木两枚（图版44，

图22 针划山水人物纹小葫芦两枚

图22),均属一般制品,曾见更为精细者。亦有针划与雕刻相结合,在不同部位透镂花纹图案,借以增加装饰效果。

兰州名艺人有李文斋,号子元,能书画,常以历史人物故事为题材,文字细小如粟,极工整,20世纪30年代末逝世。此后又有回族艺人马耀良,亦以针划葫芦闻名。

针划葫芦为世所珍者皆极纤密,须用放大镜照之,始楚楚可见。顾予不喜微雕,故从未购藏,亦殊少留意。此篇只为备此一格,难辞简略之讥焉。

七、刀刻葫芦

刀刻葫芦,约有四种。

不论纯为天然,抑已裁切或范制成器,凡刻有铭文诗句,实例如杨椒山酒器,弘历御题纸槌式瓶(图版23,图23);或文人墨客,画而后刻,实例如叶义医生旧藏之梅花纹葫芦(插图20),皆属之。此其一也。

扁圆葫芦,透雕文饰,大都出自工匠之手,可以用作花熏,或夏秋间笼络纬,但与北京蝈蝈葫芦大异,此其二也。

图23 乾隆御题缠枝莲纹纸槌式瓶

图24 染红刀刻葫芦 两件 现代

形亦扁圆,煮染红色,利刃刻花纹,粗犷流畅,纯是民间风格(图版59,图24),当年乡间人盛布袋沿街叫卖,十数文即可买一枚,此其三也。

文学艺术家所刻葫芦极难得。民间刀刻,变化不多,故未能多举实例。寥寥二三百字,已尽欲言,与卷首诸论,殊难相称也。

本文为《说葫芦》一书上卷,
插图、图版及附录均见该书。

竹 刻 简 史[1]

竹刻是我国特有的一种专门艺术。可以代表其最高水平的是明、清两代名家的作品。也有一部分作品未刻作者姓名,但艺术价值却很高。这和绘画一样,无款之作,也有艺苑奇珍。

另一种器物,数量不多,可视为竹刻的旁枝别衍,那就是镂刻很精的仿古青铜器竹雕。

还有一种盛行于清代,用竹筒内壁的竹黄做器物贴面并施镂刻的贴黄器。精制者,尤其是清代宫中的御物,技艺既高,花色亦繁,可谓穷工殚巧。不过上述两种,只堪称精美的工艺品,而还够不上真正的艺术品。

明清木雕小件,往往和竹刻有密切关系,不仅互相影响,有的可能就是出于竹刻家之手,故不妨附带述及。

本篇即按以上分类,依次作简略的阐述。

一、竹 刻

我国在远古时期即用竹制造生产和生活用具。出于爱美的天性,在竹制品上施加装饰,与雕花的玉、石、骨、木器原无差异。故于原始社会遗址中,倘发现有雕饰的竹器,不足为奇。惟竹材易坏,很难保存至今。现知较早有高度纹饰的实物是长沙马王堆一号西汉墓出土的彩漆竹勺(图1)。勺柄以龙纹及辫索纹为饰,并用浮雕、透雕两种技法。它年远而制精,是一件珍贵的竹刻。

[1] 本文为《中国美术全集·工艺美术编11·竹木牙角器》一书竹刻部分之"前言"。述及图版及插图,择要引用于此(仍用原号),均见该书。——编注

唐代竹刻，宋郭若虚《图画见闻志》记载颇详：王倚家藏竹画管，"刻《从军行》一铺，人马毛发，亭台远水，无不精绝。每一事刻《从军行》诗两句。……其画迹若粉描，向明方可辨之"[2]。郭氏描绘入神，吾人却信而不疑，因为有现藏日本正仓院的唐尺八（图2）可证。尺八用留青法浅雕仕女、树木、花草、禽蝶诸物象，纯是唐风，与当时之金银器镂錾及石刻线雕同一意趣。所谓"留青"，即保留竹之表皮为花纹，刮去花纹以外之表皮，露出淡黄色竹肌作地。竹材干后始能奏刀，此时表皮已由青转白。所谓"迹若粉描"，与留青之花纹

[2] 郭若虚：《图画见闻志》卷五"卢氏宅"条，《学津讨原》本。

图 1　西汉彩漆龙纹竹勺，湖南省博物馆藏

图 2　唐雕人物花鸟纹尺八，日本正仓院藏

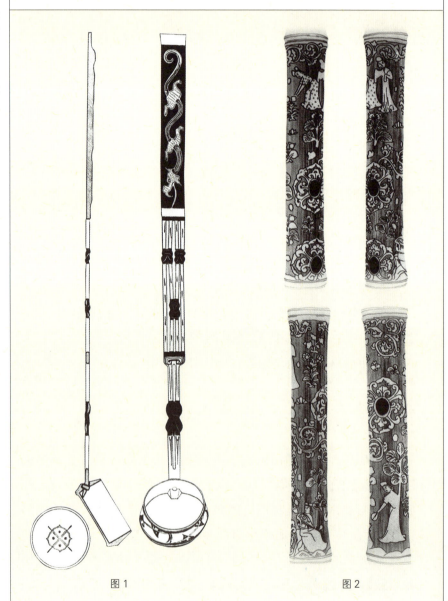

图 1　　　　　　　　　图 2

正合。刻后不须一两载,表皮即呈淡黄色,但此后变化不大。竹肌则由淡黄而深黄,由深黄而红紫,故皮、肌色泽之差异,越久越显著,花纹亦日益清晰。千百年来,留青为竹刻之重要技法之一。

宋代竹刻家有詹成,见陶宗仪《辍耕录》,高宗时人,所造鸟笼"四面花板,皆于竹片上刻成宫室、人物、山水、花木、禽鸟,纤悉俱备,其细若缕,且玲珑活动"❸。西夏实物有宁夏陵墓中出土的竹雕残片❹,浮雕人物,阴刻图案,制作亦精。其为当地所刻,抑为南方传来,尚待考证。

我国竹刻虽历史悠久,惟发展成为一种专门艺术则在明中期以后。其始仅少数文化水平较高的艺术家致力于此。随后或父子相传,或师徒授受,或私自仿效,习之者众,遂形成专业。清人金元钰著《竹人录》推为开派的竹刻家是嘉定的朱松邻(鹤),金陵的濮仲谦(澄)❺。据文献记载,二家并不专事刻竹,而兼用犀角、象牙、紫檀等雕制器物。可知竹刻与犀、牙等刻件,往往出于一人之手。不过在此之后,竹刻之所以能发展为专门艺术,其主要原因乃在竹材价贱易得,可供人大量采用。倘竹材为稀世之珍,又安能有多人从事此种雕刻,并有大量作品传世?另一方面,正因竹材价贱易得,故刻者必须殚精竭智,创造多种技法,博采各种题材,度形制器,状态写神,发挥竹材的特点,攀登这一艺术的高峰。只有如此,始能与十分珍贵的犀、牙、紫檀等刻件,一争短长。此又促使竹刻家必须创造出艺术价值高于一般工艺品的作品。不言而喻,数百年来倘竹刻家未能创造出质优而量多的作品,那么竹刻也就不足称为我国特有的一种专门艺术了。

竹刻艺术的发展,大致可分为明、清前期和清后期三个阶段。

明代竹刻名家自朱鹤始。鹤号松邻,字子鸣。世本新安,自宋高宗建炎(1127—1130)移居华亭,又六世而东徙,遂为嘉定人。他工行草图绘,深于篆学印章,所制有笔筒、香筒、杯、罂诸器,而尤以簪钗等首饰重于时。王鸣盛《练川杂咏》有"玉人云鬟堆鸦处,斜插朱松邻一枝"之句❻。据此可知松邻兼雕犀、牙。荆钗竹簪,古虽有之,但妇人夜中饰物,自以犀牙等贵重物品为主。

松邻年远,作品流传绝少,传世刻有款字者,率皆赝品。现存差可视为真迹的是南京博物院所藏笔筒(图3)。刻法用高浮雕,老

❸ 陶宗仪:《辍耕录》卷五"雕刻精绝"条,光绪乙酉重刊本。

❹ 宁夏回族自治区博物馆:《西夏八号陵发掘简报》,《文物》1978年第8期。

❺ 金元钰:《竹人录》凡例,1938年秦氏排印本。

❻ 王鸣盛:《练川杂咏》,1920年排印本。

松巨干一截,密布鳞皱瘿节。其旁又有一松,虬枝纷拿,围抱巨干。松畔立双鹤,隔枝相对。背面刻竹枝、梅花。据题识乃为祝寿而作。论其整体设计,并不完全成功。巨大松干与围抱之松枝,不类同根生成。仙鹤形象,古拙有余,矫健不足。梅竹亦稍嫌繁琐,似过分渲染寿意,以致影响构图之精练。如取松邻之子(小松)或

插图1　明朱小松归去来辞图笔筒

孙(三松)的作品相比,未免逊色。或谓吾人不得据此作为否定笔筒为真迹的依据。因为松邻开山创派,质拙浑朴,自在意中。子孙继武,后来居上。故陆扶照《南村随笔》称:"疁城竹刻,自正、嘉间高人朱松邻创为之,继者其子小松缨,至其孙三松稚征而技臻绝妙。"[7] 盖艺术之发展,有积累、提炼和创新之历程。家学三传,遂超祖而越父。

朱缨字清甫,号小松,擅小篆及行草,于绘事造诣更深,长卷小幅,各有异趣。金元钰称其仿古诸名家,"山川云树,纡曲盘折,尽属化工。刻竹木为古仙佛像,鉴者比于吴道子所绘"[8]。清初人有咏小松所制竹根文具诗,中曰:"藤树舞鳞鬣,仙鬼凸目睛,故作貌丑劣,虾蟆腹彭亭。以此试奇诡,精神若怒生。琐细一切物,其势皆飞鸣。"[9] 凡所雕琢,形象生动活泼,概可想见。毛祥麟谓小松"能世父业,深得巧思,务求精诣,故其技益臻妙绝"[10],实有出蓝之誉。小松为人高傲耿介,娄坚有《先友朱清甫先生传》,载《学古绪言》中,以为"世或重其雕镂,几欲一切抹杀则过矣"[11],盖小松品质高洁,书画皆工,不仅竹刻一艺,超迈前辈。

小松传世之作有渊明归去来辞图笔筒(插图1),刻于万历乙亥。其代表作则为上海博物馆藏的刘阮入天台香筒(图4),于直径仅3.7厘米的竹管上,将神仙洞府,远隔尘寰之境界,刘、阮与仙女对弈之神情,刻画得尽美尽善,使人叹为观止。

朱稚征,号三松,小松次子。《南村随笔》称其"善画远山淡石,丛竹枯木,尤喜画驴。雕刻刀不苟下,兴至始为之,一器常历岁月乃成"[12]。传世精品有清宫旧藏、现在台北之窥简图笔筒(插图2)及残荷洗(图5)。前者刻一高髻妇人,背屏风而立,双手持卷,正在展读。右方一女子,潜出屏后,蹀躞欲前,以指掩唇,回首斜睨,意欲窥视展卷之人,彼呼此应,神情连属,生于顾盼之间。所写乃《西厢记》故事。后者就竹根雕成荷叶状洗,虫蚀之叶边,半残之花朵,郭索之小蟹,无不状写入微,饶有生趣。故宫博物院藏寒山拾得像,似全不费力,将二僧天真憨稚之神态,毕现于刀锷之下,亦堪称杰作(图6)。

自朱氏三世之后,嘉定学竹刻者愈众,并以之为专业。故赵昕《竹笔尊赋》序谓"疁城以竹刻名,……镂法原本朱三松氏。朱去

[7][12] 陆廷灿:《南村随笔》卷六,清刊本。

[8] 金元钰:《竹人录》卷上"朱缨"条,1938年秦氏排印本。

[9] 同注[8]卷下。

[10] 毛祥麟:《对山书屋墨余录》,清刊本。

[11] 娄坚:《学古绪言》卷四,《嘉定四先生集》本。

[13] 金元钰：《竹人录》卷下"朱缨"条，1938年秦氏排印本。

今未百年，争相摹拟，资给衣馔，遂与物产并著"[13]。本卷所收竹雕卧狮洗(图9)、透雕钟馗挑耳图笔筒(图10)、竹雕渔家婴戏(图20)等，虽无款识，制器运刀，颇具朱氏风格。将其定为嘉定竹人受三朱影响之作，似无大误。

以创金陵派著称的濮仲谦，名澄，复姓濮阳，单称濮，仲谦乃

图4　明朱小松刘阮入天台香筒

其字,生于万历十年壬午(1582)。钱牧斋《有学集》有《赠濮老仲谦诗》,作于顺治戊子、己丑间(1648—1649)[14],故知其卒年已入清。《太平府志》称仲谦所制"一切犀玉糅竹皿器,经其手即古雅可爱,一簪一盂,视为至宝"[15]。张岱与仲谦相交甚深,所著《陶庵梦忆》谓仲谦貌若无能,"而巧夺天工焉。其竹器一帚一刷,竹寸耳,勾勒数刀,价以两计。然其所以自喜者,又必用竹之盘根错节,以不事刀斧为奇,经其手略刮磨之而遂得重价"[16]。可知仲谦治竹,不耐精雕细琢,只就其天然形态,稍加凿磨,即已成器,大有"文章本天成,妙手偶得之"之趣。其审美观念及创作方法直可上拟西汉霍去病墓石刻。时代相去缅远,器物大小悬殊,但脉理实相通。

仲谦因声名甚著,故赝品特多。传世之作,刀法神妙,且与前人言论完全吻合者,尚难举出实例。故宫博物院所藏松树形竹根壶,柄下有"仲谦"楷书款,确为竹雕精品。惟鉴家或以为刀法深而繁,与濮氏风格不侔,而竟与朱氏差近。或以为濮氏未必无此刀法,前人失记,遂滋疑义。今并记之,以俟续考。

仲谦之后,率意操刀而自然成器者,实罕其人。百余年后,始有扬州潘西凤,偶或近似。此与三朱之后,竞相师法,由门户而扩为宗派大异。故严格而论,所谓金陵派是否存在,大可商榷。

明代竹人,专刻留青者为张宗略。张氏字希黄,以字行。其确切年代及里籍均不详,或谓江阴人。唐代留青,竹皮留去分明,故纹与地,截然两色。希黄则借皮层之全留、多留、少留,以求深浅浓淡之变化,故绚烂成晕,如水墨之分五色,实为留青技法之一大发展。希黄代表作有昔为英人大维德所藏今归美国波士顿美术馆之楼阁山水笔筒(插图3)。其高仅13厘米,而楼阁壮丽,气象万千。本卷所选笔筒(图8),层楼高耸,山如列屏,亦是希黄精心之作。

综上所述,可知明代刀工,大体有三:以深刻作高浮雕或圆雕之朱氏刻法;以浅刻或略施刀凿即可成器之濮氏刻法;以留青为阳纹花纹之张氏刻法。取材初则犀、牙、竹、木,无所不施。嗣后习之者众,遂成专业;犀牙等珍贵物料,自然就被竹材所取代。

自清初至乾隆为清前期(1644—1795)。在这一百五十年间,竹刻大家在技法上有创新,影响又较著者有吴之璠、封锡禄、周颢、潘西凤等四人。

[14] 邓之诚:《骨董琐记全篇》卷五,排印本。

[15] 据李放:《中国艺术家征略》卷二引文引。

[16] 张岱:《陶庵梦忆》卷一"濮仲谦雕刻"条,《粤雅堂丛书》本。

插图 3　明张希黄楼阁山水笔筒

⑰ 金元钰：《竹人录》卷上"吴之璠、朱文友"条。

⑱ 褚德彝《竹人续录》，1930 年排印本。

吴之璠，字鲁珍，号东海道人，是三松之后的嘉定第一高手，刻竹年款多在康熙前叶。金元钰称"今流传人物花鸟笔筒及行草秘阁，秀媚遒劲，为识者所珍"⑰。褚德彝《竹刻脞语》记吴氏之作，仅见相马图笔筒及杨柳仕女臂搁⑱，实则传世之作尚多。本卷所收就有二乔图(图 11)、松荫迎鸿(图 12)、东山报捷(图 13)、松溪浴马(图 14)、荷杖僧(图 15)等笔筒五件，其中前三件为真品无疑。此外可信为真迹的尚有滚马图、牧牛图、采梅图、人骑图、老子骑牛图、戏蟾图、张仙像等笔筒七件及换鹅诗臂搁一件。去今三百余载，据不完全的统计已有十数器。可见吴之璠是一位勤奋精进的竹刻家。

之璠擅长多种刻法，除立体圆雕外，更善浮雕。浮雕又有两种，一用深刻作高浮雕，师朱氏法，深浅多层，高凸处接近圆雕，低陷处或用透雕，实例如东山报捷黄杨笔筒(图 13)及二乔图笔筒(图 11)皆是。一种是浅浮雕，乃吴氏自出新意，为前人所未备。例如

图 12 清吴鲁珍松荫迎鸿图笔筒,上海博物馆藏

图 13 清吴鲁珍东山报捷图黄杨笔筒,故宫博物院藏

松荫迎鸿(图12)、滚马图、牧牛图(插图4)、采梅图等几件笔筒皆是。正以其别具面目,故论者多道及之。如陆扶照谓之璠"另刻一种,精细得神"[19]。金元钰称吴氏"所制薄地阳文,最为工绝"[20]。褚德彝则以为之璠所刻,可拟龙门石刻中之浅雕。其中尤以"薄地阳文"一名,成为之璠浅浮雕刻法的术语,为竹刻艺术增添一专门词。吴氏此法突起虽不高,但游刃其间,绰有余裕。他善于在纸发之际,丝忽之间,见微妙之起伏。照映闪耀,有油光泛水,难于迹象之感。其妙可于松荫迎鸿、滚马图、牧牛图等刻件上见之。凡画面传神之部位,吴氏只用坚实而润泽之表层肌肤,越过此层,竹材便松糙晦涩,不堪使用。又因他明画法,工构图,善用景物之遮掩压叠,分远近,生层次,故能在浅浮雕之有限高度上,有透视之深度。此亦可于采梅图及松荫迎鸿笔筒中见之。其常用之另一手法为萃集精力,刻画只占全器某一局部之一事一物,此外则刮及竹理,任其光素;倘有雕刻,只不过略加勾勒,或留待刻字题诗。如此则宾主分,虚实明,朴质无华之素地与肌肤润泽上有精镂细琢之文图形成对比,相映生色。二乔图、松荫迎鸿以及牧牛图、戏蟾图、采梅图等笔筒均用此法。此与明代三朱等家所刻香筒、笔筒,器身周匝布满景物者又大异。

之璠造诣甚高,创新既多,影响亦巨。受其嫡传并载入《竹人录》者有朱文友、王之羽等人。卷中无款松下饲马(图18)及"西仙"款醉仙图笔筒(图19),所用皆吴氏薄地阳文刻法。类此作品,传世不少。故谓继往,之璠自然是嘉定派之佼佼者;若说开来,则在康、雍之际(1662—1735)也曾形成一个以吴之璠为首的竹刻流派。

嘉定名工,与吴之璠同时而略晚者为封锡禄。封氏一门皆刻竹,锡爵字晋侯,锡禄字义侯,锡璋字汉侯,兄弟三人,号称鼎足。其中杰出者,更推锡禄。康熙四十二年癸未(1703),锡禄、锡璋同时入京,以艺值养心殿,名乃愈噪,族兄封毓秀有诗纪其事。

锡禄擅长圆雕,上承朱氏之法,而刻意经营,以新奇见胜。毓秀诗云:"松邻小松辈,工巧冠前明。岂期后作者,愈出还愈精。"[21]毓秀对锡禄之圆雕,复有以下之描绘:"或雕仕女状,或镂神鬼形。奔出胫疑动,拿攫腕疑擎。或作笑露齿,或作怒裂睛。写愁如困约,象喜如丰亨。豪雄暨彬雅,栩栩动欲生。狮豹互蹲跃,骅骝若驰鸣。

[19] 陆廷灿:《南村随笔》卷六,清刊本。

[20] 金元钰:《竹人录》卷上"吴之璠、朱文友"条。

[21] 金元钰:《竹人录》卷下。

器皿及鸟兽,布置样相并。摹仿擅独绝,智勇莫能争。"此处所谓之摹仿,显然指摹仿现实之写生,而并非摹拟前人之成器。可见,没有写生之功力,是雕不出如此生动之形象来的。

　　金元钰对锡禄之竹刻艺术,有更高之评价:"吾罌竹根人物,盛于封氏,而精于义侯,其摹拟梵僧佛像,奇踪异状,诡怪离奇,见者毛发竦立。至若采药仙翁、散花天女,则又轩轩霞举,超然有出尘之想。世人竞说吴装,义侯不加彩绘,其衣纹缥缈,态度悠闲,独以铦刀运腕成风,遂成绝技,斯又神矣!"㉒锡禄之圆雕人物,传世绝少。今幸有上海博物馆藏罗汉像(图17),吾人才得见其神采。乃知金氏"梵僧佛像,奇踪异状"数语,绝非虚誉。至于封锡爵,故宫博物院藏有其所雕晚菘形笔筒(图16),题材新颖,刀法亦工,惟与其弟之罗汉像相比,艺术价值高低,不可同日而语。实则金元钰谓嘉定竹根人物"盛于封氏,而精于义侯",早已寓有轩轾之意。

　　周颢与锡禄同时同里而年稍幼,其字芷岩,又号雪樵、尧峰山人,晚号髯痴。康熙二十四年(1685)生,乾隆三十八年(1773)卒,享年八十有九。

　　钱大昕有《周山人传》,称芷岩"于画独有神解,仿古贤山水人物皆精妙,尤好画竹"㉓。嘉定竹人自三朱、之璠等名家后,芷岩"更出新意,作山水树石丛竹,用刀如用笔。不假稿本,自成丘壑。其皴法浓淡坳突,生动浑成,画手所不得到者,能以寸铁写之"。王鸣韶《嘉定三艺人传》谓芷岩"画山水、人物、花卉俱佳,更精刻竹。皴擦勾掉,悉能合度,无论竹筒竹根,深浅浓淡,勾勒烘染,神明于规矩之中,变化于规矩之外,有笔所不能到而刀刻能得之"㉔。对芷岩所刻山水,人无耳目,屋无窗棂,树无细点,桥无略约,尤为赞叹,以为出人意想之外,于嘉定诸大家后,可称别树一帜。至金元钰则更谓芷岩"以画法施之刻竹,合南北宗为一体,无意不搜,无奇不有"㉕。若取历朝诗家与竹人相拟,芷岩可当少陵,二百余年,首屈一指。推崇备至,可谓无以复加。

　　按芷岩不仅名载《竹人录》,画籍《墨香居画识》《墨林今话》亦有传。蒋宝龄称其"幼曾问业于王石谷,得其指授,仿黄鹤山樵最工。少以刻竹名,后专精绘事,遂不苟作"云㉖。故若谓刻竹家自朱氏祖孙以来皆能画,乃竹人兼画师,则芷岩实画师而兼竹人也。

㉒ 金元钰:《竹人录》卷上"封锡禄、封锡爵"条。

㉓㉔ 金元钰:《竹人录》卷上"周颢"条《附录》。

㉕ 金元钰:同上书"周颢"条。

㉖ 蒋宝龄:《墨林今话》卷三,咸丰二年刊本。

图 16 清封锡爵竹雕晚菘形笔筒,故宫博物院藏

图 17 清封义侯竹根罗汉像,上海博物馆藏

芷岩擅长以多种刀法刻各种题材。惟最为当时人所称道的乃所刻山水。这是由于他是将南宗画法融汇入竹刻的第一人。

　　芷岩画法南宗，不论师承画迹，均足为证。其竹刻山水，以所见之溪山渔隐(插图5)、仿黄鹤山樵山水❷及松壑云泉图(图22)三件笔筒为例，确是南宗。惟芷岩之前，竹刻山水及人物配景，皆法北宗。故金元钰有"画道皆以南宗为正法，刻竹则多崇北宗"之论❷。钱大昕和《练川杂咏》亦有"花鸟徐熙山马远，无人知是小松传"之句❷。下逮吴之璠，所刻山石、松针，仍是北宗，于松荫迎鸿、采梅图等笔筒中明显可见。至芷岩乃一变前法，以南宗入竹刻。当时四王画派，正风靡画坛，文人学士又多以南宗为正法。无怪芷岩一出，使人耳目一新，竟以更出新意，别树一帜，二百余年，首屈一指等交相称誉。

　　芷岩山水、竹石(图23)以阴刻为主，功力自深。其轮廓皴擦，多以一刀刓出，阔狭浅深，长短斜整，无不如意。树木枝干，以钝锋一剔而就，有如屈铁。此于溪山渔隐笔筒中可见。刀痕爽利，不若用笔或有疲沓之病。刀与笔工具不同，故虽是南宗，或俱斧劈意趣。此于松壑云泉笔筒刻款字之山石上可见。所谓画手所不得到者，能以寸铁写之，盖指此。所谓合南北宗为一体，亦指此。

　　在竹刻史中，芷岩乃一关键人物。刀法有继承，有创新，更有遗响。清代后期，竹刻山水，多法南宗，不求刀痕凿迹之精工，但矜笔情墨趣之近似。于是精镂细琢之制日少，荒率简略之作日多，其作画、刻竹之功力，又远不及芷岩，于是所作亦无足观。芷岩的遗响若是，恐非他始料所及。

　　潘西凤，字桐冈，号老桐，浙江新昌人，侨寓扬州。《郑板桥诗钞》有赠潘桐冈诗，曰："萧萧落落白千古，先生信是人中仙。天上曲意来缚絷，困倒扬州如束湿。空将花鸟媚屠沽，独遣愁魔陷英特。志亦不能为之抑，气亦不能为之塞。……丈夫得志会有时，人生意气何终极！"❸又有绝句："年年为恨诗书累，处处逢人劝读书。试看潘郎精刻竹，胸无万卷待何如！"❸可知老桐是一位饱学之士，因困顿维扬，才成了以刻竹为生的艺术家。

　　老桐刻竹，有名于时，因居扬州久，又经板桥誉为濮阳仲谦以后一人，故论者以金陵派目之。其手制器物，亦有与仲谦刀法相似者。

❷ 周芷岩仿黄鹤山樵笔筒，刻于乾隆五年庚申，苏州市文物商店藏。因照片无法拍摄全景，故多次函请该店提供拓本以便编入本卷，竟以"传拓会损伤原件"为由，拒不提供，使人深感遗憾。

❷ 金元钰：《竹人录》卷上"朱稚征"条。

❷ 王鸣盛：《练川杂咏》，1920年排印本。

❸ 郑燮：《郑板桥集·郑板桥诗钞》，1962年中华书局本。

❸ 郑燮：《郑板桥集·郑板桥诗钞》，《绝句二十一首》之一。

图22 清周芷岩松壑云泉图笔筒（拓本），上海博物馆藏

图23 清周芷岩竹石图笔筒（拓本），上海博物馆藏

曾见素臂搁(插图6)全无雕饰,用畸形卷竹裁截而成,虫蚀斑痕,宛然在目,似未经人手,而别饶天然之趣。铭文隶书两行:"物以不器乃成材,不材之材君子哉。"着字无多,隽永有味,寓意似出老庄。又如竹根笔筒(图24),只取土下数节,略加裁剪揩磨,便圆熟可爱。从这两件作品中却能看到老桐所持的返璞归真的审美观念。

仲谦工浅刻,老桐亦然。三家合作寿星臂搁,黄瘿瓢画、李复堂题、潘老桐刻,寿星为浅刻[32]。四家合作紫檀笔筒(图25),蔡嘉画老人,老桐仍用浅刻。当然浅刻只是老桐擅长的刻法之一;如摹刻古人法帖,老桐又能以深刻现其神采;所刻留青菊花亦绝佳。

清前期竹人,名家辈出,次于四大家的如邓孚嘉,字用吉,福建人,流寓嘉定,以善刻折枝花卉著名。其圆雕渊明采菊(图30)是

[32] Wang Shixiang/Wan-go Weng: *Bamboo Carving of China*, p.101, No.39, China Institute in America, 1983. 此件亦已收入拙著:《竹刻》,1992年人民美术出版社。

图24 清潘老桐铭笔筒,广东民间工艺馆藏

经过精心设计,全神贯注才刻成的。此外还酌选后添款和无款的作品。竹枝笔筒(图21)虽非仲谦真迹,时代亦不能晚于康熙(1662—1722)。东方朔(图27)、李铁拐像(图28)及竹根蟾蜍(图29),均制于乾隆时期(1736—1795),尚可见明人绪余。园蔬图笔筒(图26),刀法采用陷地深刻。此种刻法,明代未见,大约是清中期才开始流行的。

清前期竹人继承了明代的刻法,同时又有创新,故刻法大备。尤以吴之璠之薄地阳文,封氏一门之圆雕,周芷岩刻山水、竹石之运刀如用笔,潘老桐之随意刮磨而得自然之趣,皆冠绝当时,无出其右,后人效法,更难企及。故此百五十年可谓竹刻之鼎盛时期。

清后期竹刻家名载史册者多于清前期。惟自具面目、卓然独立、堪称大家的实罕其人。早在清前期,已有刻者致力于用刀痕凿迹来再现书画之效果。至19世纪,于竹上表现笔情墨趣,更被多数竹人视为竹刻之最高追求。其始作俑者为周芷岩,而后继者不能自画自刻,有赖书画家代为设计打稿,刻竹者乃沦为单纯之刻工,遂导致竹刻艺术之全面衰落。

大抵求画家打稿,只能在竹材表面落墨,一次而罢,不可能刻去一层求人再画一层。正缘此故,常见刻法只限于低而浅之阳文或阴文。盛行于往昔,曾创造出雕刻精品之圆雕、高浮雕、透雕诸法逐渐失传。技法之失传,又影响竹刻之品种;圆雕器物,透雕、高浮雕之香筒、笔筒,制者日稀,广泛流行的是只在竹材表面见刀痕的臂搁、扇骨之类而已。

清晚期竹人造诣较高者为尚勋及方絜。

尚勋善刻留青,除搜入本卷两件(图32、图33)外,尚有流往海外之载鹿浮槎笔筒(插图7)。一面刻枯槎泛水,上载髯叟,薜萝为衣,芒草作履,肩荷药锄竹篮,中贮蟠桃芝草,仙菊瑶葩。旁立稚鹿,昂首仰望,所图为道家神仙故事。背面阴刻篆书"载鹿浮槎"、楷书"丁卯尚勋制"共九字。三件人物及景色皆位置妥帖,状写入微,不愧是留青高手。

尚勋之名,不见竹人传记。所刻款识又过于简略,故迄今不知其字号、里贯及生卒年代。自从发现浅浮雕竹林七贤图、八骏图笔筒(图34),乃知尚勋所刻并不限于留青。倘取此件刀法推断其时代,当为嘉、道间(1796—1850)人。

图40 方絜苏武像臂搁，故宫博物院藏

插图7 清尚勋载鹿浮槎笔筒

方絜，号治庵，字矩平，浙江黄岩人。能画山水，尝见设色扇面，师法四王。诗文画传记其事者有多家，而以《墨林今话》为较详。称其"凡山水人物小照，皆自为粉本于扇骨臂搁及笔筒上，阴阳坳突，钩勒皴擦，心手相得，运刀如用笔也"[33]。惟其刻法究竟若何，仍难使人理解。今据实物，除苏武像臂搁(图40)外，尚有故宫博物院藏人物臂搁、道光壬午刻渔翁图臂搁、道光丙戌刻仕女臂搁、道光丙申款墨林先生小像扇骨等。各件刻法相同，即用竹材表面作地，阴刻竹肌作花纹。下刻不深，但在此有限深度内刻出高低起伏，所谓"阴阳坳突，钩勒皴擦"，尽在其中。此种刻法，在方絜之前，尚未见到通体花纹刀法如此一致，且游刃如此娴熟。前此园

[33] 蒋宝龄《墨林今话》《续编》一。

图 38 清无款牧牛图笔筒，故宫博物院藏

[34] 中华全国手工业合作社：《巧夺天工》页 57，《翻簧竹刻艺人——陈芳俊》，1953 年轻工业出版社。

蔬图笔筒（图 26）刻法曾名之曰"陷地深刻"，而方絜之刀法不妨称之为"陷地浅刻"。

按黄岩以产贴黄器著称，至今此业不衰。1941 年上海李锡卿编印的《嚼雪庐自玩竹刻》中收方絜刻贴黄小插屏，一面为老子骑牛图，一面为行书五行，所用亦为陷地浅刻法，只刀痕更浅。近年黄岩贴黄艺人陈芳俊所刻箱盒盖上花纹，亦采用此刻法[34]。故知方絜之刀法与其乡里之贴黄工艺有一定之关系。

清晚期无款竹刻仍有佳制，留青如春郊牧马图笔筒等（图 37），借材巧做则有牧牛图笔筒（图 38）。

本卷搜集清晚期竹刻至道光时而止。一则因 1840 年以后已入近代；二则因 19 世纪后叶，竹刻艺术实每况愈下。直至本世纪初金西厓、支慈庵等先生出，竹刻始又有新的发展。

二、仿青铜器竹雕

传世竹刻中有一种专仿古代青铜器,鼎、卣、尊、壶,无所不备。刀法刻意求工,以毕肖古铜器为能事,并在装柄安流、镂雕提梁等方面多见巧思;惟受题材之限制,作者遂无法借雕刻抒发其灵感,故宜自成一类,目之为竹刻之旁枝别衍。

仿青铜器竹雕多无款识。只叶义先生著《中国竹刻艺术》上册有夔纹兽首壶,刻篆书阳文"萧"字印。同书又有三足炉,底有"老同制"篆文印㉟。殆有人慕潘老桐之名,妄刻此章而又误"桐"为"同"。潘氏喜用弃材制器,得自然之趣,与此风格大异。上海博物馆藏仿古提梁卣㊱,颈间刻隶书"蓬壶"二字,腹部刻文彭题七律,更显然是后人所刻。

本卷所收五件(图41-45),均清代宫廷中物,精谨整饬,更胜于流传在民间者,其制作年代当在乾隆年间。又因其与《西清古鉴》

㉟ 叶义、谭志成:《中国竹刻艺术》上册 页418、420,1978年香港版。

㊱ 上海博物馆:《上海博物馆珍藏文物展》页79,1980年印本。

图44 清竹雕提梁卣,故宫博物院藏

著录之器有相似处,当时可能召匠入宫,制于大内。乾隆之后,仍有作者,直至清代晚期。至于工匠姓氏,来自何方,以及其传人等,均待进一步查考。

三、贴黄器

贴黄又有"竹黄""翻黄""反黄""文竹"诸称。其工艺乃取竹筒内壁之黄色表层翻转过来,经煮压、粘贴到木制胎骨上使其成器。贴黄表面可任其光素,或镂刻花纹。有人或认为黄取自竹,故将"黄"写作"簧",实误。

清中期以来,江苏嘉定、浙江黄岩、湖南邵阳、四川江安、福建上杭均以制作贴黄著称。据已知文献记载,以上杭为较早。《上杭县志·实业志》称:"三吴制竹器悉汗青,取滑腻而已。杭独衷其黄而矫合之,柔之以药,和之以胶,制为文具玩具诸小品。质似象牙而素过之,素似黄杨而坚泽又过之。乾隆十六年翠华南幸,采备方物入贡。是乾隆时尚精此技,今已不可得矣。"[37]清纪晓岚有咏竹黄箧诗并序[38],录引如下:

上杭人以竹黄制器颇工洁。癸未冬按试汀州,偶得此箧,戏题小诗二首:
　　瘦骨碧檀栾,颇识此君面。
　　谁信空洞中,自藏心一片。
　　凭君熨贴平,展出分明看。

　　本自汗青材,裁为几上器,
　　周旋翰墨间,犹得近文字。
　　若欲贮黄金,籯乃陈留制。

按乾隆十六年为公元1751年,乾隆癸未为公元1763年,是乾隆前期上杭贴黄器已达到较高水平,故得作为贡品。而清代宫廷所藏贴黄器,穷工殚巧,更是在上杭已达到的基础上有极大的提高。当时可能召匠入宫制造,或饬员赴闽定制,或兼而有之。具体

[37] 张汉等修:《上杭县志》,1939年启文书局排印本。

[38] 纪昀:《纪文达遗集》,清刊本。

情况若何,有待作进一步查考。惟可以断言者为上杭贴黄在乾隆之前定有更早的历史,其始至晚也在清初,乃至早到明代。

贴黄器以木为胎。木胎可随意造型,故能突破竹材为圆筒形的限制,可以制成各种形状的器物,并因此而增加其实用价值,所以贴黄器是值得并应该提倡的。不过贴黄甚薄,只能浅刻。故贴黄器盛行后,圆雕、透雕、高浮雕、深刻等许多传统技法失去了用武之地,一般竹人只去制作浅刻易就的贴黄工艺品,很少再去雕制费力难成的竹刻艺术品,其结果竟导致清中期以后竹刻艺术的显著下降。张鸣年《竹人录》跋称:"吾瞠刻竹,名播海内,清季道咸以后,渐尚贴黄,本意浸失。"[39]惋惜之余,乃有此感慨之言。看来在发展贴黄器的同时,必须仍有造诣较深的艺术家致力于竹刻,才能使我国特有的这种专门艺术长盛不衰。

一般民间的贴黄器,造型雕饰都比较简单。但清宫所藏,精工华美,远非民间者可比。仅就收入本卷的少数故宫博物院藏品作初步观察,已知有下列多种的制胎、镂刻及装饰技法:在造型平整而较规则的器物胎骨上贴竹黄;在造型不规则的器物胎骨上贴竹黄(图46);在贴黄面上加浅刻花纹(图47);在贴黄面上划锦纹并与镶嵌工艺相结合(图48);在本色贴黄上加雕刻(图49);在本色贴黄上粘贴本色竹黄花纹并加雕刻(图56);在本色贴黄上粘贴深色竹黄

[39] 金元钰:《竹人录·跋》。

图66 清贴黄芭蕉山石长方盒,故宫博物院藏

花纹并加雕刻(图52、图53、图55);在本色贴黄上施火绘花纹(图54);在器物的面上镶深色竹丝,在竹丝上再贴本色竹黄花纹并加雕刻(图58);在器物面上镶两色竹丝,在竹丝上再贴竹黄花纹并加雕刻(图59);贴黄器与火绘、镶嵌等工艺相结合(图60);在镂空的紫檀器上嵌贴竹黄(图63);贴黄器与嵌玉工艺相结合(图64);在竹丝及金属丝的编织物上贴竹黄花纹(图65)等等。此外,还有超出一般工艺品而富有诗情画意的艺术精品如贴黄与嵌木相结合的芭蕉山石长方盒(图66)。总之,技法繁多,工艺复杂,变化无常,不胜备述。

值得注意的是,故宫所藏的精美贴黄器,似全部是乾隆时期制品,此后宫廷未再制造或采办。精巧而繁复的装饰技法亦未见在民间的贴黄器上使用。这就使我们意识到应当研究并继承清代贡品的技法来提高当代贴黄器的水平。

四、木 雕

本卷搜集小型木雕八件,虽时代早晚有别,但或与竹刻有渊源关系,或本出竹人之手。因未刻款识,遂无从查考。

鱼龙海水作为工艺品图案,12世纪时已流行,实例如1983年四川遂宁南宋墓出土的银盘(插图8)。本卷所收的雕有鱼龙海兽的紫檀笔筒(图67),其花纹和银盘大体相同,倘与团城元代大玉瓮相较则更为接近。据动物形象,其雕制年代当在15世纪,下限不会晚于嘉靖。再取与朱守城墓出土的紫檀螭纹扁壶(图69)相比,其时代风格显然早于万历时制品。换言之,鱼龙海兽纹笔筒的雕刻时代乃在竹刻形成专门艺术之前。故笔者认为此等紫檀雕刻,对朱松邻所创之高浮雕刻法,曾产生过影响。至于沉香鸳鸯暖手(图70),风格蕴藉细腻,直可与朱三松的圆雕竹根器相比拟,它的作者可能也曾雕刻过竹根器。

黄杨仕女(图71)及子母牛(图73)等显然年代较晚,和清前期的某些竹根圆雕风格相近。而黄杨三螭海棠式盒(图74),造型及刀工与清代的仿古铜器竹雕又有相通之处。同一时期的种类截然不同的工艺品都往往相互有影响,更不用说均是用刀凿制成的竹刻和木雕了。

记明鱼龙海兽紫檀笔筒

紫檀黝黑如墨,高浮雕龙二,鱼、狮、马、虎、象、犀、螺各一,出没波涛中。水势汹涌。激荡砰訇,盘涡深旋,浪花飞溅,愈助海怪夭矫腾跃之势。按鱼龙海水,间以异兽,唐宋时期已用作装饰题材,至元明更为流行。北京团城之元大玉瓮,乃广为人知之实例。此器二龙丰颐长喙,鬃鬣奋张,气势雄伟,与永、宣青花所绘,颇多似处,非明晚期所能有。其他动物貌亦奇古,故雕制年月可能不出15世纪,在紫檀笔筒中应为时代较早者。

50年代于荣宝斋后堂玻璃柜中见之,两次询价,均谓"不对外"。第三次遇店员有一面之雅,始许购之而归。

"文革"后发还被抄文物,不见踪影者何止百数十件,一时未能想起者尚不在此例,其中有三件紫檀笔筒,皆予铭心之物。其一明晚期制,螭龙一躯蟠笔筒上,高浮雕几成圆雕,脊线如刃,犀利无比,此外全器光素无纹。50年代购自东安市场西门内回民古玩商,人称"小门张"者。其二清早期制,随形镂雕成古树桩,错节盘根,自然古拙,仿佛千百岁。有阳文浮雕"能盘山穴,得近墨池"八字隶书,铲刻精绝。50年代购自地安门宝聚宝曹书田。购时恰值天津韩慎先生来京,知予得之,特通电致贺,可见鉴赏家对此器之重视。其三即此鱼龙海兽笔筒(高16.5厘米,径14.6x11.7厘米,图1)。为此三件及其他未发还文物曾多次去府学胡同北京市文物管理处查询,均毫无结果。

1983年,故宫博物院邀我至北五所库房鉴定竹刻并为定级,

工艺

图1　明鱼龙海兽紫檀笔筒

图2　明鱼龙海兽紫檀笔筒拓片

启一柜，鱼龙海兽笔筒竟赫然在屉板上。取视，内贴纸条书一"毛"字。询其故，始知为"毛家湾林彪住宅送来"之标记。予上书国家文物局，说明笔筒乃我被抄未还之物。经国家文物局与北京市文物管理处查核抄家底册及"四人帮"从文管处取走文物之登记账，发现此笔筒确实抄自我家，后被黄永胜拿走，故记在黄之账上。今有下落，自应发还给我。数月后，笔筒由文管处送还至我家。

事后我有一事不明：笔筒既被黄永胜拿走，记在黄之账上，何以会由毛家湾林彪住宅送交故宫？不得不求教于文管处工作人员之"文革"前即相识者。渠谓当时"四人帮"及其爪牙，往往三五辆汽车蜂拥而至。进门各选所需，然后彼此评比，争论优劣，间以嬉笑打骂，丑态百出。在离去前，手中所选文物，已经经过交换。故由姓黄转为姓林，实不足为奇云。是真所谓"国之将亡，必出妖孽"也！

1987年，襄参加《中国美术全集》编撰工作，得将笔筒收入《竹木牙角》卷，为明代木雕增添重要实例。其艺术价值实远远超过上海博物馆所藏明墓出土之紫檀螭纹扁壶。个人收藏，亦能为国家出版物作贡献，识者当无疑义也。

又一题外事，不妨顺便述及。予被抄图书中，使用最多，故盼早日归还者为商务印书馆影印、后附四角号码索引之七卷本《佩文韵府》。当时无法买到，不得不求助于文管处之工作人员。其中有书行转业相识已数十年者。一年后，通知我前往领取。告知我书前不久方从吴法宪家中取回。曾于报端见吴之尊容，脑满肠肥，似胸无点墨者，真不知其要《佩文韵府》作何用也。

清吴之璠三顾茅庐图黄杨笔筒

约三周前,黄玄龙先生惠临舍间,面有喜色,从手提百宝囊中掏出一件包袱裹好的物件,心知定是有缘得宝。打开一看,乃赫然吴之璠(鲁珍)刻三顾茅庐图黄杨笔筒(图1)。我也兴奋起来,向黄先生拱手祝贺。

笔筒(高17.8厘米,径11.1×6.6厘米),椭圆形,扁而阔,出现两个宽面和两个窄面。尚未上手,已感到刻此笔筒,构图甚难。倘以历史故事为题材则更难,因人、物众多,位置得宜,惟有惨淡经营方可。

不言而喻,三顾故事,定须有结义三兄弟及骑乘马匹。诸葛先生茅庐和应门童子亦不可缺。两组人物只有分别刻在两个宽面方可容纳。一般刻手恐只能如此安排。但画面一经分割,情景气势便遭割裂,必致各不相涉,索然无味。鲁珍妙在把上有丛树之石壁刻在宽窄两面相交处。前为三兄弟,马匹则半隐在石壁后。笔筒在握,面对此景,不须转腕,荆篱屋舍及袖手倚几之诸葛先生、开窗外望之童子便呈现于左侧。浑然一体,不即不离,完整画面自然形成。屋后长松三五株,随笔筒弧度延伸,与石壁三兄弟泯然相接。不禁为鲁珍之巧妙构图拍案叫绝。

人物状写乃另一难题。三国故事经小说、戏曲长期广泛传播,人物形象已深入人心。容貌特征倘笔筒毫无显示,观者将谓:"安得称为三顾茅庐图?!"若着意刻画,转觉夸张庸俗,非格调高雅之竹木雕刻所能容。艺术形式不同,表现手法各异,此理易明。但如何将世人喜闻乐见之形象,恰到好处假借移植到所从事之艺术形

图1 清吴之璠三顾茅庐图黄杨笔筒（四面）

图2 清吴之璠三顾茅庐图黄杨笔筒（展开图）

式中来，却是大学问。且看鲁珍如何突破难题：图中刘玄德先行，即将踏上板桥，又回顾似有嘱咐。关云长居中，仲臂手指茅庐。只凭须拂胸前，长眉插向鬓角，已使观者知为何人。张翼德容貌刚猛、气质暴躁，最难描绘，故使以背向人，只借仰面，露出颏下须髯。刻者似毫不费力便刻出适合在文房器物上出现之桃园结义三兄弟。笔筒其他景物如磐石陂陀，长松杂树，鲁珍皆优为之，竹刻已屡见不鲜。引人注目者为山泉自石壁间涌出，流至桥下，水纹婉转回旋，尤为生动。款识在屋角垣边，阴文行书"吴之璠制"四字。

鲁珍竹刻真迹，过目不下二三十件。黄杨笔筒，愧我孤陋，此外仅见一款,即现藏故宫博物院、有乾隆四十一年丙申(1776)弘历题诗之东山报捷图笔筒。此器当为康雍间呈进之物,款识隶书"槎溪吴之璠",甚工整,下有"鲁珍"方印。笔筒因材制器呈不规则圆形,捷报自远方驰来,自不妨与对弈者各占一面,无虑隔断之虞。谢安因后人无从知其容颜,更可随意创造。两图对比,刻报捷既省却构图之惨淡经营,又免去人物之提炼简化。两器均为鲁珍铭心之作,自不待言。但呈进定须维恭维谨,难免稍见矜持。不若三顾图定稿后,便可放手运刀,更饶潇洒自然之趣。

两器同出鲁珍之手,木质同为黄杨,故或疑三顾图笔筒亦曾入内府。愚以为据其风格,可能性不大。惟玄龙先生称原藏者家在东北。缘此,又宜对其流传再作查询。溥仪曾以赏溥杰为名,将大量书画手卷潜运出宫。日寇投降后,始在东北散出。文房珍秘,当年曾罹同等遭遇,亦未可知也。

王世襄作于 2004 年 12 月中旬

書画

游美读画记

1948年6月至1949年6月，经故宫博物院派往美国、加拿大参观考察博物馆一年。下面是当时读画笔记的一部分。

唐阎立本《历代帝王像图卷》（图1）

绢本设色，无款。高51.3厘米，长531厘米，画自汉昭帝起至隋炀帝止帝王十三人。用笔古拙，线条的起讫转折处，轻重顿挫没有显著的差别，还保持了一些顾恺之的画法，所谓"春蚕吐丝，始终如一"的遗意。人物面貌很奇古，衣冠服饰及日用器物如扇舆等等，有许多可以帮助考证的地方。我国唐代的绘画，敦煌保留下来了一大部分，但因敦煌远在西北，那些画未必出自京都画家之手，所以与当时中土的画风，颇有不同，而从这个卷子中却能看见"京朝派"画家的笔法。无疑这是中国人物画中最重要的一件。卷后宋人题跋甚多，但自富弼、韩琦起至李玮止剥落得非常厉害。宋淳熙十五年（1188）周必大的跋称"自富韩公而下皆有题识，往往缺落破碎"，可见在南宋时已经如此了。此外尚有钱愐、赵令廌、罗愿等许多家宋人跋和观款。清代曾经翁方纲、李恩庆两家题记，及孙承泽《庚子销夏录》、吴修《青霞馆论画绝句》等书著录。在国内最后为汉奸梁鸿志所有，是经他的手卖到国外去的。

图1 唐阎立本《历代帝王像图卷》（局部）

五代董源《平林秋霁图卷》

纸本淡设色，无款。高37.5厘米，长150.8厘米，前半卷画丛林涧瀑，山坡后露出茅屋数椽，屋上山坳中隐见寺观。主峰峦头十分凝重，左右与远山相映带。入后画洲渚烟树，取景平旷，远水一船摇来，渡口有人骑马伫立。画法笔笔藏锋，非常有力量，皴法是披麻一系，短而不觉其琐碎，确为后来南宗画法开出一条途径。这画不论在用笔和布局上都达到了最高的境界。我们现在虽不能断定它确是董北苑所作，但仍是一件重要的国宝。卷后有董其昌、王时敏、梅磊、端方等家跋，在明代卷为张延登所藏，清末归景贤所有，1912年被波士顿美术馆买去。

宋李成《雪山行旅图轴》

绢本淡设色，无款。纵93.3厘米，横37厘米。画寒林雪山，

栈道盘折,骑马二人,正要转到山后面去,一个童子荷着行李在后跟随。此轴画幅并不大,但由于其画景仅占篇幅的下一半,上半全为天空留出地位,所以看上去觉得其气象万千,连观者自己都感到渺小了。这是因为地平线低,景物的比例缩得小的缘故,也正是它布局极为成功的地方。画右上角有瘦金书"李成雪山行旅"六字,不过笔画滞弱,不像是徽宗真迹,人物画法也似乎比北宋人要晚些,究竟是否李成所作尚待考。国外有人认为此即《宣和画谱》所著录的李成《冬晴行旅图》,恐怕没有充分的根据。在同治间此画为孙某所藏,后来也归了景贤,辗转流往美国。

宋人《北齐校书图卷》(图2)

绢本设色,无款。高 27.6 厘米,长 114 厘米,图中所画是北齐天保七年(556)诏樊逊、高乾和马敬德等十二人校定群书的故事。黄山谷曾有画记一篇描写这幅画,不过现在这个卷子只剩五个校书的人,据范成大的推测,是失去了半幅的缘故。画法高古,衣褶

图 2　宋人《北齐校书图卷》（局部）

遒劲如屈铁,人物面貌神态各异,黄山谷称之为"笔法简者不缺,繁者不乱,天下奇笔也",确是允论。器物如胡床食具,衣服如靴帽袍带,以及妇人额上敷粉等制度,都很忠实地画了出来。此卷后钤有宋官印十几方之多,及范成大、韩元吉、郭见义、陆游、谢谔等五南宋人题跋,并迭经《大观录》《墨缘汇观》《穰梨馆过眼录》等书著录,自来就被人珍视为无上至宝。至于作者问题,以往的鉴赏家有认为是阎立本画的。但看黄山谷的画记称"唐右相阎君粉本北齐校书图……"范成大跋称"右北齐校书图,世传□□（二字当是"粉本"经人挖去）出于阎立本……"恐系是北宋名家的临本。这幅画也是景贤的故物,波士顿美术馆于1931年时收去。

宋徽宗摹张萱《捣练图卷》（图3）

绢本重设色,无款。高37厘米,长145.3厘米。画宫廷妇女十二人,作捣练、引线、扇火、熨练等事。画笔工到,线条柔而有力,

设色鲜丽夺目,每人衣服上的花纹图案,各不相同。它不仅本身是一幅名画,也是研究中国古代织染的重要材料。前隔水有金章宗仿徽宗的瘦金体题签"天水摹张萱捣练图"八字,前后还钤着他的"群玉中秘""明昌御题"等七玺,可见当时极为章宗所珍爱。卷后有张绅、高士奇、罗文彬等跋,并经《大观录》《墨缘汇观》著录,足见流传有绪。这画是1912年波士顿美术馆派日籍的东方部主任到中国来买去的。

宋徽宗《五色鹦鹉图卷》(图4)

绢本设色。高53.3厘米,长112.5厘米。本幅前半徽宗自题七律一首并序,但署款处字已剥落。后半画杏花一枝,上立鹦鹉一。杏花枝干用勾勒法,花瓣也用淡墨勾出,然后着色。鹦鹉背上用绿色晕染,不甚见笔。胸脯上略用墨笔点簇,以状细毛,此法他处不多见。画笔精工而不觉其刻画,是其妙处。根据印章及题跋,知其

图3　宋徽宗摹张萱《捣练图卷》（局部）

元代曾归内府，明代为戴明说所有，后归商丘宋牧仲，乾隆时入清宫，经《石渠宝笈初编》著录。后来赏给恭亲王，由恭王府卖出归张允中，张售与日人山本悌二郎，在《澄怀堂书画目》著录。1933年归波士顿美术馆。《大观录》也著录徽宗五色鹦鹉图一卷，但鹦鹉立在架上，与此景异，是另一本。

宋陈容《九龙图卷》（图5）

纸本水墨淡设色。高46.3厘米，长1096.4厘米。卷后所翁自题七古一首，卷首又题称："九龙图作于甲辰之春，此画复归于甥馆仙李之家，神物固有所属耶。"据此《九龙图》当作于淳祐四年(1244)，是给他的女婿画的。九龙有的踞石怒视，有的穿云欲去，有的攫珠回顾，有的随浪起伏，全用水墨，仅龙须眼舌火焰等地方，

图 4　宋徽宗《五色鹦鹉图卷》(局部)

图5　宋陈容《九龙图卷》（局部）

用淡红色染，全画更觉跳突。前后一气呵成，看去像草草不经意，而没有一笔不妥帖的地方，使西洋艺术家们看了，往往叹为东方绘画中的一个奇迹。所翁自己也非常自负，他诗中有句称："所翁写出九龙图，笔端妙处世所无。远观云水似飞动，即之疑是神所摹。"真可以为他自己的作品写照。卷后有元人董思、张天师太玄子、吴全节、欧阳玄、张翥等家跋，及乾隆时代的刘统勋、于敏中、钱维城等八家题诗。此图清初时曾为耿昭忠所有，后入清宫，经《石渠宝笈初编》著录，后来赏给恭亲王，由恭王府流出，辗转到了美国。

以上记波士顿美术馆所藏七件

唐人画《释迦牟尼佛会图卷》

纸本设色，无款。左右侧有标题及造像人两签。高28厘米，长52.4厘米。画释迦牟尼在莲座上趺坐，背光上覆宝盖发毫光，左右有两飞天。佛案前一人合十跪跽。四周围立菩萨金刚比丘十余众，卷左阶下立持羽扇者二人，左上角用花木及远山作背景，有仙鹤二冲天飞去。用笔精确劲挺，人物、花木、器物等等，都十足表现唐代的风格。衣服有许多地方都先用褐色打地，然后涂金，在靠近衣纹边缘的地方,留出一条褐色。远天用石绿染云气,这都是后来所少见的画法。画后有写经一卷,字亦极精。此卷题跋有郑祖琛、翁方纲、吴荣光、端方、杨守敬、周云等家。据杨守敬称原来为宋牧仲所藏,经他布施给庐山开先寺,而易石甫又从该寺和尚得来的。宋牧仲原题写经为唐宋人书,时代没有肯定。翁方纲推测画大概是五代如朱繇这一辈画家作的。但杨守敬不同意他的说法,认为写经一定是唐人书,而画上两题签与写经是一人所书,所以画也一定是唐画了。这画是1926年经日本的山中商会卖给弗利尔美术馆的。

宋人摹顾恺之《洛神图卷》

绢本设色,无款。高24厘米,长310厘米。画中人物是按照曹子建的赋分段画的,如洛神驾六龙车、冯夷击鼓等与赋意合。衣纹用笔极细,始终如一,与现在英国的《女史箴卷》近似,但时代似稍晚。树木画得像孔雀扇,与六朝时的石刻画中所见的也相类。卷后有董其昌题,断定它为顾恺之画。清末李葆恂也认为是顾画,并许为海内第一名迹,所著《无益有益斋读画诗》及《海王村所见书画录》都曾著录。不过卷中船窗上有一小幅泼墨山水,画意已是宋人。女史箴尚有人疑为是宋人摹本,此卷更不可能为晋画,恐怕还是说它是宋人的临本,比较妥当些。但不论如何,仍不失为中国人物画中一件重要的作品。清初此画为梁清标所藏,李葆恂著录时归了端方,最后是经福开森的手卖到美国去的。

宋郭熙《溪山秋霁图卷》(图6)

绢本水墨淡设色,无款。高26厘米,长206厘米。画法与其他的郭熙名迹如《早春图》不大一样。此画人物特别瘦长,树木的枝干轮廓非常清楚,而山石却比较模糊混沌,渲染为多,不大见笔。吴升在《大观录》著录此卷时,曾特意将这一点指出来,说道:"丘壑烘染,空灵一派,烟云杳霭之气,秀润如湿,大家格制也。"卷后有文嘉、王稚登、董其昌、陈盟等明人跋。据文跋称旧为倪云林、柯九思所藏。原有云林题签,已失去。柯九思一墨印,在卷尾,尚存。

图6 宋郭熙《溪山秋霁图卷》（局部）

文题时画在一杜某处。再读董跋知后经莫廷韩、潘光禄等人之手而到了他的手中。清末画在长沙出现，让端方买了去，李葆恂《读画诗》所谓"市中张卖无人识，神物终归宝华盦"即指此。最后归庞虚斋，由他卖给了美国。

宋李嵩《搜山图卷》

纸本水墨。高46.9厘米，长807.2厘米。卷尾有款四字"图画李□"，字迹生拙，但极自然。最末一字好像原来是"嵩"字，而有人擦去，想改为"唐"字，但"嵩"字的痕迹尚在。画无标签，无题跋，据内容当即所谓《搜山图》。卷中画松林石洞，鬼怪数十，肩猴者、持梃者、执蛇者、挥剑者、骑虎者、骑象者、逐貀者、捉鹿者等等，怪怪奇奇，都是用极简单的几笔勾出来的，神态的生动，用笔的自如，一定是绝大本领的高手才画得出来。看画上的署名，可能是李嵩或其他的宋代画院中李姓的画家所作。卷尾有"完颜景贤精鉴"一印。查弗利尔美术馆记录，系购自庞虚斋，但《三虞堂书画目》及《虚斋名画录》都没有提到这幅画。

宋龚开《中山出游图卷》（图7）

纸本水墨。高32.8厘米，长169.5厘米。画钟馗与妹各坐肩舆，鬼怪前后随从，奇形怪状，纯用秃笔，随意涂写而成，非天才绝高的人不能想出，亦不能画出。钟馗妹面上涂墨以代脂粉，尤为奇特。画本身无款，龚开自题七古一首，在另纸。此后元明清三朝人题跋有二十几家之多，著录自明张丑起即记之于《清河书画舫》，嗣后《式古堂书画汇考》《江村书画目》《青霞馆论画绝句》《三虞堂书画目》《虚斋名画录》都曾著录。龚开以画钟馗及马著名，画钟馗自当推此卷为第一。此画明代为韩世能、安民泰等家所有，入清后曾经高江村、毕泷、蔡鸿鉴等家收藏。最后归庞虚斋，经住在美国的古董商姚某的手，卖给弗利尔美术馆。

宋王岩叟《梅花卷》

绢本水墨。高19.2厘米，长112.8厘米。傍左画老梅一树，枝干向两旁舒展，花瓣用淡墨勾，全幅以墨渍染，衬出花朵。细枝不皴，用较浓墨画出，运笔顿挫的地方颇多，桠杈间更用重墨醒剔。

图7 宋龚开《中山出游图卷》（局部）

款隶书"岩叟"二字,写在树干上。此画后有刘先臣、乌斯道、金湜等家的题诗,及项墨林题记。项题记称为"岩叟墨梅,在墨林主人项元汴家……"卞永誉在《式古堂书画汇考》著录,标名为"岩叟梅花图并诗卷",位置排在南宋最后一人。二家都没有明确地断定他是王岩叟。前隔水有梁清标一个题签,才标明"北宋王岩叟梅花"字样。考王岩叟,字彦霖,宋哲宗时为侍御史,以直谏称,并无画名,所以这幅画到底是否为王岩叟所作,尚有考证的必要。看其枝干及苔点,颇似元人,可能岩叟是元代一位画家的号,其名不显著,而后人一时难考,便附会为宋人所作了。此画流传由安民泰经项墨林、李日华父子、梁清标而入清宫,在《石渠宝笈续编》著录,后来赏给恭亲王,恭王府流出归了郭葆昌,由郭卖与日人,弗利尔美术馆是从日本买去的。

元钱选《来禽栀子图卷》

纸本设色。高29.2厘米,长78.3厘米。画来禽、栀子两折枝花卉,原来系册页两开,经合裱成卷,而两页之间,又用另纸拼隔的。无款,每页左下角各有"舜举"朱文一印。画法用笔极细,设色淡雅。来禽一页叶筋用浓墨勾,分中一笔再用朱笔重一次,花瓣用淡墨勾,运笔细而匀,无顿挫痕迹。花用红色,然后以粉接染,南田画法实从此法化出。栀子一页叶正面不勾筋,仅画分中一笔,而背面则用淡绿勾。后隔水有赵孟頫题字,再后有成亲王跋。此画流传经过,在清初为安岐所有,见《墨缘汇观》著录,当时已裱成一卷。乾隆时入清宫,后来赏给了成亲王永瑆,自定邸流出后,曾为崇彝所见,在《选学斋书画寓目笔记》中著录。据弗利尔美术馆记载,于1917年得自庞虚斋。这幅画一直放在他们库房里,未被重视,并定为18世纪人所作。

元赵孟頫《二羊图卷》(图8)

纸本水墨。高25.2厘米,长48.4厘米。画山羊及绵羊各一,没有布景或其他的点缀。后半自题:"余尝画马,未尝画羊,仲信求画,余故戏为写生,虽不能逼近古人,颇于气韵有得。"据此可见他

图8 元赵孟頫《二羊图卷》

是极少画羊的。题字亦婉妙,不论画与字,是松雪最精之品。此卷经许多家著录过,查郁逢庆《书画题跋记》及卞永誉《式古堂书画汇考》,洪武十七年释良琦跋之后,尚有袁华、张大本、李日华等八家跋,而现在只剩良琦一跋,大概是被人割裂,用真跋配赝本去欺人了。收藏图章有项元汴、李日华、方邵村等家印,乾隆时入清宫,在《石渠宝笈续编》著录。后来赏给曹文埴,由曹后人售与郭葆昌,郭售与日人,弗利尔美术馆是从日人手中买去的。

元吴镇《渔父图卷》(图9)

纸本水墨。高32.5厘米,长562.2厘米。石边野水间,画渔船十五,梅道人自题仿张志和渔父词体十六首于画端,本幅最后有至正十二年(1352)九月二十一日自题一跋,称系画后十余年书者。卷后有张宁、卞宋、周鼎、徐守和、陈伯陶五跋。此图曾经吴升《大观录》、卞永誉《式古堂书画汇考》等书著录。吴、卞二书并录了梅道人的渔父词,但取与此图对校,卞本字句略有不同,吴本则出入更大,十六首中差不多有十首的起句都与此卷不同,绝不是著录时笔误所致。但对起卷后的题跋来,却又都有周鼎的跋,究竟两书所记与此图是否一本,尚待考。可异的是《式古堂书画汇考》另著录

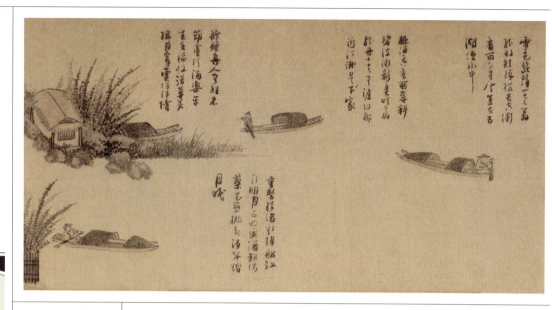

图9 元吴镇《渔父图卷》(局部)

绢本一卷,上题渔父词五首,梅道人在卷尾自题辞句与此图同,也是壬辰九月二十一日写的。这样看来,同是卞氏著录的二本,其中便有一本是假的了。现在传世的《渔父图》,此卷之外尚有吴湖帆所藏一本,惜一时无从对校。若论笔墨,此卷确极精彩,非大家不能为。弗利尔美术馆得此卷是经姚某的手购自庞虚斋的。

元赵雍临李伯时《人马图》

纸本设色。高31.7厘米,长73.5厘米。画赭帽朱衣一人,牵花骢一匹。马身斑纹,纯用水墨晕出,仅眼角及鼻部用淡红色染。人马之外,别无他景。篆书款"至正七年八月望"七字,下钤"仲穆"朱文一印。本幅有乾隆题诗,后有吴宽一跋。将此图与李公麟的《五马图》对一下,知道此马即临"五马图"的第一匹凤头骢。赵仲穆有临李伯时凤头骢图,见卞永誉《式古堂书画汇考》著录,自题是为其弟奕画的,后有赵奕、柯九思、释良琦、顾阿瑛等家跋。吴升《大观录》亦著录一本,题名为"赵仲穆临伯时五马图卷"。读其对图画的描述,知其名虽曰五马,而实则仅凤头骢一匹,且所录题跋与卞本同,所以卞、吴二家所著录者,画名虽异,实系一卷。吴升又称其卷中有坡石古树等景,与此图不符。想当时赵仲穆因为酷爱李公麟的画,所临不止一本的缘故。不过图后吴宽的跋却称"此图仲穆写与其弟奕者,后入昆山顾仲瑛家",不知何据。此图经《石渠宝笈三编》著录,题作今名。嘉庆后自清宫流出,弗利尔美术馆是1945年从卢芹斋手中买到的。

元邹复雷《春消息图卷》（图10）

纸本水墨。高34.1厘米,长221.5厘米。幅右画老梅一树,向左斜出,皴擦如乱麻,枝干笔笔劲挺有弹力,尤以幅中向左踢出一枝,长达81厘米,真不知其是如何着笔的。幅尾自题七绝一首,年月署至正庚子新秋(1360)。不过后有顾晏跋,书于至正十年庚寅(1350),所以可能这首诗是画后若干年补题的。卷后还有杨铁崖跋,字迹如龙蛇飞舞,可与邹画并重。此图在清初为安岐、卞永誉等所藏,乾隆时入清宫,慈禧专政后因与缪素筠学画,赏给了她。自缪手流出后售与郭葆昌,在《觯斋书画录》中著录,郭售与日本,弗利尔美术馆是于1931年从日本山中商会买去的。按邹复雷画传世仅此一卷,他是完全仗这幅画姓名才得传,在画史中才有他的地位,这卷画的重要性于此可知了。

以上记华盛顿弗利尔美术馆所藏十一件

图10 元邹复雷《春消息图卷》（局部）

唐陈闳《八公像卷》

绢本。重设色，无款。高 25.4 厘米，长 82.2 厘米。画名为八公像，仅存六人，像上有王俭、高颖等题名。第一人穿紫衣，第二人粉衣，第三人红衣金花，第四人紫衣，第五、六两人御甲。每人都戴高冠，上有盘龙兽吻等装饰。第五人的甲上有一鸟吻，衔着腰带，与现在英国博物馆的敦煌唐画《行道天王图》比起来，式样非常相似，其他衣服的花纹也有与敦煌唐画接近的地方，再看其绢质的古黯，画意的厚拙，定为唐画，自无可疑。卷后有文嘉、张凤翼、阮元等三跋。文、张题时八人尚全，阮元在《石渠随笔》著录时，始称"前缺二人"，可知其失去卷首二人的时代，当在万历、乾隆之间。八公为北魏明元帝时诏长孙嵩、崔宏等八人，坐止车门右，听理万机的事。王俭、高颖等时代与此不合，系后人妄题，阮元跋中考证甚详。此画清初时在梁清标家，入清宫后在《石渠宝笈续编》著录。民国初年溥仪假赏给溥杰为名、自清宫携出一大批珍贵书画，日寇投降后，这批画由东北散出，这是其中的一件，流往美国是最近两三年内的事。第二人的粉衣上，现在看去是朴素无文的，不过放在紫外线灯光下一照，可以很明显地看出团形的花纹。紫外线灯可以应用到检查绘画上来，这是一个实例。

宋李成《晴峦萧寺图轴》（图11）

绢本淡设色，无款。纵 111.8 厘米，横 81.2 厘米。近景桥左斜坡上画骑驴一人，随从二人，桥右画山村店肆三四家，山路曲折，遥通寺观。殿宇半为寒林遮蔽，正中一木塔高耸。此后作一主峰，居画正中。画法极高古，树木枝叶及山石皴擦，都不是宋以后人所有。画轴原附一木匣，匣上纸签有缪遵义、徐渭仁、日人林熊光等跋，一致认为是李成所作。根据题跋及画上印章，知清初为梁清标物，后经徐乾学、缪日藻、徐渭仁、沈树镛等收藏家之手，而归了日人林熊光，此后又流往美国。缪遵义是缪日藻之子，题跋时在乾隆辛卯(1771)。此画并不见缪日藻的《寓意录》著录，想是因《寓意录》

图11 宋李成《晴峦萧寺图轴》

图12 宋许道宁《高头渔父图卷》

成书于雍正癸丑(1733),时间太早的缘故。林熊光根据本幅右上角一宋官印,由此推论,认为即是周公谨《云烟过眼录》中所提及宋内府藏的李成《重峦寒溜图》,似乎引申得太远了一些。但不论如何,这是一幅极精的宋画。

宋许道宁《高头渔父图卷》(图12)

绢本。水墨。高48.2厘米,长209.6厘米。水面画渔艇及渡船,稍远画洲渚寒树,更远为峭壁危崖,列如屏障。山壑两麓相接处,画水口,汀洲交错,几乎有数十层次,愈远愈深,不由得使人望眼欲穿,这实在是山水画中描写远景最成功的一件。画无款,无题跋,"高头渔父"这个名称是依据《大观录》著录而来的,画前隔水有耿昭忠印。后隔水有安岐收藏印,民国二十年左右为汉奸周大文所有,由他卖给了美国。

宋理宗分题夏珪《山水卷》(图13)

绢本。水墨。高27.9厘米,长230.5厘米。简笔写北宗山水,笔法苍古,墨气淋漓,画景联属,但有楷书"遥山书雁""烟村归

渡""渔笛清幽""烟堤晚泊"等字样,分题四景,每题并钤双龙小玺。卷尾有"臣夏珪画"四字,笔意自然,无做作气。卷后有邵亨贞、王谷祥、董其昌、王翚、端方、颜世清、吕景端等家跋。据端、吕二跋称,此画即《江村书画录》❶著录之夏禹玉山水卷,原为十二景,此系最后四景,而题字为宋理宗所书。吕景端并指出江村著录原件长一丈六尺三寸,今存七尺一寸,故断定前八景每景之篇幅,必短于后之四景。此卷本是通景,他的推测,自然是可能的。端、吕二家题画时在宣统元年左右,那时画为程听彝所有,此后如何流往美国,尚待考。

❶ 即《江村销夏录》。——编注

图13 宋理宗分题夏珪《山水卷》(局部)

图 14 宋陈容《五龙图卷》,（附：王世襄题陈容《五龙图卷》）

宋陈容《五龙图卷》（图14）

纸本水墨,无款。高 34.3 厘米,长 59.6 厘米。画龙图卷传为所翁作者,美洲有三本。波士顿博物馆所藏石渠著录之《九龙图》最佳。割裂为二,纽约大都会美术馆及波士顿博物馆各有其半者次之。明慕理所藏顷归普林斯顿大学者似为割裂卷之摹本,复次之。今计

《五龙图》，共有四本矣。此图前为韫辉阁中物，曩过沪上，曾出相示。尺幅之间，五龙盘纡，真所谓"穷游泳蜿蜒之妙，得回蟠升降之宜"者。视《九龙图》之分章分景，各自成态，有异曲同工之妙。

宋人《山水卷》

绢本设色，无款。高23.8厘米，长483.9厘米。用小斧劈及长皴写山水，作山居、泛舟、行旅、闲游等景。长卷中丘壑甚富，非能手不能办，但有的地方又不免有疵病，如溪口的石块、水边的飞鸟等，太不经意，流于轻率。大体上说来，稍嫌琐碎。论其时代，由长皴密点上看来，已开周东村、唐六如一派，恐不能比南宋更早。不过仍不失为一幅有价值的画，尤其就丘壑布置上说，是一件非常好的粉本，据闻溥心畬当年便得益于此画不少。画上有安岐印，但未见《墨缘汇观》著录，乾隆时入清宫，后来赏给了成亲王，入民国后由溥心畬手流出，1935年为奈氏美术馆买去。

元李衎《墨竹图卷》（图15）

纸本水墨。高37.5厘米，长237.5厘米。款"仲宾为玄卿作"六字在卷尾。后有赵孟頫题玄卿所作七古一首，及元明善的题诗。画幅除拖尾有笋竹及坡石外，主题为竹子两丛，都取其中间一段，向左右伸出枝叶，大体上各成一个菱形的面积，不用竿枝交错掩搭

图15 元李衎墨竹图卷（局部）

来取势，不避重复，这是他章法大胆的地方，一般画家是不敢这样画的。在李衎传世的画竹中，也可称是最好的一卷。两丛竹子，在生理上完全不同，前者丛生较密，每组叶子匀排对生，尽端中间叶子一张，极有规律。后者竹竿每节有黑点，竿上另用墨染出直痕，叶子有卷转之意，不似前者之平直而有规律，这是它们主要不同的地方。根据赵孟頫所书玄卿诗的"慈竹可以厚伦纪，方竹可愧圆机士，筀有笋兮兰有芳……"等句，再与李衎《竹谱详录》卷三的慈竹插图一对，可以断定此卷的第一丛是为慈竹写照。第二丛可能是筀竹，但因《竹谱详录》没有为筀竹明确作图，无从比较。李衎是对各种竹子用过几十年调查研究功夫的，所以能如此地为它忠实传神，与后来的画家把竹子形式化了，"个"字、"分"字都成了符号，是不可同日而语的。玄卿是藏此画的第一个主人，由其诗中"吾祖爱竹世所闻，敬之不名称此君"知其姓王，由元明善的题中，复知其曾官提举。此后收藏经过大致是由元代的顾安而至明初的张绅，二人都善画竹。此后归严世蕃，载《天水冰山录》，清代经耿昭忠、梁清标、宋荦、姚鼐、袁保恒诸人之手。近年来曾经谭和庵、张葱玉等家收藏，1948年经卢芹斋之手，售与奈氏美术馆。

元刘贯道《销夏图卷》

绢本设色。高30.5厘米，长71.1厘米。画屏风前一榻，一老人高卧其上，手持麈尾。榻左方案，上置卷轴及瓶尊等陈设，案旁架上一冰盆，中贮瓜果。榻左稍远画二妇人侍立。画笔处处皆有法度，是元代人物画的精品。卷后有虞谦题诗，及吴湖帆两跋。虞诗与画全无干涉，想是从他处移来。吴跋称此卷原与所谓刘松年《梦蝶图》合装一卷，载《江村书画录》，待在此卷卷尾竹叶下发现"贯道"二小字，始知为刘贯道笔。画上有"安岐""怡亲王宝"等收藏印，吴题跋时卷为张葱玉所有，1948年由王季迁售与奈氏美术馆。

元盛懋《山居清夏图轴》（图16）

绢本青绿设色。纵121.3厘米，横83.2厘米。画一连楹瓦舍，

图 16 元盛懋《山居清夏图轴》

跨筑流泉之上,舍内一人解衣纳凉,童子在旁侍立。绕舍树荫浓密,林后用荷叶及解索皴法画峦头,回折而上。构图熨帖,画笔爽健,在盛子昭画中,亦是精品。无款,左下角有"盛懋""子昭"二印,诗堂有董其昌题"元盛子昭真迹"六字。此图曾经李佐贤收藏,并在《书画鉴影》著录,此后画归何人,何时流往国外,均待考。

元张彦辅《棘竹幽禽图轴》(图 17)

纸本水墨。纵 63.5 厘米,横 50.8 厘米。画嫩竹、老竹各一竿,庭石一拳,石后荆棘枝上栖小鸟一双。斜坡之外,用淡墨作萱花,

图 17 元张彦辅《棘竹幽禽图轴》

园林清绝之致,跃然纸上。左侧款两行:"子昭偕周正已过太乙宫,彦辅为作棘竹幽禽图以赠之,时至正癸未三月十七日也,濮人吴孟思书。"所以这画是公元1343年,张彦辅给他的画友盛子昭作,而吴孟思替他署款的。此外尚有杜本题跋,及潘纯、林泉生、凌翰、邵宏远等六家题诗。杜、潘都是同时人,其他四人想也是与他们诗文往来的朋友。按张彦辅号六一,善画山水,兼工画马。但他的画流传甚少,所见仅此一幅,他虽不是一位尽人皆知的大画家,但这幅画实在比大画家的作品还要宝贵些。

以上记甘泽兹城奈尔逊美术馆[2]所藏十件

[2] 今译堪萨斯城纳尔逊—阿特金斯美术馆。——编注

宋周东卿画鱼卷

纸本淡设色。高尺余,长约二丈,确实尺寸失记。画各色鱼,鲦、鲫、鲇、鲂、鲤、鳜等无不备具,此外还有几种不知名者,更杂以鱼苗和虾,用弱藻长荇,映带衬托,铺陈成为一个长卷。鱼及荇藻都极得势,有游潜回泳,随波漾荡之致。画法多用墨渍染,不甚见笔。鱼睛及鳍尾略用淡红花青等色,中有两鱼是用红蓝两色染成斑纹的。款在最后,题曰:"非鱼岂知乐,寓意写成图,欲探中庸奥,分明有象无。至元辛卯春仲临江周东卿作。"下钤"东卿"方印。字迹生率,不是书家书,但意态自然,不似伪作。周东卿与文天祥同时,是南宋人而入元者,所以这幅画是在至元二十八年(1291)画的。卷上有乾隆三玺,但不见石渠著录,首尾还有南海伍元蕙的收藏印,知道光、咸丰间此画在广东。纽约市美术馆是从英国人巴赫(A. W. Bahr)那里买来的。

元钱选《归去来图卷》(图18)

纸本青绿设色。高26厘米,长106.7厘米。卷左画一篷门,杨柳围绕,两童子立门前相迓。右半童子摇一篷船,陶渊明立船头,举手遥指。远山用青绿染,墨点上加绿,坡石岸侧墨笔勾后用金重一遍,画法古拙厚重,与《观鹅图卷》及现藏故宫的《观梅图卷》同

图 18 元钱选《归去来图卷》

一笔调。画后本幅上有舜举自题五言诗一章,幅中部乾隆题七绝一首。卷后有大德庚子(1300)鲜于伯机书《归去来辞》,字不佳,当是赝本。卷上项墨林收藏印有十数方之多,乾隆各玺亦累累。此卷张丑《真迹日录》二集三集及《石渠宝笈续编》均经著录。张丑称伯机字妙,后并有沈周、章宪二家题诗,今无之。或许是伯机字与沈、章二诗同时被人割去,而换了一个摹本在后面。纽约市美术馆得此画在民国初年,为福开森经手所购一大批中的一件。他们一向放在库房中,不加注意。闻近年王季迁去美,始为拣出。

以上记纽约大都会美术馆所藏二件

宋范子珉《牧牛图卷》

纸本水墨。高 26.2 厘米,长 275 厘米。写野塘沙岸,村童放牧的景致。起手画四童子各骑牛背上,两犊随行,稍后两童子划地赌棋,两童子持枝戏弄草蛇,群牛在地上卧立,更后四童子也骑在牛背上,两牛在水塘中,一牛欲下,一牛已达对岸,远景一牛犁田。画法半工半写,渍染要比勾勒来得多,气息确是宋人。款"子珉作"楷书三字,是后人添的。前半有乾隆题七言二绝句,卷后有牟巘、姚式、赵孟淳及袁克文等跋。牟巘跋中说到此画作者的一句,字迹被人刮去,但隐隐有道流等字样。是否为原文未刮尽,抑是刮后再添,特意来切合范子珉道士的身份,尚难断定,因此画虽为南宋人作,但究竟是否为范子珉,也待考了。至于收藏经过,书尾有"白雪楼"印,据袁克文考证为明诗人李于麟印记。乾隆时入清宫,在《石渠宝笈续编》著录。慈禧时赏与缪素筠,由缪转入袁克文手。芝加哥美术馆是1941年经美国人聂克逊(S. M. Nickerson)捐赠的。

以上记芝加哥美术馆所藏一件

宋人摹周文矩《宫中图卷》(图19)

原卷据现所知,被分割为四段。甲为潘雪维尼亚❸大学博物馆所藏,存人物二十二,曾目见,尺寸失记。乙为哈佛大学福格美术馆所藏,存人物二十三,曾目见。高25.7厘米,长177厘米。丙为美人拜伦逊(B. Berenson)所藏,存人物十六。拜伦逊久居意大利,此画已携往,仅见照片,未见原作,尺寸亦不详。丁为英人大维德

❸ 今译宾夕法尼亚。
——编注

图19 宋人摹周文矩《宫中图卷》(局部)

(P. David)所藏，现在美国，未见原件，仅见缩小影本，刊在伦敦中国艺展英文目录中，人物数目失记，尺寸亦待查。原卷后有张澂跋，现附甲段后，字迹为南宋人无疑。略称周文矩《宫中图》，写妇人小儿八十一人。相传是真迹，藏朱载家，而这本是有人临摹了送给他的云云。张澂跋于绍兴庚申(1140)，那么这本系南宋人所临，无可疑。乙段外签被人题作《张萱宫女演乐图》，不足信。原卷以往鉴赏家称之为周文矩《唐宫春晓卷》，见张丑《真迹日录》及《式古堂书画汇考》著录。《真迹日录》提到张澂跋，下书则录跋文，且在标题下注明"一名宫中图"，所以确知《唐宫春晓图》即《宫中图》。画虽淡设色，实即一幅白描，衣纹简而有力，张丑称它像一件画稿，确有见地。妇女面貌丰满，高髻长襦，唐代的风格甚浓，这是因周文矩去唐未远的缘故。甲、乙、丙各段绢色不大一样，尤以甲段颜色最浅，于此可推知原卷被分割的时期一定很早，因收藏的情形不一样，绢色也就不同了。

以上记潘雪维尼亚大学博物馆所藏一件

元钱选《草虫图卷》（图20）

纸本设色。尺寸失记，据《虚斋名画录》著录为高八寸四分，长三尺七寸七分。画残荷水草，秋塘景色，蚱蜢、蜻蜓，以及细至蠛蠓，

图20 元钱选《草虫图卷》

无不跃跃欲生。荷叶上画三青蛙,蹲坐及曳足欲前的情态,完全被画者攫得。总之此卷之中,无一物不从实地观察中来,而全幅色调之调和,也是它独到之处,在我国这一类题材的画中,是一件极重要的作品。但画虽绝佳,在传世可信为钱选画中,无与此笔致相近者。款行书"吴兴钱选舜举"六字,在卷左上角,字亦可疑。卷有柳贯、应谦、岑师吉、柯九思、滕用亨、杨青、林俊、文嘉等八家跋。其中柳、柯、文等跋皆可断定为伪作。所以此画究竟是否为钱选作,现在大有疑问,但并不会因此而影响到画的价值。汪砢玉《珊瑚网》及《式古堂书画汇考》都著录钱选草虫图卷,有荥阳郑彝跋,当是另一本。第特洛收到此卷在1929年左右,是从庞虚斋手中买去的。

以上记第特洛❹美术馆所藏一件

❹ 今译底特律。——编注

宋刘寀《落花游鱼图》(图21)

绢本设色,无款及题跋。高26.4厘米,长252.4厘米。画桃花覆水面,游鲦成队,唼喋落花。画法与纽约大都会美术馆所藏周东卿画鱼卷有相近处,也以渍染为多,不甚见笔。外签为梁清标书"北宋刘寀落花游鱼,蕉林珍玩"十二字。美国人不知爱惜,用钢笔直接写编目号及译名在题签上,可惜之至。引首有文彭隶书"落

图21 宋刘寀《落花游鱼图》

花游鱼"四大字,幅上钤梁清标收藏印,及"乾隆鉴赏""御书房鉴藏宝"等玺。更为值得一记者为此卷之紫地鸾兽缂丝包首,审其图案丝质,确是宋物。卷见《石渠宝笈初编》著录,何时自清宫中流出,及如何流出国外,均待考。

以上记圣路易美术馆所藏一件

宋李公麟《华严变相图卷》

纸本淡设色。蓝地水仙石榴花纹宋缂丝包首。高 34.9 厘米,长 1112.5 厘米。白描画诸变相,上各有楷书标名,人面手臂略用赭色染。观其衣褶及运笔,确属李龙眠体系。画后有苏庠、虞集两跋。此画在中国绘画中是非常有名气的,元明清收藏印鉴有数十方之多,并经张丑《清河书画舫》、汪砢玉《珊瑚网画录》、卞永誉《式古堂书画汇考》、吴升《大观录》、高士奇《江村销夏录》及《秘殿珠林续编》等书著录。对于此卷的看法,以往的鉴赏家意见不太一致。张丑认为它是龙眠真迹,但比吴道子的《天王送子》及《天龙八部》两卷学力天分皆不如。项墨林则认为龙眠原本已不知流落何处,而此为旧摹本。(项原有题此卷一跋,载《式古堂书画汇考》,现卷后此跋已不存,想因说此卷为摹本,被后人割弃。)吴升则认为此卷真而且精,是无上逸品,并谓以项墨林收藏之富,而认为是假,说出这样外行话来,一定要被世人耻笑云云。仔细阅读原画之后,得出来的结论还是项墨林的看法为可信。假如我们以《五马图》为李龙眠画的标准,那么此卷实在比不上,一定是后人临摹,而非龙眠真迹。即以常理来推,此卷原为墨林所有,自己的收藏而肯说它是摹本,一般的收藏家是不肯说的,这倒是项墨林忠诚老实的地方。此画元代为周公谨所藏,明清两代曾经严持泰、吴城顾氏、项墨林、高江村等家收藏,乾隆时入清宫,是溥仪在东北散出的书画中的一件。我们姑且不论此卷是否为李龙眠真迹,以其在中国绘画中的名声及流传经过来说,已经够得上称为国宝。

图 22 元钱选《观鹅图卷》

元钱选《观鹅图卷》（图 22）

　　纸本青绿设色。高 23.5 厘米，长 91.4 厘米。左侧画面水一亭，半为丛树所遮，一老人扶亭槛观水中游鹅，童子一人，在后侍立。右侧远景画平林茅屋，上有远山数叠。画后本幅上自题七绝一首，押鹅韵，款署"吴兴钱选舜举"。乾隆和诗一首，写在亭上空白间。引首乾隆书"山阴逸兴"四字。卷后有乾隆时代梁诗正、汪由敦等六家和诗。此后自陈宝琛起至商衍瀛止，和诗有四十余家之多，清末以来在溥仪左右的人物，差不多都在其内。最后几人书"康德"年号，是在伪满题的。此卷见《石渠宝笈初编》著录，列上等。自东北散出后，经王季迁手售出。

以上记卢芹斋处所见二件
原载《文物参考资料》1950 年第 11 期

　　1949 年由美回国不久，故宫博物院购得由清宫佚出的李衎《梧竹兰石四清图卷》。经张珩、徐邦达两先生鉴定，认为与奈尔逊美术馆所藏《墨竹卷》原为一卷，而"仲宾为玄卿作"六字乃后添。

1994 年 5 月世襄再记

西晋陆机《平复帖》流传考略

　　故宫博物院历代法书展览陈列在最前面的西晋陆机《平复帖》(图1)，是一件历史上和艺术上有极端重要价值的国宝。我国的书法墨迹，除了发掘出土的战国竹简、缯书和汉代的木简等外，历代世上流传的，而且是出于有名书家之手的，要以陆机《平复帖》为最早。今天，上距陆机(261—303)逝世已有一千六百五十多年。董其昌曾说过，"右军(王羲之)以前，元常(钟繇)以后，惟存此数行为希代宝"(平复帖跋)。实际上在清代弘历(乾隆)所刻的《三希堂法帖》中位居首席的钟繇《荐季直表》并不是真迹。明代鉴赏家詹景凤早就有"后人赝写"的论断。何况此卷自从在裴景福处被人盗去后，已经毁坏，无从得见。在传世的法书中，实在再也找不出比《平复帖》更早的了。

　　鉴于《平复帖》如此之重要，这篇短稿想简略地谈一谈它的传世经过。千百年来的史料不仅有力地证明了它是一件"流传有绪"的墨宝，同时还可以认识到前人对这件古代的名家法书是怎样珍惜重视的。

　　《平复帖》的流传，最早可以上溯到唐代的末年。据宋米芾的《书史》和明张丑的《真晋斋记》，《平复帖》是所谓《晋贤十四帖》中的一件，它原来与谢安《慰问帖》同轴，上面有唐末鉴赏家殷浩的印记。这方收藏印盖在帖本身字迹的后面，靠近边缘，长方形，朱文，颜色虽极暗淡，但"殷"字上半边，"浩"字的右半尚隐约可辨。此外据说卷中还有王溥等人的印，现在未能找到，可能是因为盖在

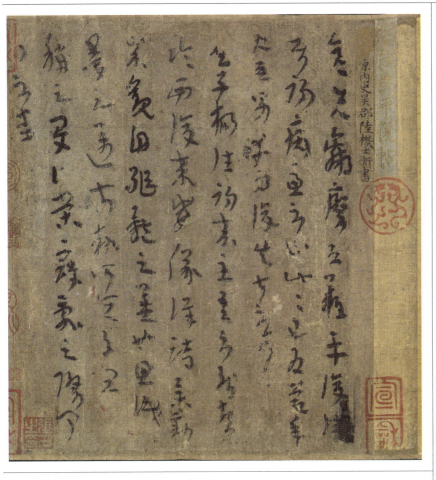

图1 西晋陆机《平复帖》

《慰问帖》或其他帖上的缘故。

米芾在他的《宝章待访录》中,将《晋贤十四帖》列入目睹部分,而在他著书的时候(1086),帖藏驸马都尉李玮家。李玮是从哪里将十四帖买到手的呢?《书史》记载他自侍中王贻永家购得。王贻永的祖父就是王溥。

说起王溥祖孙及李玮,都是历史上相当有名的人物。王溥字齐物,就是《唐会要》及《五代会要》的作者,在后汉、后周及宋历任显要职位。《宋史》称其好聚书,至万余卷,并多藏法书名画,原来是五代末宋初的一位大收藏家。王贻永字季长,是王贻正之子,原名克明,因娶宋太宗女郑国长公主而改名贻永,使他与父叔辈同排行,咸平中(约1000)授右卫将军驸马都尉。他在当时防治水患的工程中有过一定的成绩。李玮字公炤,娶仁宗兖国公主,在辈分上要比王贻永小两辈。他是一位书画家,善水墨竹石,又能章草飞白,因此他对古人的法书是特别爱好的。

从上述的线索中，我们可以概略地知道《平复帖》自唐末殷浩的手中流出后，到了王溥家，在王家保存了三代，被李玮买了去。

李玮与宋代的帝室既有亲戚关系，他逝世又在哲宗之时（《宋史列传》："李玮卒，哲宗临奠哭之。"），所以继哲宗即位的，对法书名画爱之入骨、刻意搜求的宋徽宗（赵佶），自然会注意到李玮的收藏。《平复帖》大约就在这个时候进入了宋御府。在宣和二年（1120）成书的《宣和书谱》（从余绍宋先生说）卷十四中著录了《平复帖》。赵佶除了在月白色的绢签上用泥金题了"晋陆机平复帖"瘦金书六个字（绢签现贴在前隔水的黄绢上）外，还在卷中盖了"双龙""政和""宣和"等玺。

《平复帖》在什么时候从宋御府中流出，确实年代未能考出，但知道元代初年，它在民间。吴其贞《书画记》著录得很清楚，济南张斯立、东郓杨肯堂❶曾于至元乙酉（1285）三月己亥在《平复帖》后题写观款，此外还有云间郭天锡、滏阳马昫的观款。至于他们题观款时《平复帖》的主人是谁，尚待查考。

明代万历年间，《平复帖》到了长洲韩世能的手中。世能字存良，隆庆二年（1568）进士，是一位大收藏家。张丑编的《南阳法书表》和《南阳名画表》中有一百几十件书画，就是韩氏一个人的收藏。

《平复帖》在韩世能的手中时，经过了许多位名家的鉴定。以文才敏捷著名的李维桢，在《答范生诗》中有"昨朝同尔过韩郎，陆机墨迹锦装潢，草草八行半漶灭，尚道千金非所屑"，说出了韩世能对于《平复帖》的珍视。詹景凤在《玄览编》中也提到它，认为这是一件笔法古雅的真迹。在万历十九年（1591）董其昌为《平复帖》题签，现在卷中的第三个题签——"晋陆机平复帖手迹神品"十字，未署名，也无印记，可能就是董其昌写的。十三年后，万历三十二年（1604），董其昌又写了一段跋，现在还在《平复帖》的后面。陈继儒在《妮古录》中也讲到它，认为陆机用笔与索靖很相似。

韩世能死后，《平复帖》传给他的儿子韩逢禧（号朝延）。韩逢禧与张丑是非常熟的朋友（张丑《南阳法书表序》："朝延以余耿尚，时接讨论。"），在崇祯元年（1628）张丑从韩逢禧手中将《平复帖》买来。他

❶ "肯"，《吴其贞书画记》原作"青"，疑误。

在万分欣喜之下给自己取了一个室名——"真晋斋",还作了一篇《真晋斋记》,载在《真迹日录二集》。记中他说古来以"宝晋"名斋,自米芾始,但据他看来,米芾未必得到真正晋人的墨迹。韩家的收藏虽富,但其他的名迹,都无法与《平复帖》比拟。获此鸿宝,他真有"踌躇满志"之慨。

崇祯癸未(1643),明代亡国,张丑在同一年逝世。又过了十七年,吴其贞于顺治庚子(1660)的五月二十二日在葛君常那里看到《平复帖》。这里,元代张斯立等四个人的观款,已被他割去卖给了归希之,配在赝本的《勘马图》后面。

《平复帖》在这个时候不仅遭到题跋被割裂的不幸,从吴其贞的语气中还可以看出当时一定有不少人认为《平复帖》是伪迹。因为《书画记》中有这样几句话:"此帖人皆为弃物,予独爱赏,闻者哂焉。后归王际之,售于冯涿州,得钱三百缗,方为余吐气也。"

葛君常是何许人,尚未查出,大概是一个利欲熏心的古董鬼❷。王际之也待查,不知与卷中盖有收藏印的王纲是否是一人。冯涿州则为刻《快雪堂帖》的冯铨。

吴其贞的记载,确是有关《平复帖》的重要文献,它不仅告诉我们此帖在清初时的辗转经过,还说明了为什么现在帖中已找不到张斯立等元朝人的观款。

大约《平复帖》到冯铨之手不久,便归了真定的梁清标。安岐在他的《墨缘汇观》中讲到"余得见(《平复帖》——笔者注)于真定梁氏"。梁清标在卷中钤盖了多方收藏印记,并将《平复帖》收入他所摹刻的《秋碧堂帖》中。

安岐虽然只说在梁家看到《平复帖》,但《墨缘汇观》中所著录的书画,都是他自己的藏品,而且卷中的收藏印如"安仪周家珍藏""安氏仪周书画之章",更可以证明此卷确曾为安岐所有。

梁清标(1620—1691),字玉立,一字苍岩,号棠村,又号蕉林,明崇祯进士,顺治初降清,官至保和殿大学士。安岐(1683—1746?)字仪周,号麓村,先世原是朝鲜人,入旗籍。这两个人都是清代前叶鼎鼎大名的收藏家兼鉴赏家。

《平复帖》从安岐家中散出,入清内府,确实时代,连成亲王永瑆都说"其年月不可考"(见《诒晋斋记》)。但大致的年代是可以

❷ 卷中有白文"王纲私印"一章,盖在后隔水。原有较小的一印已经剜去,而王纲印是补盖在上面。从该印的篆文及印色来看,像是明末清初时的图章。查清初时人王纲,字燕友,号思龄,合肥人,是一个理学先生,但并未查出他藏过《平复帖》。

推得出的,应该是在乾隆十一年丙寅(1746)或稍后。安岐在《墨缘汇观》中所提到的最后一个年代是乾隆甲子(1744),那年他六十二岁,还买进了钟繇的《荐季直表》;但他已有"久病杜门"及"衰朽余年"等语,可见身体已很不好。《石渠宝笈初编》著录的黄公望《富春山居图》,后面有弘历的题跋,中称:"丙寅冬,安氏家中落,将出所藏古人旧迹,求售于人,持富春山居卷并羲之《袁生帖》、苏轼二赋、韩干画马、米友仁潇湘等图共若干种以示傅恒……"可能1746年时,安岐已逝世,而《平复帖》就在这一批书画中经傅恒的手卖给了弘历。

据永瑆《诒晋斋记》,《平复帖》原来陈设在寿康宫(即现在故宫博物院陶瓷馆所在地)。乾隆四十二年丁酉(1777),孝圣宪皇后钮祜禄氏(雍正帝胤禛之妻,弘历的生母,永瑆的祖母)逝世,《平复帖》作为"遗赐"赏给永瑆作为纪念品。从这时起《平复帖》到了成亲王府,永瑆给他自己"取了一个室名——'诒晋斋',并曾作七律、七绝各一首",均载《诒晋斋记》中。

一向也有人怀疑过,弘历酷爱书画,凡是名迹,无不经他一再题跋。为什么独有《平复帖》既未经弘历题写,也无内府诸玺,更没有刻入《三希堂法帖》❸。据傅增湘先生的推测,就是因为此卷陈设在皇太后所居的寿康宫,弘历就不便再去要回来欣赏题写的缘故(见卷后傅增湘跋)。《清史稿》后妃传中讲到弘历曾为他的母亲钮祜禄氏做六十岁、七十岁、八十岁三次大寿,每次寿礼都送大批奇珍异宝,其中包括法书名画。假如弘历得《平复帖》在1746年以后,而将它送给钮祜禄氏作为六十岁(乾隆十六年,1751)的寿礼,那么其间就没有多少时间来供他仔细欣赏并题写跋语了❹。

《平复帖》在永瑆之后,载治曾钤盖了"载治之印"及"秘晋斋印"两方收藏图章。载治是奕纪的儿子,而过继给了奕纬;奕纪是绵懿的第三子;绵懿是永瑆的第二子,而过继给了永璋(永瑆的三哥)。从上列的世裔,可见《平复帖》如何从永瑆传给他的曾孙——载治的经过。

载治卒于光绪六年(1880),那时他的两个儿子溥伦和溥侗才只有几岁。光绪帝载湉派奕䜣(道光帝旻宁第六子,封恭亲王)代管成王府

❸ 李兆洛《养一斋续编》"跋陆士衡平复帖"称"此帖刻于《三希堂法帖》中",误。

❹ 或谓《平复帖》是钮祜禄氏陪嫁之物。查钮祜禄氏嫁胤禛在1703年,如《平复帖》果系陪嫁之物,便不可能再到安岐的手中,故上说不可信。

的事务。奕䜣知道《平复帖》是一件重宝,托言溥伦等年幼,为慎重起见携至恭王府代为保管。从此他便据为己有,卷中"皇六子和硕恭亲王图章"就是他的印记。这桩公案是听熟悉晚清宗室掌故的人说的,应该有一定的根据。证以翁同龢日记,他于辛巳(1881年,即载治逝世第二年)十月十日,在李鸿藻处见《平复帖》,那时已归恭王府所有,在时间上也是符合的。

宣统二年(1910)奕䜣之孙溥伟在帖上自题一跋,称"谨以锡晋名斋",他并将永瑆的《诒晋斋记》及七律、七绝各一首抄录在后面。

辛亥革命(1911)推翻了清室,溥伟逃往青岛图谋复辟,《平复帖》就留给了他在北京的两个弟弟——溥儒、溥德。1937年溥儒等因为母治丧,亟须款项,将《平复帖》以四万元的代价,售给张伯驹先生。次年正月及十月傅增湘及赵椿年两先生各在卷后题跋。傅跋在叙述此卷近世的流传大略之后,解释了何以此帖未经弘历品题及收入《三希堂法帖》的原因。赵跋则辨正翁同龢日记说此帖经恭亲王赠给李鸿藻,并非事实,只是借观数月而已。这一点是经询问了李鸿藻的长子李符真才弄明白的。两篇题跋对考查《平复帖》的近代流传经过,都很有帮助。

图2　陆机《平复帖》紫檀匣,1994年初在北京市场上出现,经史致广同志捐赠给故宫博物院

民国三十一年(1942),《平复帖》经清苑郭立志摄影印入《雍睦堂法书》,后附启功先生的释文。历来鉴赏家都认为《平复帖》"文字奇古,不可尽识",张丑《真晋斋记》仅释读了十几个字,日本刊印的《书道全集》在卷末说明中,梅园方竹也只试释了六个字,而且还将第一行的"瘵"字误释作"虏"字。据我所知,启功先生是将《平复帖》的全文释读出来的第一人。

1956年1月,张伯驹先生将《平复帖》连同唐杜牧之书《张好好诗》卷,宋黄庭坚草书卷,蔡襄自书诗册,范仲淹《道服赞》卷,吴琚书杂诗卷,元赵孟頫草书《千字文》卷等法书名迹一齐捐献给政府。从此这些著名的墨迹将得到国家的保护,永远成为全国人民所共有的瑰宝。

关于《平复帖》的流传经过,作者大略地知道上面这一些。最后必须指出:像《平复帖》这样一件烜赫巨迹,文献材料是丰富的。由于作者对于书画方面的知识有限,又没有能深入调查研究,所以错误和遗漏一定难免。譬如元初至明万历年间约三百年的流传经过还是一段空白;清初时期曾经哪些人收藏过也知道得不够清楚。希望读者予以指正和补充。

原载《文物参考资料》
1957年第1期

谈展子虔《游春图》

展子虔是北齐至隋之间（约550—600）的一位大画家，擅长山水人物，《宣和画谱》称他："写江山远近之势尤工，故咫尺有千里趣。"

经赵佶（宋徽宗）题为展子虔作的《游春图》，是这位画家传下来的惟一作品。他在一幅两尺多长的绢素上，用妥善的经营、丰富的色调画出了春光明媚的湖山景色。画卷初展，近处露出倚山俯水的一条斜径，两个人骑马，一前一后地跑来。路随山转，却被石坡遮住，直到有妇人伫立的竹篱门首，才又宽展。这里一人骑马，手勒丝缰，正要转弯，画家攫捉住刹那间他蓦地回头的神态。更远一些，有一人骑马，右臂挟着弹弓，缓缓而行，朝前面一座朱栏的木桥走来，后面跟随着两个童子。山隈岸侧，树木映带，枝头点簇着繁花。这画起手一段，那些欣欣向荣的树和络绎喧炽人物的活泼气氛，就被这条路贯串到了一起。木桥的后面，山涧里飞泻着流泉。涧左有整齐的人家，涧右山坳环抱着寺观。再往上看去，尽是一叠一叠的青山和冉冉欲起的白云。

卷子中部画出了广阔的平波。一条木船，高篷四无遮碍，正宜远眺。船中坐着三个女子，一人举手遥指，她们仿佛在谈论湖光山色。船尾的男子，从容不迫，荡着柔橹，处处都显示出了这是游艇，不是渡船。潋滟的水势，斜着向左上角展开，愈远愈淡，直至与遥天冥然相接。

画幅左端邻下一角，又是陂陀花树，围绕着山庄。靠近水涯，

图1 隋展子虔《游春图》（局部）

两人袖手而立，也在欣赏这无边的春色。

看了这幅画，我们感觉到《宣和画谱》对他的评语"咫尺有千里趣"，信非虚誉。比起更早的山水画，所谓"水不容泛，人大于山"的画法，已经成熟很多了。

从布局来说，《游春图》是非常出色的，至于具体到树石人物的画法，它又是怎样的呢？明代鉴赏家詹景凤曾仔细观察过这个卷子。他写道："其山水重着青绿，山脚则用泥金。山上小林木以赭石写干，以水沈靛横点叶。大树则多勾勒，松不细写松针，直以苦绿沈点。松身界两笔，直以赭石填染而不作松鳞。人物直用粉点成后，加重色于上分衣褶，船屋亦然。此殆始开青绿山水之源，似精而笔实草草。大抵涉于拙,未入于巧,盖创体而未大就其时也。"

拿上面的一段文字与原画参校着看,詹氏的描述基本上是真实的。《游春图》的一个特点是只用勾勒而不用皴擦。在后代的山水画中,树石的皴擦是极端重要的表现手法。这件作品,空勾无皴,而对物质的表现仍能如此曲尽其妙,这一方面固由于它是以小幅写大景,树石的空白不多,处理较易;但设色的成功,在这里还是起了决定性的作用。

詹景凤说此画的山上小林木是"以水渖靛横点"的,这却与原画并不符合。细看山上小树的画法是先用墨笔画细圈,三五个成一组,然后填花青❶。这种画法在后来的山水画中,却举不出更多的实例。他如沙洲汀脚是用细密的点子点成的;花树的枝干疏直,不用交搭取势;勾云齐整,近似图案;夹叶树有的像钉耙,有的像雀爪,这些都充满了古拙的趣味。总之,从画法上来说,它确是早期山水画中一幅有代表性的作品。

前代的鉴赏家如汤垕、詹景凤、张丑、安岐等人都曾说过展子虔开唐代李思训、李昭道金碧山水一派。古代名迹他们见得多,所下的结论是有根据的。在目前,李氏父子的画虽举不出准确可据的作品,但从传为唐人所作的《金碧山水殿阁图》及宋人摹李昭道的《九成宫图》❷等画中,还是可以看出展子虔怎样为唐代的这一画派开辟了途径。首先是画家将自身处在远方,以遥摄全景的方法作画;山水比例相当小,因而人物更小,改变了前代以人物为主的常例。其次是山石多用勾勒,金碧山水虽已不是空勾轮廓,但皴法还是不离勾勒的笔法。至于设色,重青绿及泥金的运用,更是受展子虔的直接影响。我们从金碧山水可以看出它是展子虔画法进一步的发展,及至南宋的赵伯驹、赵伯骕,勾皴设色,种种画法就更纷然大备了。

《游春图》是一件流传有绪并为历代鉴赏家所珍视的名画。它自从经赵佶题签之后,大约在宋室南迁之际,即行散出,经胡存斋、张子有❸等人之手而归贾似道所有,卷上盖有他的"悦生"葫芦章及"封"字等收藏印。宋亡,此画到元成宗之姊鲁国大长公主的手中,冯子振、赵岩、张珪等曾奉命赋诗,题写卷后。明朝初年,此卷又为明内府所有❹;后又到了严嵩的家中。文嘉编的籍没严家的

❶ 主峰右侧有一组小树圈而未填色,画法可以看得很清楚。

❷《金碧山水殿阁图》现藏故宫博物院,《九成宫图》现藏美国波士顿美术馆。

❸ 见宋·周密《云烟过眼录》。

❹ 后隔水有和冯子振一诗,未署名,相传为宋濂所题,末称"洪武十年观于奉天门",故知此时画在明内府。

账目——《钤山堂书画记》中记载了这个卷子,约在万历年间,此卷为长洲收藏家韩世能所藏。张丑为韩氏编《南阳名画表》,在"山水界画"一栏中将它列居第一。世能去世,传给了他的儿子韩朝延,董其昌曾为题一跋,张丑也填"东风第一枝"词一阕,以"远水生光,遥山叠翠"来形容这卷的画境。随后此卷被张丑的侄子张诞嘉买去,因而张丑获得时常观览的机会。他称此画具备"十美"❺,堪称"天下画卷第一"。入清后,《游春图》经梁清标、安岐等人之手而归清内府。溥仪出宫,此卷被携至长春。东北解放,它又散出,为张伯驹购得,现藏故宫博物院。

上面是《游春图》流传的大略情形,传世经过,斑斑可考;但也还有两点值得提出谈一谈。其一是阮元著的《石渠随笔》及他参加编纂的《石渠宝笈续编》都说《游春图》就是唐裴孝源《贞观公私画史》所著录的展子虔《长安车马人物图》。这一说是不可信的。因为画中有马无车,且景物全是江南,绝无长安景象。同时张丑《清河书画舫》中明明两件一并著录,并称《长安车马人物图》在《游春图》上。另一点是此卷虽经赵佶题签,但《宣和画谱》所著系展子虔的二十件作品中却无《游春图》之名。这是什么缘故呢?一个可能是此卷进入宋内府已在《宣和画谱》成书之后,所以不及收入。但引人注意的是二十件之中有一幅名《挟弹游骑图》。安岐在《墨缘汇观》叙述此画时,特地讲到"游骑有四,内一挟弹者"。他虽未提到此图可能就是《宣和画谱》所著录的《挟弹游骑图》,但他在两句之中嵌用了"挟弹游骑"四字,分明是意有所指的。按理说,《宣和画谱》所著录的画名应该与赵佶的题签相合。但画原有名,而赵佶在题签时另为更易,也不是绝对不可能的事。就画论题,"挟弹游骑"与此卷的景物是吻合的,但"游春图"三字似乎更能概括整个画卷的情景和气氛。会不会就是因为这个缘故而赵佶为它改换了名称呢?当然,现在很难找到更多的证据来证实上面的臆测,而这里只当作一个线索提出来供大家参考而已。

原载《中国画》创刊号
1957 年第 1 期

❺ 张丑谓此画:"足称十美具焉!隋贤,一也;画山水,二也;小人物,三也;大刷色,四也;内府法绢,五也;名士题咏,六也;宋装褙如新,七也;宣和秘府收,八也;胜国皇姊图画,九也;我太祖命文臣题记,十也。"所论虽有古董家习气,但亦可见对此画的珍视。

雜稿

捃 古 缘

搜集文玩器物，不论来源为何，价值多少，总有一个经历。经历有的简单平常，有的复杂曲折，有的失之交臂，有的巧如天助。越是曲折，越是奇巧，越使人难忘。前人往往将它说成是"缘"，颇为神秘，仿佛一切皆由前定。其实天下事本来就多种多样，如将"缘"和英文的 chance 等同起来，我看也就无神秘可言了。下面记几次个人的经历，当然买的都是些小东小西，有的几乎是在"捡破烂儿"。敏求精舍本届主席向我索稿，竟拿此来塞责，岂不要笑掉各位收藏家的大牙，故不胜惶恐惭恧之至！

一、50 年代初，我在通州鼓楼北小巷内一个回民老太太家看到一对杌凳，无束腰，直枨，四足外圆内方，用材粗硕，十分简练朴质（图1，又见拙作《明式家具珍赏》图 9），我非常喜欢。可惜藤编软屉已破裂，残存不多，露出两根弯带和将它们连在一起的木片。但至少未被改成铺席硬屉，没有伤筋动骨。老太太说："我儿子要卖二十元，打鼓的只给十五元，所以未卖成。"我掏出二十元递过去。老太太说："价给够了也得等我儿子回来办，不然他会埋怨我。"我等到快天黑还不见她儿子进门，只好骑车回北京，准备过两三天再来。不料两天后在东四牌楼挂货铺门口看见打鼓的王四坐在那对杌凳上。我问他要多少钱，他说："四十元。"我说："我要了。"恰好那天忘记带钱包，未能付款，也没有交定钱。待我取钱马上返回，杌凳已被红桥经营硬木材料的梁家兄弟买走了。

自此以后，我每隔些天即去梁家一趟。兄弟二人，每人一具，

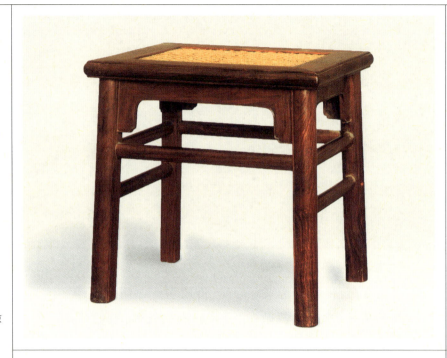

图 1　明黄花梨无束腰长方凳

就是不卖。我问是否等修理好了再卖。回答说:"不,不修了,就这样拿它当脸盆架用了。"眼看搪瓷盆放在略具马鞍形的弯枨上。历时一年多,去了将近二十次,花了四百元才买到手,恰好是通州老太太要价的二十倍。

二、过去崇文门外有一个经营珠宝玉器的商场叫青山居。青山居的管理处在花市上四条胡同。一天我去串门,看见楼梯下放着一具铁力五足大香几,独木面,特别厚重,颇为稀有(图2,见《珍赏》图73)。几上摆着两三个保温瓶,茶壶茶碗更多,开水把几子都烫花了。我想他们不拿它当一回事,或许肯出让。问了几位负责人,都说不行。因一切均为集体所有,谁也做不了主。我只好失望地离去。

两年后,忽然在地安门桥头古玩铺曹书田那里看到这件香几。因系铁力制,价钱不高。我将它抬上三轮车,两手把着牙子,两脚垫在托泥下面,运回家中。一时欢喜无状,脚面被托泥硌出两道沟都没有感觉疼痛。事后我问曹书田才知道原来管理处撤销了,所以家具交付处理变卖。

三、德胜门后海一带常有破烂摊摆在道侧,陈旧用品,衣服鞋帽,一应俱全。有一次经过那里,看到破条凳支着两块板子,上铺蓝色破床单,物品很零乱。风一吹,卷起了床单的一角,看到背面似乎有彩画。手撩一看,原来是两扇雕填漆柜门(图3,又见拙作《中国古代漆器》图58、图59)。两龙生动夭矫,分别为黑身红鬣,红身黑鬣,时代当早于万历。我请摊主卖给我这两块板子。他说摊子靠它支架,我正嫌小了一点。你买一床大铺板,我换给你。我们立即成交,皆大欢喜。

两扇明雕填柜门不仅收入拙作,去冬应叶承耀先生之邀,在香港作题为《明清家具的髹饰工艺》报告,还放映了用柜门拍成的幻灯片。

四、1951年前后,听说东直门内住着一位笃信佛教的老居士,常去各处收集佛像,供在家中佛堂里。我很想登门拜访,看看他的收藏。一天冒昧晋谒,居然承蒙接待。北房三楹,正中一间贴后墙摆着大条案。案上大小佛龛里外供有佛像数十尊之多。其中有的颇古老,有的却很新;有的比较优美,有的又很庸俗。我心想这位老居士信佛确实虔诚,但审美水平恐怕不高。众像之中

图2　明铁力五足大香几

图3　明雕填龙纹柜门

我最喜欢的是一尊铜鎏金雪山大士像(图4),头特别大,形象夸张古拙,时代不能晚于明。老居士说数年前布施某寺院香火资若干而得以请回家中。谈话间我说起先慈也是佛教徒,弃养已逾十载,家中佛堂还保留原状(直到"文革"佛堂始遭摧毁)。老居士听得很高兴,频频点头。我进而请求如蒙俯允以加倍的香火之资把雪山大士请回舍间,为先慈佛堂增加一尊坐像,将感谢不尽。老居士欣然同意。当然他不会知道我求让铜像主要是为了欣赏雕刻美而不可能像他那样朝夕上香膜拜。

老居士恭恭敬敬地将铜像用纸包好,交我捧着,一直送到大门口我的自行车旁。我为了便于将铜像放进背着的布兜子,下意识地将他倒了过来。这时老居士突然色变,连忙双手把头朝下的铜像正了过来,说了声:"怎能如此不恭敬!"我知道自己犯了错误,连说"罪过!""罪过!"赶紧骑上车跑了。我生怕再停留,老居士回过味来,发觉我并不像他原来所想象的那样虔诚,一定会

图4 明铜鎏金雪山大士像

要回雪山大士,不允许我请回家了。

五、在我的收藏中有一只十分名贵的蛐蛐葫芦。拙作《说葫芦》(图版151,图5)为此器写的说明如下:

  此乃麻花胡同纪家旧藏之"红雁",清末民初,与"紫雁"为京师最驰名的蛐蛐葫芦。红、紫言其色,雁言其形,谓修长如雁脖也。

  1934年秋,行经东四万聚兴古玩店,名葫芦贩孙猴(姓孙,因精明过人而得此绰号,是时年已七旬)先我而在,手持红雁与

图 5　红雁倒栽蛐蛐葫芦

店东葛大议价。轻予年幼，未必识货，予价不谐，亻丁欲去。正待出门，予已如数付值。渠急转身，已不可及，大为懊丧，不禁失色。是时予虽知葫芦绝佳，但对其来历，茫然不晓。后承讷绍先先生见告，乃知即赫赫有名之红雁。倒栽底部不镶牙托而以同色之葫芦填补为红雁特征之一。据讷老称，"紫雁视此色泽浓艳而身矬，停匀秀丽则远逊"。

原载《好古敏求——敏求精舍三十五周年纪念展》图册

漫话铜炉

这里讲的铜炉，常被人称"宣德炉"或"宣炉"，是流行于明清的文玩，在文物中自成不大不小的一类。现用铜炉一称，是因为明清不少朝代均有制造，不只是宣德。还有，尽管传世文献记载宣德朝不惜工料，大量造炉，如《宣德鼎彝图谱》，但现在竟难举出一件制作精美，和记载完全符合的标准器。据我所知，不仅北京、台北两地博物院尚未发现，著名藏炉家也没有。相反的倒是刻或铸有明清其他朝代年款的私家炉却有炉形铜质并臻佳妙的。这不能不使我们对传世文献产生疑问，认识到宣德炉研究还有许多待解决的问题。

研究、欣赏铜炉和青铜器不同，它的形制花纹比较简单，只有款识，没有铭文，与古代史、文字学关系不大，更没有悦目的翠绿锈斑。历来藏炉家欣赏的就是其简练造型和幽雅铜色，尤以不着纤尘，润泽如处女肌肤，精光内含，静而不嚣为贵。这是经过长年炭墼烧熟，徐徐火养而成的。铜色也会在火养的过程中出现变化，越变越耐看，直到完美的程度。烧炉者正是在长期的添炭培灰，巾围帕裹，把玩摩挲中得到享受和满足。这是明清文人生活的一部分，其情趣和欣赏黄花梨家具并无二致。这种生活情趣已离我们很远，以致有人难以想象，但历史上确实有过。我曾在古玩店乃至博物馆，见到色泽包浆还不错的铜炉，被用化学糨糊把号签贴在表面上。这号签不论揭不揭，肌肤上已落下一个大疤瘌。如徐徐火养，一二十年也难复旧观。这也可算是煮鹤焚琴的一例吧。

烧炉者有一个共同心愿,亟望能快速烧成,十年八载实在太慢了。不过藏家谁也不敢轻举妄动,怕把炉烧坏。敢用烈火猛攻的只有一位,我父亲的老友赵李卿先生。赵老住家去我处不远,上学时我就经常去看望他。收藏小古董是赵老的平生爱好,专买一些人舍我取、别饶趣味的小玩意儿,对铜炉更是情有独钟。炉一到手,便被浸入杏干水煮一昼夜,取出时污垢尽去,锃光瓦亮。随后硬是把烧红的炭或煤块夹入炉中,或把炉放在炉子顶面上烧。他指给我看:哪一件一夜便大功告成;哪一件烧了几天才见成效;哪一件烧后失败,放入杏干水中几次再煮再烧,始渐入佳境。也有怎样烧也烧不出来,每况愈下,终归淘汰。不过鉴别力正在逐年提高,得而又弃的已越来越少了。我受前辈的感染熏陶,也开始仿效。最成功的是50年代在海王村买到的一具蚰耳炉(图1),款识"琴友"两字,一夜烧成棠梨色,润泽无瑕,不禁为之狂喜。

直到60年代初,我从北京图书馆的简编图籍中发现一本奇书《烧炉新语》,才知道古人早已发明快速烧炉法,并写成专著,刊刻行世。我晒蓝后恨不得立刻送给赵老看,可惜他已归道山了。

《烧炉新语》作者吴融,别号峰子,又号雪峰,黄山人,侨居海陵(江苏泰州)。卷首有陈德荣、王廷浄、袁枚、许惟枚、张辅、郑世兴、方鲁、刘瓒、凌洪仁、罗世斌、魏允迪、国秋亭十二家序,多作于乾隆十二年,成书当前此不久。此书罕见,邵茗生先生下了多年功夫写成《宣炉汇释》两册;似未见此书。我曾查《中国古籍善本书目》,记得仅一馆有之,为传钞本。

吴融博学多能,凌洪仁称其"于古文词无不能"。方鲁称其"雅善鼓琴,……继擅指画,人物鸟兽,花卉草木,天然生动,机趣飞舞"。

对吴融烧炉,各家推崇备至:"人有毕生烧一炉而不成者,先生则不论炉之大小,一月之内即变态万状,灿烂陆离。"(方鲁序)"每见人穷年敝日,迄无一成。即善做假色,适足为识者所嗤。吴子……不假造作,只就本来面目,不匝旬而火候已足,约得色之异者,十有其二。"(刘瓒序)"屏去古今成法,炉无新旧,一经先生手,不日可成。成则自现各种天然异色,有若神助。"(凌洪仁序)为人作序,一般都言过其实。烧炉因目见,且曾手自为之,故不认为上

图 1 "琴友"蚰耳圈足炉

引诸说过分夸张。

《烧炉新语》共三十二篇,长者数百言,短者不足百字,篇名如下:炉说,论铜色不可制,急火烧炉法,制造烧炉具法,打磨香炉法,烧炼方砖法,制造宝砂法,洗油头发法,急火烧炉分上中下三法,论红藏金结雾法,论水乍白结雾法,论黑漆古结雾法,论水查白结雾法,论秋葵结雾法,论黄藏金结雾法,论落霞红结雾法,论蟹壳青结雾法,论苹果绿结雾法,论藏锦色结雾法,论铜质老嫩难结法,做橘皮炉法,打磨橘皮糙熟法,退炉法,煮花纹炉法,论各炉款式结法,揩抹香炉法,论炉清水做色之辨,论北铸假色难成,下炉色免磨法,制造养火罩式法,打炭墼法,洗除斑点法。

《新语》晒蓝不久,"四清""文革"接踵而至,随藏书捆扎而去。拨乱反正后发还,为补偿蹉跎所失而日夜工作,《新语》早已忘怀。直到草此文,始拣出匆匆过目,似以居首数篇较为重要。《炉说》强调炉色必须出自本质,切忌人为敷染。《铜色不可制》列举不中用即烧亦无功之铜八种,实为辨别铜质,指导收炉取舍之要诀。《急火烧炉法》与赵老所用基本相同,惟烧时须扣纸罩,罩用纸数十层裱成,外用棉花棉布包裹,所用火力稍缓,需时或较长。限于篇幅,诸法不克详述。

烧炉不仅好古者或愿一试,可能还会引起金相学科学家的兴趣,通过实验来解释不同合金在受热后出现色泽上的变化,说不定会成为一个科研课题呢。

原载《人民日报》海外版

望气与直觉

50年代和葱玉兄（张珩）闲聊，他说起书画鉴定有一个名词曰"望气"，有时还在两字之后加一个"派"字，是一个贬义词。"望气"指书画卷轴打开之后先观望一下整幅的气势，也可以说是体会一下整幅作品所予人的印象或感觉。有的人过分重视这第一印象，是真是假，似乎已可定它个七八成，不再仔细观察、研究作品的其他方面，于是就成了"望气派"了。如此鉴定书画当然是错误的，因为书画的真伪必须从许多方面来判断，如笔墨、章法、流派、纸绢、题跋、款字、印章、装裱、著录等等，不胜备举。怎么能只凭匆匆的一次观望呢？不过话又说回来，像葱玉这样少年时期已是鉴定名家，藏有多件宋元名迹，他看书画时又何尝不先从"望气"开始呢？只是望气之后，对书画的各个方面又进行仔细的观察研究，最后才下真伪或存疑的结论。

我记得有一次荣宝斋举办藏品展览，中有一轴标名元人无款绢地花卉，并未觉得如何重要。葱玉兄却搬了一个凳子坐下，对着那幅画凝神观看，看了又看，一言不发，也不知道他在想什么，我在旁都等得有些不耐烦了。经过这一次参观，我才知道他对一件不甚重要的作品也用心琢磨，对重要的书画自更不待言了。我曾问他为什么对那幅画看了许久，他说我想判断它究竟是元人之作，还是明人仿宋元的工笔花卉。不用说他坐在那里，许多幅存在脑海中的工笔花卉又一一显影来帮助他做出认为比较正确的结论。当然如果他遇见一件开门见山、千真万确的名家之作，虽可立即定为真迹,但还是会仔细观看并牢记它的各个方面,即入脑海,作为标准。待再见到其他作品时,可供比较印证。鉴定知识就自然逐渐积累起来。

我从来不承认自己是收藏家。限于学识和购买能力,对价值高的文物如书画、陶瓷、玉器、青铜器等,连看都不看。我只买些破烂家具和门类小而多、被人称为"杂项"的故旧物品。它们一般不值多少钱,却同样可供研究、欣赏。但其中较为完整、精美的,我还是买不起。

我选购杂项常用"直觉"的方法,也就是凭看见物品的第一印象,凡直觉感到好的,只要力所能及,就会把它买下。它和"望气"似乎颇为相似。不过鉴定杂项比鉴定书画既有难处也有易处。难处在杂项之中包括许多小门类。古玩行一般把"竹、木、牙、角"器称为杂项,其实佛像(不包括大型雕刻)、砚盒、石章、墨、漆器、铜镜、铜炉、丝织小品等也都被归入杂项。而当任何一个门类收集到一定的数量时,又可以自成一类。鉴定以上各类时都必须有一定的专门知识,也各有需要注意的方面。其易处则在鉴定杂项中任何一类都远不及鉴定书画那样复杂,需要审查研究的方面那样繁多,记忆中也需要有更丰富的知识积累。

我选购杂项往往仅凭直觉,只要觉得顺眼,合乎个人趣味又力所能及就买下来,当时也不可能做任何审查研究。事后绝大多数都觉得没有买错。例如当年购得有朱小松款的归去来辞图笔筒,有朱三松款的圆雕老僧(图1),都觉得绝精,惟因伪作太多太多,不敢相信是真迹。直到后来见到上海博物馆藏明墓出土的朱小松刘阮入天台香筒,台北故宫博物院的清宫旧藏朱三松荷叶式水盛(图2)两件标准器,才证实笔筒和圆雕都是真迹。在《锦灰堆》壹卷和《自珍集》中都有详细的文字介绍和图片对比,这里就不再重复了。又如有一年承蒙天津文物商店许可观看他们的库房。四间房屋,顺墙排满分隔成五层的架子,摆满汉藏佛像,一行行大的在后,小的在前,共约三万件。我用了一整天,高爬梯、低趴地,从中选出了八件,除一件鎏金雪山大士像他们认为比较珍贵不出售外,我得到了七件。选时实在比直觉更为潦草、匆忙。七件都收入《自珍集》,似乎比过去用直觉买到的并不太差。

图 1　朱三松竹根圆雕老僧

图 2　朱三松荷叶式水盛

图 3　雕填花鸟纹黑漆盘

图 4　冲天耳三足炉

凭直觉买到手又觉得不好的也可以举两例。其一是雕填花鸟纹黑漆盘(图3)。皮胎,底面有磨露胎质处,确实相当旧。但正面的花纹疑是近人后刻,有如瓷器的"后挂彩"。花纹制作采用十分简单的勾画后上色漆的做法,不是勾后填色漆的真正雕填。它虽可作为旧器后加工的实物,但并无欣赏价值。我也将上述看法写入说明,见《自珍集》页102。

另一件是腹内有吴邦佐戳记的铜炉(图4)。凭直觉觉得不错,后感到两耳造型与全器不协调。经老友傅大卣先生过目,认为是清代或更晚的仿制品。傅老曾手拓古器物超过十万件,资深且经验丰富,所言值得重视。我也把上述的认识写入《自珍集》说明中,见页43。

直觉和英文的 taste 有近似之处,中文往往译为"趣味""鉴赏力""审美力"。也有人认为 taste 的好坏,即审美力、鉴赏力的高下是天生的。我并不以为然,但不可否认和自幼的家庭环境、耳濡目染、师友熏陶有密切关系。直觉的正确性和灵敏性是可以培养的,是跟着个人学识的增长而提高的。举例来说,我在《锦灰二堆》中(壹卷)讲到看见惠孝同兄的画桌,情不自禁地向他求让。当时的直觉受乾隆风格的支配。约一年后买宋牧仲的紫檀大案(图5、图6),明式家具的神韵已在直觉中占主要地位。只因这段时间内经常去鲁班馆,从匠师们那里学到不少知识。反言之,如果不用心学习,提高自己的欣赏水平,就会停滞不前。倘交往、接触均为庸俗、低下的人和物,自己也会受到沾染而丧失高雅的情趣和鉴赏力。

以上对望气、直觉说了一通,都极为肤浅,未能脱离老生常谈。我实在说不出什么具体有效的方法可以提高鉴定力,供对收藏、鉴赏初感兴趣的朋友参考,惟有惭愧而已。

图5　宋牧仲紫檀插肩榫大画案

图6　王世襄与老木工祖连朋师傅在组装紫檀大画案准备拍照

下編

憶往說趣

憶往

怀念梦家

　　1985年在香港出版的《明式家具珍赏》，1986年出版了英文本，书名 *Classic Chinese Furniture*，扉页是我自己设计的。一团浮雕牡丹纹，宛然明初剔红风格，是从我的紫檀大椅(《珍赏》图50)靠背拍摄下来的。下面印"谨以此册纪念陈梦家先生"十一字。梦家有知，我想会喜欢，因为他爱明代漆器，尤其是永乐、宣德朝的雕漆。

　　《珍赏》彩版有三十八幅是承蒙赵萝蕤大姊的允许，用梦家的旧藏拍成的。历时数月，我和老木工祖连朋师傅、摄影师张平及协助人员，一次次到大姊住所，把家具逐件搬到院中，擦抹干净，并请祖师傅做了必要的修整，然后抬到背景纸前拍照。每搬一件都使我想起当年和梦家交往的情景。故物犹存，哲人云逝，悲从中来，不能自已。在那时我已想好要用这部拙作来纪念老友梦家。

　　梦家(图1)比我大三岁。1934年我考入燕京大学，他已是攻读容庚教授古文字学的研究生。他非常用功，而我则是一个玩得天昏地黑、业荒于嬉的顽皮学生。只是由于他和赵大姊结婚后，住在校旁我家的园子中，晨夕相见，渐渐熟识。前不久，萝蕤大姊还说起，有一个深夜，听到园外有人叫门，声音嘈杂，把他们吓坏了，以为有强人到来。接着听到一连串的疾行声、嘘气声，随即寂然。过了半晌，觉得没有出事，才敢入睡。原来是我和一帮人牵了四条狗半夜去玉泉山捉獾，拂晓归来，园丁睡着了，无人应门，只好越墙而入。当时我的所作所为，梦家有什么看法，现在只有问赵大姊。我对梦家的认识则是：一位早已成名的新诗人，一头又扎进了甲骨

图1　陈梦家先生小影

堆,从最现代的语言转到最古老的文字,真是够"绝"的。我只喜欢作旧体诗,甲骨文又古奥难懂,那时两人都未开始买明式家具,所以没有共同兴趣,只有邻居般的寒暄。

1937年卢沟桥事变,梦家夫妇离开北平,辗转到了昆明西南联大。1944年他们去美国。1947年梦家回到清华大学授课,一直到1952年转到中国科学院考古研究所工作,住在钱粮胡同我舅父遗留的一所大房子内。那时我们都在搜集明式家具,有了共同兴趣,不时想着对方又买了什么好物件,彼此串门才多起来。

我们既已相识多年,现在又有了同好,故无拘无束,不讲形式,有时开玩笑,有时发生争论,争到面红耳赤。梦家此时已有鸿篇巨著问世,稿酬收入比我多,可以买我买不起的家具。例如那对明紫檀直棖架格(《珍赏》图135),在鲁班馆南口路东的家具店里摆了一两年,我去看过多次,力不能致,终为梦家所得。但我不像他那样把大量精力倾注到学术研究中,经常骑辆破车,叩故家门,逛鬼市摊,不惜费工夫,所以能买到梦家未能见到的东西。我以廉价买到一对铁力官帽椅(图2,《珍赏》图44),梦家说:"你简直是白拣,应该送给我!"端起一把来要拿走。我说:"白拣也不能送给你。"又抢了回来。梦家买到一具明黄花梨五足圆香几(图3,《珍赏》图74),我爱极了。我说:"你多少钱买的,加十倍让给我。"抱起来想夺门而出。梦家说:"加一百倍也不行!"被他迎门拦住。有时我故意说他的家具买坏了,上当受骗,惹逗他着急。一件黄花梨透空后背架格(《珍赏》图132)是他得意之物,我偏说是"捯饬货",后背经人补配。一件黄花梨马纹透雕靠背椅(《珍赏》图40)他更是认为天下雕工第一。我指出是用大杌凳及镜架拼凑而成的,还硬说在未装上靠背之前就曾见过这具杌凳,言之凿凿,真使他着了急。事后我又向他坦白交代我在说瞎话,"不过存心逗逗你而已"。梦家比我爱惜家具。在我家,家具乱堆乱放,来人可以随便搬动随便坐。梦家则十分严肃认真,交椅前拦上红头绳,不许碰,更不许坐。我曾笑他"比博物馆还要博物馆"。

实际上我们谁也不曾真想夺人所好,抢对方的家具,但还要煞有介事地表演一番,实因其中有说不出的乐趣。被抢者不仅不生气,反而会高兴:"我的家具要是不好,你会来抢吗?!"给对方的家

图2 铁力四出头官帽椅

具挑毛病，主要是为了夸耀自己的眼睛赛过你。不管说得对不对，我们从来也不介意，能听到反面意见，总会有些启发。待冷静下来，就会认真地去考虑对方的评论。至于买家具，彼此保密是有的，生怕对方捷足先登，自己落了空。待买到手，又很想给对方看看。心里说："你看，又被我买到了！"如此十多年，一直到史无前例的"大革命"，就是1957年两人都被错划成"右派"，也没有中断过来往。

中国有句老话——"君子之交淡如水"，它有一定的道理，但多少还有些"道"学气。我和梦家之交，平易率真，彼此见性情。为时十多载，不曾因开玩笑、挑毛病、辩论争吵而留下任何芥蒂，相反的是交谊日厚，感情愈深。这样的朋友，只有梦家，要比多年受我尊敬、淡而弥永的知交更为难得。因此当1966年9月听到梦家的噩耗，感到特别悲痛。自身难保的我，当时不敢有何表示，只有把悲痛埋到内心最深处。

梦家在考古学、金石学、文字学等方面有划时代的贡献，这已

图3　黄花梨五足圆香几

得到全国乃至全世界的公认,并载入了《中国大百科全书·考古学》卷。由于我对这些学科的无知,不能也不配置一词。但我和所有良知未泯的人一样,最最感到悲痛、惋惜的是梦家英年早逝,在正将要有更重大的成就和贡献的时刻,被政治迫害致死,享年仅五十五岁。这是中国无法弥补的重大损失,也是全世界无法弥补的重大损失!

　　三十多年前梦家给我看所藏的漆器、版画、竹刻时对我说:"现在我致力于专业研究,待年老时再做些专业以外有兴趣的工作。"所指的就是对上述几种器物的研究。不过我相信他最钟情的还是明式家具。如果天假其年,幸逃劫难,活到今天,我相信早已写成明代家具的皇皇巨著。这个题目轮不到我去写,就是想写也不敢写了。

　　梦家!梦家!呜呼尚飨!!

1991 年 8 月

原载香港《明报月刊》1992 年 1 月号

梁思成和《战区文物目录》

1943年11月我离开北京,穿过皖北界首日寇封锁线,经西安、宝鸡、成都来到重庆。1944年1月,开始在经朱桂老(启钤先生,号桂辛)创办,此时在梁思成先生(图1)主持下的"中国营造学社"任助理研究员。这是我国惟一的专事研究中国古建筑的学术机构,因抗战由北京辗转迁移到川西小镇李庄。

1944年是日寇在东亚各地节节败退陷入困境的一年。同盟国军队已在拟定计划全面反攻。其中最重要的自然是光复我国大陆失地。要反攻就要陆军、空军同时出动,而广袤的国土上分布着多处重要文物古迹,包括宫殿、寺庙、石窟、陵墓、园林、桥梁、塔幢等等。这些祖国瑰宝很可能在反攻中被消灭破坏,造成无法弥补的损失。这时有几位有识之士向国民党当局提出存在问题的严重性,随即成立了"战区文物保存委员会"(即"清理战时文物损失委员会"的前身),由次长杭立武任主任委员,马衡、李济、梁思成任副主任委员。其中对古建筑的命运最忧心忡忡并实际工作做得最多的就是梁思成先生。

当时的决策是:我们一定要反攻,同时也一定要尽全力保护好文物。当务之急是如何才能让中国的士兵和美国的空军知道需要保护的文物古迹有哪些处,确切的位置在哪里。如能使他们多少知道一点鉴别知识则更好。只有如此,反攻时文物古迹才能避免遭受炮轰和轰炸。具体的办法是必须在较短的时间内编出一本文物古迹目录,并在地图上标明名称和方位。中、英文各备

图1 梁思成先生小影

一全份。这项繁重而急迫的任务就落在梁先生的肩上。

早在卢沟桥事变前梁先生已对华北几省的古建筑做过调查,加上平时常翻阅全国的地方志,由他来担任这项工作自然是最佳人选。不过他脊椎钙硬化,多年来靠铁架子支撑身躯。抗战奔波,使他更加羸弱。对此突如其来的任务自然会感到沉重。但他觉得责无旁贷,毅然决然地承担了起来。

记得梁先生是从编中文目录入手的,随即译成英文。当时因学社中懂英文的人不多,部分校对交我担任。到1944年秋,转入地图的标注工作。因地图属于军事机密,不得离开它的藏所,故有半年之久梁先生常在重庆,并调罗哲文先生前往参加地图工作。1945年5月全部工作完成,并将目录印成小册子。

1945年8月,日寇投降,大陆重光,毋须再反攻,但文物目录仍是一份非常有价值的材料。是时我已经马衡、梁思成两先生推荐任"清理战时文物损失委员会"平津区助理代表,主要任务是追回被敌伪掠夺去的流散文物,不久即飞往北京。行前,梁先生交给我一本文物目录,嘱咐如果有机会去看一看平津一带的重要古建筑,发现严重损坏,应立即报告,请有关部门抢救修缮。

这本目录一直放在我家中，十年浩劫连同我的藏书、手稿等一并抄走。因册小而薄，纸张印刷均甚粗劣，容易被当作烂纸丢掉。故对它有一日幸得归还，不抱希望。当清华大学林洙先生（林徽因先生逝世后，林洙先生与梁思成先生结婚）去年为访求目录而来我家时，才知道连梁先生自己在“文革”后也无此书，使我更感到丢失的可惜，而只好很遗憾地对她说：“过去曾有，可惜‘文革’中被抄没了。”

不料前不久我打开最后发还的破旧的书捆，文物目录竟赫然无恙。我不禁喜出望外，此书除了有它自身的历史意义和参考价值外，还可从中看到梁先生的为人和学识，将为编写他的传记增添一份材料。

现在让我们来看看这本小册子。

封面印着“战区文物保存委员会文物目录”字样（经笔者将书名简成《战区文物目录》），英文字样是：*Chinese Commission*

图2 《战区文物目录》封面、书影

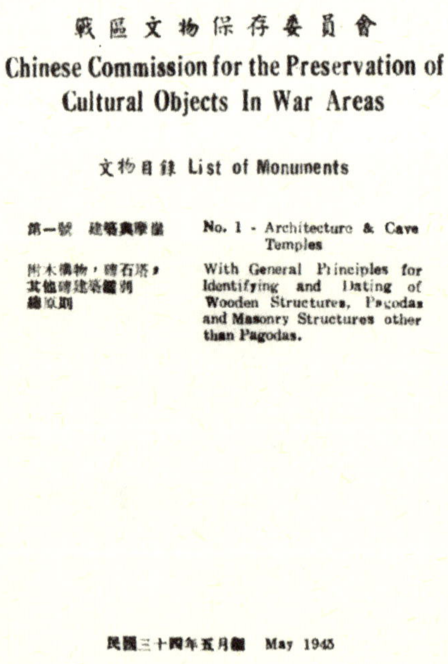

戰區文物保存委員會

Chinese Commission for the Preservation of Cultural Objects In War Areas

文物目錄 List of Monuments

第一號 建築與摩崖

No. 1 - Architecture & Cave Temples

附木構物，磚石塔，其他磚建築鑑別總原則

With General Principles for Identifying and Dating of Wooden Structures, Pagodas and Masonry Structures other than Pagodas.

民國三十四年五月編 May 1945

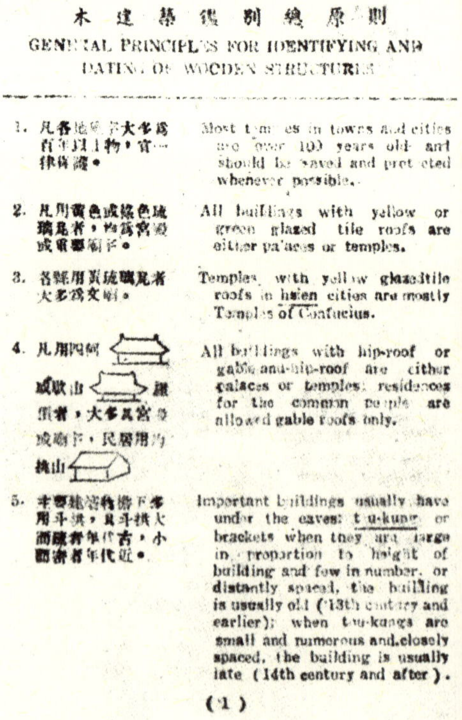

木建築鑑別總原則

GENERAL PRINCIPLES FOR IDENTIFYING AND DATING OF WOODEN STRUCTURES

1\. 凡各地寺宇大多為百年以上物，宜一律保護。

Most temples in towns and cities are over 100 years old and should be saved and protected whenever possible.

2\. 凡用黃色或綠色琉璃瓦者，均為宮殿或寺廟祠宇。

All buildings with yellow or green glazed tile roofs are either palaces or temples.

3\. 各縣用黃琉璃瓦者大多為文廟。

Temples with yellow glazed tile roofs in hsien cities are mostly Temples of Confucius.

4\. 凡用四阿或歇山頂者，大多為宮殿或廟宇，民居用挑山。

All buildings with hip-roof or gable-and-hip-roof are either palaces or temples; residences for the common people are allowed gable roofs only.

5\. 主要建築物檐下多用斗拱，其斗拱大而疏者年代古，小而密者年代近。

Important buildings usually have under the eaves: tu-kung or brackets when they are large in proportion to height of building and few in number, or distantly spaced, the building is usually old (13th century and earlier); when tu-kungs are small and numerous and closely spaced, the building is usually late (14th century and after).

(1)

for the Preservation of Cultural Objects in War Areas, List of Monuments，民国三十四年五月编，小三十二开，黄色草纸铅印，共八十七页(图2)。

内容简述如下：

册首是三篇鉴别总原则。

一、《木建筑鉴别总原则》

十八条。用最简单扼要的文字说明各种古代木建筑的特征。例如第四条："凡用四阿或歇山屋顶者，大多为宫殿或庙宇，民居均用挑山。"又如第五条："主要建筑物檐下多用斗栱，其斗栱大而疏者年代古，小而密者年代近。"

二、《砖石塔鉴别总原则》

十九条。第四条："塔平面方形者多为隋、唐、五代所建；但东北有少数金代方塔，西南有少数宋代方塔，清代亦有极少数方塔。"第五条："平面为六角、八角者多为五代以后至清代间所建，……"几句话已把鉴别古塔年代的基本方法告诉了读者。梁先生总是担心或许未收入目录的塔将被认为不重要而遭到破坏，所以最后一条(第十九条)称："凡塔几均为二三百年乃至千数百年古物，宜一律保护。"

三、《砖石建筑(砖石塔以外)鉴别总原则》

七条。第一条："石阙为古宫殿庙宇陵墓前之标志，现存者均为汉物。"第二条："石'祠'多为汉物。"第三条："北方石窟造像，多魏、齐、隋、唐物。"既列举了砖石建筑种类，又指出其年代。

次为《本目录凡例》，五条。向目录使用者说明：重要的文物古迹均有照片。凡有照片的文物古迹，编号用括弧括出。目录的编号和地图上及照片上的编号是一致的。用星数表示等级，最重要的为四星。梁先生又恐怕无星者将被认为不重要而遭到破坏，特意加一句："无星之建筑仍为重要建筑物，否则不列本录之内。"

此后为分省分县文物古迹目录，共四百处。每处写明名称、年代、所在地。例如：

****（三四八）佛光寺大殿七间立高台上，唐大中十一年建，国内现存最古木结构，殿内更有唐代塑像、壁画及题名，为我国古建筑中第一瑰宝。

在县城东北十三哩,豆村镇东北二哩半。

纵观全目录,深感梁先生能把这一繁重而急迫的任务完成得如此出色,全仗他思想缜密,考虑周详,方法科学,语言简明,非常适合对文物接触不多甚至从未接触过的人员使用,真是用心良苦!现在重读反比我当年校对时更加亲切,觉得有一股巨大的力量在推动他那不能站直的身子顽强忘我地工作。那股力量来自他那颗热爱祖国、热爱文物的心。每一页、每一行都闪耀着从那颗赤诚的心发射出来的光辉!

1993 年 10 月

原载香港《明报月刊》1994 年 1 月号

五十年前书画缘

1945年8月,日寇投降。9月,我从川西李庄来到重庆,随即清理战时文物损失委员会主任委员杭立武,副主任委员马衡、梁思成派我任该会的平津区助理代表,北上开展工作。当时缺乏交通工具,不知何日始能成行。恰好此时美国纽约大都会美术馆副馆长翟荫,持联合国教科文总部函件来到重庆,声称受委托来华了解战后文物损失与保护情况,希望获得批准访问成都、西安、北平等地,并盼有译员偕行。至于交通问题,美国空军不难解决云云。马、梁两先生建议由我任翻译,经杭立武同意,于10月初启程。

行前,我去沈尹默先生家请安辞行。由于沈老和舅父金北楼先生有乡谊,早年即订交,故1943年我初抵重庆即登门拜谒。次年在李庄,为求题先慈遗稿《濠梁知乐集》书签(图1)及"俪松居"斋额❶,也曾几次上书。因此沈老亲切地视我为子侄辈。他详细询问将如何开展工作,追还被掠夺文物,并予指示鼓励。同时他已知道兼士先生将兼任平津区代表,我正好在兼老直接领导下工作。

那天在沈老案头见到手书词稿,我特别喜欢其中的两首《踏莎行》,请求赐书在扇面上。幸蒙沈老俯允,命次日领走。

下录两词及题识:

　　草草杯盘,寥寥笑语,闲愁知有安排处。高花自在倚春风,无心低逐江流去。　蝶舞方酣,莺啼如故,青芜没尽门前路。此间信美不如归,为谁更向他乡住!

❶ 沈老书"俪松居"斋额,"文革"中连同紫檀镜框被抄,未归还。

图1 沈尹默先生题扉页

　　海国长风，山城苦雾，云情紫怨江头树。人间能有几多程？迢迢不断天涯路。　花底闲行，樽前小住，匆匆燕子来还去。寻常事已不寻常，年华总被东风误！

　　右调踏莎行。邕安将北归，持扇索书，且欲得此二阕，即如其愿与之。乙酉秋日，尹默。（图2）

　　两词当作于1942年前后，写出了寄居山城、有家归不得的心情。尽管含蓄隐约，也能感觉到对当政者的愤慨和谴责。"蝶舞方酣，莺啼如故"，是说国难当头，还在醉生梦死，歌舞升平。更为丧心病狂的是不全力杀敌，反残害自家抗日力量，岂不是"寻常事已不寻常"！正由于种种倒行逆施，误了全国人民的大好年华。

　　书扇之笔，看得出已颖退锋秃，沈老又在病目。而信手书来，似乎无可无不可，既精光外溢，又真神内含。于此可悟何谓随心所欲，已臻化境。

　　抵达成都，参观华西大学博物馆、访问几位收藏家后，翟荫提出走访张大千先生。我们驱车昭觉寺，在后院东北隅的画室里拜见这位大师。翟荫询问了不少关于敦煌的事，而大千先生感兴趣的却是文物清理工作，两个人说不到一起。直至1951年我读到陈万里先生的文章❷，才明白翟荫为什么对敦煌念念不忘。原来1925年美国华尔纳两次去莫高窟，企图大规模地盗揭壁画，翟荫就是此行的代理队长。因遭当地人民和陈先生的反对，才未能得逞。很可能大千先生了解翟荫的不光彩历史，只是未当面揭露，免使难堪而已。

我在大学读书时，和大千先生只在中国画学研究会上见过几面，他不可能还记得我。此次拜见，待知我将参加文物清理工作，立即另眼相看。这完全出于他对祖国文物的热爱。我取出随身携带的沈老书扇，他欣然即席挥毫，用砚凹余渖，霎时间把峨眉全景摄入尺幅之间。他题道：

> 五年前从渝州还成都，以寇警，飞机绕越峨眉两匝，得纵观三顶之盛。邕安先生将之北平，因写此以赠其行，并请

❷ 陈万里：《美帝偷劫敦煌壁画的阴谋》，载《文物参考资料》1951年第1期。

图2　沈尹默先生书扇

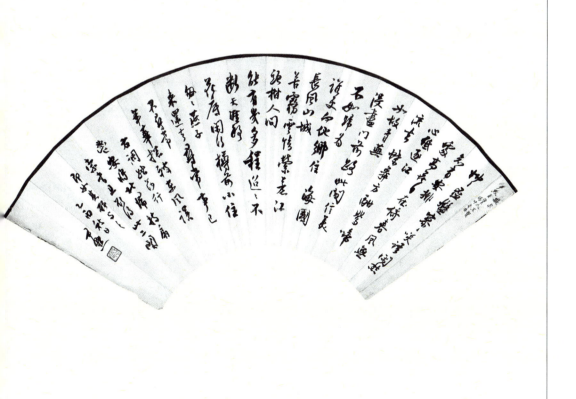

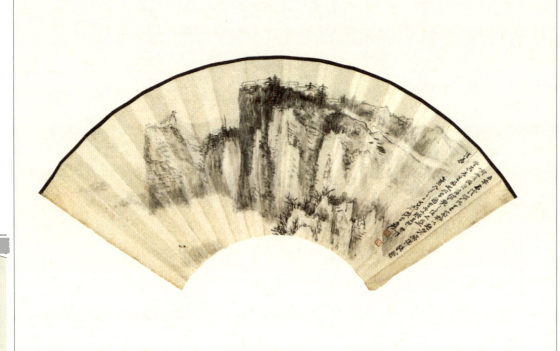

图3 张大千先生画扇

法教。乙酉九月三日蜀郡张大千爰。(图3)

大千先生的称呼实在使我这后生小子愧不敢当。只因我和他的关系不同于沈老,而他又格外谦挹的缘故。

扇中近景,只露山巅,上有桠杈丛树。迎面岭连成嶂,迤逦横开,有奔腾百里、上下千寻之势。山头林木间,三处露出屋宇,正是峨眉三顶。落笔简省,惜墨如金,却少许胜人多许,信是大千先生兴来之作。

法书宝绘,聚于一扇。因舍不得用,始终未上扇骨,只用绢帕包裹,存放箧中。幸而如此,十年浩劫,未随许多成扇,被人抄走。不然的话,也就不堪问了。

到今年9、10月,这段毕生难忘的书画缘将届整整五十个年头。哲人云逝,纸扇犹新,低回展读,对两位书画大师,不禁默然生深远的缅怀,肃然起崇高的敬意。

1995年7月

怀念溥雪斋先生

溥雪斋贝子（图1），一夜掷骰，府邸易主。买宅西堂子胡同，庭院深深，不下四五进，旁有园，前有厩，仍是京华豪第。再迁无量大人胡同一宅中院，已僦居而非自有矣。

1942年，雪斋先生在辅仁大学艺术系任教，拙编画论将脱稿，曾思趋谒求教。偶过其门，见家人护拥先生登车，颇具规仪，使我不敢再有拜见之想。

1945年自蜀返京，于伯驹先生座上识先生。时弓弦胡同常有押诗条之会，后或在先生家及舍间举行，论诗猜字，谈笑已无拘束。饭后忆先生为述往事。百年前太极宗师杨露禅在府护院时，绝技如何惊人。有异人入府，炫其术，桌上扣牌一副三十二张，任人翻看，张张是大天，被逐出。盲艺人代人守灵，忽闻谎报"诈尸"，惶恐中导致种种误会，令人发噱。单口相声有此段子，而先生娓娓道来，引人入胜，与相声雅俗迥异。一次宫中失火，飞骑往救。入宫门见院中白皮松被焚，树多油脂，火势甚炽。此时万万想不到先生竟喊出一句："那个好看！"以从未见过如此壮丽之火树银花也。以上足见先生语言艺术造诣极高，诙谐可爱。

无量大人胡同距芳嘉园不远，先生有时徒步来访。入门即坐临大案，拈笔作书画。得意时频呼"独！独！"。"独"为伯驹先生口头语，意近今日之"酷"。今存小帧兰草、山水、行楷等皆先生当时所作。荃猷画鱼，亦曾即席为补水藻落花（图2）。先生之天真可爱又如此。

图1 溥雪斋先生小像

过从渐多,始知诗书画外,先生擅三弦,伴奏岔曲子弟书。曾从贾阔峰学琴,荒芜已久,而心实好之。知荃猷从管平湖先生学琴,烦为弹奏。不数月,《平沙》《良宵》,先生已能脱谱,绰注无误。旋与查阜西先生、郑珉中兄游,琴大进。《梅花》《潇湘》等曲,皆臻妙境。于此又见先生之音乐天才。

六七十年来,先生无时无刻不寄情于文化、艺术,深深融入其中,其乐无穷,而家境则日益式微。60年代初,曾见先生命家人提电风扇出门,易得人民币拾元。为留愚夫妇共膳,命家人赊肉,并吩咐"熬白菜,多搁肉",使我等不敢、亦不忍言去。而此时窥先生,仍怡如也。其旷达乐观又如此。先生实为平易天真,胸怀坦荡,不怨天不尤人之真正艺术家。当年以仪表相人,大误!大误!

红卫兵猖狂时,先生携弱女出走,从此杳无消息,不知所终。一度欣闻无恙,谓先生匿身东陵,后知为讹传。

拨乱反正后,市文史馆为先生开会追悼,襄曾撰联:

神龙见首不见尾,
先生工画复工书。

殊不惬意,以先生书画早负盛名,尽人皆知,毋庸再及。顷以为不如易为"先生能富亦能贫",但终不当意,以未能道出先生可敬、可爱之性情品格也。

多年来，愚夫妇以为平生交往中，先生实为最使人感到率真、愉快的良师益友之一，至今仍不时想念。遇有赏心乐事、美景良辰、法书名画、妙曲佳音，甚至见到近日妄人俗子、荒诞离奇、弄姿作态、不堪入目之作，均不禁同时说出："要是雪斋先生在，将作何表情，有何评论？"于是蹯然一老，又呈现眼前。

雪斋先生，入我深矣！

图2 荃猷画鱼，溥雪斋先生补落花水藻

与伯驹先生交往三五事

一

1946年到1948年间，我曾几次应伯驹先生邀请，参加古琴雅集和押诗条聚会。那时他住在弓弦胡同一号，李莲英的故宅。会后他常留客人吃饭，不是筵席而是家厨备膳。有一道菜每次都有，深受大家欢迎，是任何饭庄、餐厅都吃不到的——清炒口蘑丁。中号菜碗，盛得八成满，一颗颗如小指肚大的口蘑，灰白色，有皱纹，并不起眼，可真好吃。别的菜尚未大动，它已被吃光。我更是刚端上来便先舀一大勺。

口蘑野生，产自张家口外草原，味道鲜美，远非其他菌类所能及。近二十年因生态遭破坏而绝迹，当年也因产量不多而十分珍贵。美食家多用它调羹或打卤，舍不得多放，清炒只有伯驹家才有。看来这是他爱吃的一道菜，不过请客时，他总吃得不多，很会照顾客人。回忆起来，我不免有几分惭愧了。

二

伯驹先生搬到后海南岸居住时，有一年元宵节后不久我骑车去看他，见案上放着一幅他画的兰花。我们从画兰谈到养兰。我说北方养兰不太适宜，家中虽无名种，普通的春兰却年年开花，我也就心满意足了。他问起北方养兰需要什么条件。我说从春暖到秋深，支一个架子,放在南墙背阴处就行了。入冬以后则须放入近似花洞子的地方。我的三间北房,只有正中一间有廊子,入冬后用竹竿、秫秸扎一个大拍子,糊高丽纸,把廊子封好。正中留门,挂棉门帘,地上不时洒水,这种温、湿度对兰花正合适。屋内热气多少会透些过来,入夜结薄冰,日出即化。放在这里的兰花,大大小小十几盆,都开得很好。每年须换一次从绍兴运来的土,换前须把根清洗干净并把坏死的修剪掉,晾干后再重栽。伯驹想了一下,认为现在他家不具备上述条件,也受不了换土的累。现在你既有兰花,先借一盆给我摆摆,开过即奉还。他立即叫女儿传彩骑车随我回家取兰花。我选了一个方盆的,已开、未开的有五六朵,用报纸围好,帮她捆在车座后架子上,带回家中。在此后的两三年,每年我都选一盆给他送去。

"文革"开始,我养兰花的条件也完了。上房三间和西耳房被四户挤占,我被塞到一间东耳房中。南墙被挤占户盖了小厨房,还堆了许多破烂。花盆砸成碎片。兰花也被扔进垃圾桶了。

三

传世名琴"松风清节",有雷霄监制款,曾是我的藏琴之一。郑珉中先生有《谈吉林省博物馆藏"松风清节"琴》一文,经过谨严而详审的考证,认为它当是北宋人造的唐琴赝品,刊登在《文物》1990年第2期。对其流传经过有如下一段文字:

> 这张"松风清节"琴,民国初年在北京琴坛上就是一件知名之品,为大兴冯恕所藏。冯恕子冯大生学琴于名琴师黄勉之门,"松风清节"遂出世并为琴家所称道,且皆以雷琴目之。冯恕死,"松风清节"琴于1948年出现在琉璃厂文物店中。适逢上海名琴家、"今虞琴社"社长查阜西来京会友,见此琴于张莲舫之"蕉叶山房",爱不忍释,愿以重金易之,因时局变化而未果。其后,此琴辗转为藏琴家"俪松居"主人所得。适北京大学举办漆器展览,因史树青先生而得借陈数月。60年代初,中州张伯驹先生主持吉林省博物馆,设法得之,入藏该馆。

经我回忆，此琴送北大展出系向古玩店暂借，数月后展览完毕始送至舍间试弹，经手人言明只收美金，不能低于四百元。倘回忆不误，可为珉中兄大文做一小小修正。

在荃猷试弹此琴之前，故宫博物院已派我接受美国洛氏基金会奖学金赴美国、加拿大两地参观学习博物院一年，于1948年6月成行。荃猷试弹不久，因家中无此款项，只得请经手人将琴取回。惟行前我找到先慈所遗外国银行存单一纸，存额为三百四十余美元。该行在京业务早已结束，故不知存单是否能在国外兑现。抱着不妨一试的心情，我携带存单赴美。

在美见习博物馆的第一站是甘泽滋城❶的奈尔逊艺术馆。东方部主任史克门先生，30年代初在北京学习中文时，他母亲在美国学校教书，是我的班主任，因此对我相当了解。当我拿出存单给史克门看时，他认为兑现不应该有问题。不几天他便把钱取出来了。

买"松风清节"的钱总算是有了，不过怎样才能送到荃猷的手中呢？汇款或许根本不能办，至少是非常麻烦。想了许久，想出一个冒险的办法，但必须把具体办法先告知荃猷才行。且很可能有风险——邮件丢失，美钞便一下子化为乌有。但当时我对该琴的占有欲很强，冒险也在所不惜。

我的办法是用两块双面糊纸、中有波浪式起伏纸作夹层的纸板，作为寄照片的夹板。将美钞卷细，塞入波浪式孔中，夹板沿边再用纸条封口，然后送邮局寄出。

我待收到荃猷回信，知道她已完全了解我的寄法时，才把照片寄出。不到一个月收到回信，经她撕开纸夹板，美钞一张也不缺。

荃猷与经手人几次洽谈，琴价以三百美元、佣金三十美元成交。这一经过最近我才告知珉中兄。他笑着说："你可赔了。1948年的三百三十美元比1960年的一千元人民币价值要高。"我说根本没有想到这一点，美钞没有寄丢，就够幸运的了。

"松风清节"入藏吉林省博物馆是经过伯驹先生的介绍。在馆方认为该琴确实流传有绪，雷制虽未必可信，但至少也是北宋名琴，且音响松、古、清、脆兼而有之，故入馆后定为一级品，在我与荃猷则认为它虽是千年名琴，但音响毕竟不能和已有的"大圣遗音"

❶ 今译堪萨斯市。
——编注

相比，因此不惜出让。

若干年后，我没有想到在发还抄家时运走的旧纸捆中居然发现伯驹先生当年从吉林省博物馆写给我的信，已成为有收藏价值的文件了(图1)。

我和伯驹先生确实在古琴方面有一些因缘。因此前些年曾误传我向他下跪，求让一幅元人名画，好用它交换唐琴"九霄环佩"。传闻纯属子虚，也算事出有因吧。

四

1995年5月黄永玉先生出版画册，我最喜欢页113题为"大家张伯驹先生印象"一幅(图2)。1982年年初，永玉兄于西郊邂逅伯驹先生，此后不久伯驹先生逝世，迨1991年始画此小影，故曰"印象"。虽相隔近十年，而绘貌绘神，精妙绝伦。永玉兄固有传神

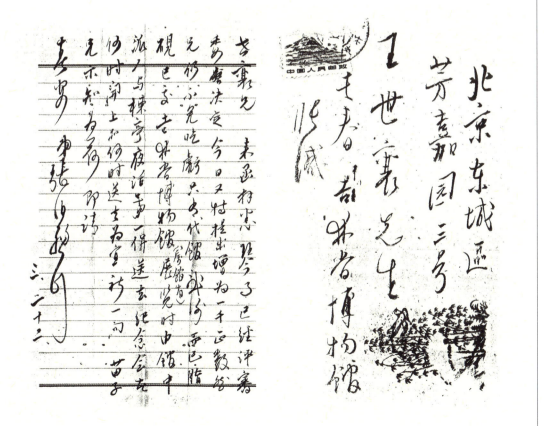

图1 张伯驹先生写给作者的信

图 2 大家张伯驹先生印象（黄永玉作）

之笔,伯驹先生之形象亦感人至深,使崇仰者一见即终生不忘。

"印象"上方有密行小字长题,中云:

> 某日余偕妻儿赴西郊莫斯科餐厅小作牙祭,忽见伯驹先生蹒跚而来,孤寂索漠,坐于小偏桌旁。餐至,红菜汤一盆,面包果酱,小碟黄油二小块,先生缓慢从容,品味红菜汤毕,小心自口袋取出小毛巾一方,将抹上果酱及黄油之四片面包细心裹就,提小包自人丛缓缓隐去。……老人手中之面包即为其夫人(潘素)带回者。情深若是,发人哀思。

实在使人难以想象,曾用现大洋四万块购买《平复帖》、黄金一百七十两易得《游春图》,并于1955年将《平复帖》及《张好好诗》卷、范仲淹《道服赞》卷、蔡襄《自书诗》册、黄庭坚《草书》卷等八件国之重宝捐赠给国家的张伯驹先生、夫人竟一贫到如此地步。故永玉兄在长题中有如下的论断,当然更是赞颂——"富不骄,贫能安,临危不惧,见辱不惊,居然能喝此蹩脚红菜汤,真大忍人也!"

永玉兄邂逅伯驹先生已不是他最困难的时期,每月文史馆发生活费,否则连蹩脚的红菜汤也喝不上。伯驹最困难时期在1969年被送往吉林舒兰县插队,拒收后只好返回北京,没有户口,成为无业游民,连粮票都靠亲友匀凑,直到1972年才受聘于中央文史馆。

在1969年到1972年最困难的三年中,我曾几次去看望他。除了年龄增长,心情神态和二十年前住在李莲英旧宅时并无差异。不怨天,不尤人,坦然自若,依然故我。有两次记得比较清楚。

一次伯驹先生独自坐棋枰前打谱,我因对围棋一无所知,怕打扰他,不久即告退。

一次他对我说:"我们为某某画的枫菊图,你题后他又拿给我们看。诗作得不错,颇合我意。"我说:"蒙您许可,荣幸之至。但格调不高,惭愧,惭愧。"所谓"某某"是丛碧词社的社友,因不太熟,已想不起他的姓名了,题诗是:

银锭桥西宅不宽,
黄花红叶耐霜寒。
分明自写双清影,
寄与词人作画看。

五

1973年我从咸宁干校回到北京,在发还抄家时拉走的旧纸捆中,居然发现舅父西厓先生当年寄给我的《刻竹小言》稿。我立即开始整理增补,至1975年完成。时舅父年事已高,亟望见其面世。但当时出版十分困难,只得油印一册。但字迹不甚清晰,殊不惬意。于是又手抄一册,并请当代名流题词。有惠孝同、启元白、张伯驹、黄苗子、黄君坦、蓝玉崧、李一氓七家。字大醒目,便于老人观看,惟以图式不能附入为憾。

伯驹先生题七绝两首(图3):

法书宝绘出穷奇,
竹解虚心是我师。
应笑封侯班定远,
不知铁笔胜毛锥。

平居最爱碧琅玕,
别有风神点画间。
削刻羞为刀笔吏,
肯教书罪磬南山。

丙辰春题畅庵(安)词兄刻竹小言,中州张伯驹时年七十又九。

为人题词,因人而异,或因书而异。有的切合原书内容,加以评议,有的只稍有关联,点到即已,随即脱离主题任意发挥己见。伯驹先生题诗属于后者。他平生对个人的臧否祸福,从无一语道

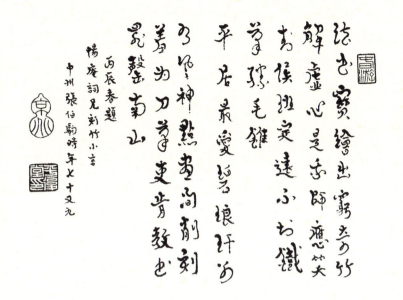

图3 《刻竹小言》
伯驹先生题词

及,但关于华夏文化、祖国人民的生死存亡,关怀至深。对国家的行政举措是合情合理还是倒行逆施,更能清醒辨认,爱憎分明。第二首末两句用"罄竹难书"的典故,显然是对"文化大革命"的发动和"四人帮"肆虐作乱,把国家推到了崩溃边缘的严厉谴责和声讨。

无独有偶,卷末李一氓前辈的题词也是借题发挥:"喜见北军收产禄"是说"四人帮"的覆灭。这位曾跟随孙中山先生参加北伐的老革命家,还兴高采烈地讲到参加天安门庆功游行,和出身完全不同的张伯驹先生爱憎心情竟完全一致。可见"文革"之不得人心而终被完全否定了。

怀念张光宇教授

整理书架,发现一本掉在架后已经受潮的书——《张光宇插图集》(人民美术出版社,1962年5月出版,图1)。打开封面才想起里面还有他手写的一首诗。

可能当时光宇先生觉得中央工艺美术学院的宿舍出入不甚方便而想换一个地方住,恰好芳嘉园中院西厢房我存放家具的地方被逼得非出租不可,与其被房管局安排一家不知是什么样的人来住,不如请和我及住在东厢房的苗子夫妇说得来的光宇先生搬进来。

60年代初北京市想出了一个没收私人房产的政策,凡出租在十五间以上的,房产由北京市管理,在几个月之内原房产主可以拿到百分之二十的租金(大致如此,具体的规定已记不清)。在此之后,房产归公,也就是被没收了。我父亲有一所已经租出的房在东单洋溢胡同,不到十五间,再加几间才符合改造规定。因此房管局、派出所、居委会联合起来一再动员我出租西厢房,如不同意,便以在这里办街道托儿所或街道食堂相威胁。我作为一个出身不好的旧知识分子,哪敢违抗,何况还戴着"右派"的帽子。只好把多年收集到的家具堆置北屋,西厢房腾空请光宇先生入住。房管局因为已达到没收洋溢胡同及芳嘉园东、西厢房的目的,自己请人入住,也就高抬贵手,不复深究了。

光宇夫妇入住后,芳嘉园中院赢得了几年和谐安静。院子虽不大,说起来到现在还有人怀念。前院正厅的东耳房打通成过道,直通中院。一进来是一道刷绿油漆的竹栅栏,爬满了荼蘼。东厢

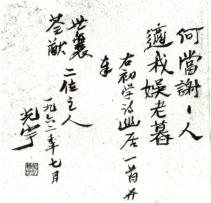

图1 作者收藏的《张光宇插图集》及上面光宇先生的题诗

房前一架藤萝,老干走龙蛇,已饶画意。正房三间,左右有两棵百年以上的海棠树。东边一棵已枯死,四根大干被我锯成二尺多高的桩子,从山货店买了一片径约一米、盖酒缸的青石板,像车轮一样,被我从店里推滚到家,摆在海棠桩上,成了一个圆桌面,大家都到此桌喝茶。桌后沿着屋基有一窄畦长不高的宽叶矮竹,和故宫御花园种的一样,都是从城北一位老园艺家园中移植的。西厢房前有一株太平花,还有两棵十分罕见、单瓣如盘,中心却花蕊繁密的芍药。荃猷曾如实把它镂成刻纸。院子南端有粉墙把前院隔开。墙阴架上放着一二十盆兰草,地上种了一行夏日盛开的玉簪花。阶旁砌下还有不少瓦盆瓷钵栽的小花小草,都是荃猷从街上提回来的,此谢彼开,总有笑脸相迎、惹人喜欢的花朵。

院子正中放着一盆古柏,树龄已有一百几十岁,是我从黟县故家买回来的。它和文徵明在一个手卷上画的一棵十分相似,可谓巧合。为了把它运到杭州乘火车回京,必须买到黟县长途汽车司机旁的两个座位,才有地方放这盆古树。为此我排了一通宵的队才买到车票。朋友们到了芳嘉园,总要围着柏树看两圈才走开。光宇先生因为对这样的庭院感兴趣,不常写诗,也即兴来了一首。

说到芳嘉园的来客,大都三家主人都认识,往往为了访一家,同时又访另两家。或听见来客的语声,不待分别拜访,三家已凑在一起了。当年常来我处并曾在我大案上作画的北京画家有溥雪斋、惠孝同、陈少梅、张光宇等先生。南方画家有傅抱石、谢稚柳、唐云等。不作画只聊天的有常任侠、向达、王逊、黄永玉诸公。有人开玩笑说芳嘉园来客不妨借用《陋室铭》两句:"谈笑有鸿儒,往来无白丁。"和谐安静到了"文化大革命"而终止。街道红卫兵一进来先砸烂这院子,一架葫芦,几年都长势欠佳,惟独此年特好,架子被拆掉,未长成的嫩葫芦揪落满地。所有盆花,包括墙阴的兰草都被扔进垃圾桶。这只是破四旧的第一天,此后便不用再说了。值得一提的是大门上还被贴上一副对联:"庙小妖风大,池浅王八多。"它恰好和《陋室铭》的两句相映成趣。"文革"就是如此,又何必认真呢!

写到这里,必须回到主题——怀念光宇先生。他是中央工艺美术学院的教授,装饰艺术专家,为学院培育了许多有成就的艺术家,旅美画家丁绍光就是他的高足。他在美国成名后,几次回国,举办讲座,宣扬光宇先生的创作和教学的特殊功绩,还成立光宇先生奖学基金会来纪念恩师。校长张仃先生为《张光宇插图集》写的序言最后一段,可视为对先生的艺术成就一个全面而准确的评价。录引如下:

> 光宇的装饰艺术,主要是服务于其艺术思想与艺术内容的,四十余年来,他的装饰艺术的语言,涉及许多画种;他从事漫画、插图、装饰画等,题材有历史的、有现代的。他既重视生活,又重视传统;既未如照相机似的照实描写,又非食古不化。光宇的艺术语言,一直是新颖别致,富有魅力。他是我们同时代中,最值得深入研究、最具有独创性的装饰艺术家。

集美德于一身

荃猷是一个安于平凡的人，她从来没有表示或让人觉得想卓越不群、出人头地。但她又是一个很不平凡的人，不平凡在处世接物，不论是师长同侪，亲疏老幼，总是不假思索地坦诚相待，没有丝毫城府机心，甚至明知名利所在，还主动让人。纯洁的本性，又具有爱祖国、爱人民、爱文化、公正坚强、勤劳不怠、耐苦耐劳、一丝不苟等众多优点，所以用集美德于一身来概括了。

荃猷是在她祖父身边长大的，从小请家馆讲授国学，还从汪孟舒先生学书法、绘画和古琴，后又得到管平湖先生的传授。她爱好艺术，常去图书馆借阅书画、古器物以及敦煌、云冈、龙门等洞窟的图录，在当时的大学生中是不多的。她对祖国对人民对传统文化的爱，增加了对帝国主义、侵略者疯狂地掠夺盗窃、破坏中华瑰宝的恨，在这一点上是和我完全相同的。

我在燕京大学研究院就读时，曾辅导荃猷编过一本中小学国画教材，因而相识。1943年离京南下，行踪未定，很少通信。到达李庄后，特殊的环境，密聚的学人，可叙之事渐多，书信也频繁起来。次年11月，经马衡、梁思成两先生推荐，任清理战时文物损失委员会平津区助理代表，回到北京。荃猷对我的工作十分赞同，尽力支持，认为正是一个中国人应该尽力去做的，可以说二人志同道合。

我和荃猷于该年岁末结婚。按说新婚燕尔，总有一个所谓的蜜月，但直到我离京赴日，整整一年中，我们都一心放在侦查追缴文物上。当我将德侨杨宁史非法购买的青铜器目录抓到手中，并

图1　与老伴袁荃猷合影于芳嘉园北屋窗前

把编写图录的德国学者罗樾带到天津与杨对质，使杨无法抵赖时，荃猷和我一样地喜悦兴奋。又当杨谎称"铜器存在已被九十四军占领的天津住宅中，尔等可以去寻找查看"，而九十四军竟不予理睬，多次拒绝进入，致使工作受阻，陷于停顿，荃猷又和我一样忧心忡忡，束手无策。幸有德高望重的朱桂老（启钤）运筹帷幄，给我制造面陈宋子文的机会，一下子把接收杨宁史铜器和收购郭觯斋藏瓷都圆满解决了，使我们额手称庆，欣喜不已。此后又收回溥仪遗留在天津张园的珍贵文物和细软，为故宫博物院增添了三大项稀世之珍，达两千余件之多。总之荃猷对我追回文物全力以赴的工作作风和大公无私的爱国精神完全清楚，十分赞赏。❶

正因如此，"三反"运动把我关在东岳庙逼供四个月，查不出任何盗窃问题后，又把我解送公安局看守所。随即来了一次抄家，把我历年购买的文房杂项、漆器标本等连同我的购物登记清单（购买地点、价格、日期、发票等一应俱全）全部抄走。经与出售者一一核对，没有发现任何违法问题，又将查抄物品及清单送还。此后荃猷曾去看守所要求见负责人。接待她的可能就是负责审讯的老班长。荃猷慷慨陈词，面不改色，讲述我1945年至1946年追回文物的日

❶ 以上经过均见《回忆抗战胜利后平津地区文物清理工作》一文。

日夜夜,包括派往日本从东京运回一百零七箱善本书等。老班长见她侃侃而谈,似乎也有所理解,心平气和地对她说:"我们不放过一个坏人,也绝不冤枉一个好人,你可以放心回去。"荃猷能如此理直气壮,面对狱吏,一个家庭弱女子实难做到。这是因为她对我的思想行为有彻底的认识,才有充分的自信心。行动完全出于正义感而不是夫妻关系。以上的经历我在看守所当然一无所知,是释放回家后才听她说的。

看守所释放后,我治疗肺结核一年,被民族音乐研究所收容,任副研究员。次年荃猷也到音研所工作。她虽能弹古琴,外宾来所参观,想听一听古琴音韵,倘有请求,她也能演奏几曲,但因没有受过音乐学教育,故只能做一些有关中国音乐史的资料工作,渐渐走入国外所谓"音乐图像学"的范畴,致力收集乐器以外一切与音乐有关的形象。从编写《中国音乐史参考图片》开始,搜集渐广,制成幻灯片数百张,编成专辑,成为各地音乐院校讲授音乐史的重要参考材料。在收集过程中,也常发现舞蹈形象,她总是主动提供给王克芬、董锡玖等舞蹈学家。乐器形象纂辑成书,她是主编,当知一位参与者为评职称亟须有一本领衔的出版物时,荃猷主动辞让。出版社来电核实,她回答"名次经大家商定,请勿更改"。类此之事,如荃猷在世一定不同意我把它写下来。

根据荃猷的摹绘技能和我们对洞窟艺术的热爱,又可收集到丰富的音乐形象材料,音研所打算派我们去敦煌工作一年。因我被划为"右派",党员开会,作为惩罚,取消敦煌之行,并把我从研究室降到资料室。会上有几位面有喜色,也不知喜从何来。

荃猷受了我的牵累,否则以她浓厚的鉴赏兴趣,灵巧的摹绘双手,益以专心执着的研究,应当会有所收获,说不定还会改变我们后半生的工作和生活。不过不去敦煌和下降资料室都无所谓,要知道凡有一定的工作能力,锲而不舍的精神,又天佑不短命的人,放在任何地方都会出成果。幸灾乐祸是徒劳的,妒才嫉能不能提高自己,而只会激励受不公正待遇的人更加刻苦勤奋,笑到最后。

1988年荃猷退休,返聘在家工作,编《中国音乐文物大系》。这是获国家图书奖的皇皇巨著,当然奖是发给有二三十卷之多的全书。她编的是第一册《北京卷》,最先出版,如果没有科学的体例、翔实的内容,会影响全书。她很谦让,主张所有条目都由文物所在单位的同志编写,并拟定按字数计算稿酬。不料一时疏忽,统计有误,而稿酬已统一领到。她为符合定例,情愿自费弥补。编书贴钱,一时传为稀有之事。

荃猷深明大义,在工作上对我的帮助,尽人皆知。思想上的帮助尤为重要。我被文物局、故宫开除后,她提出一定要坚强,对能否坚强的道理,更是一语中的。她说:"坚强要有本钱,本钱就是自己必须清清白白,没有违法行为,否则一旦被揭发,身败名裂,怎还能坚强?!你有功无罪,竟被开除公职,处理不公问题在上级,因此我们完全具备坚强的条件。"我们从此时起探讨选择今后要走的一条正确人生道路。不到两年,又遭错划为"右派"的打击,实际上是又一次颠倒是非黑白、不公正不光彩的政治运动,这更增强了两人的坚强意志,并促使我们明确了走自珍的道路。近半个世纪的恪守,总算得到了世人公正的认识和承认。有目共睹,没有必要自我介绍了。不过对顽固不化、死不承认他人成就的人,还有必要再说几句。

我在故宫工作时,从未想著书立说,一心做博物院的基础及事务工作,确实有自我牺牲的精神。经音研所收容后,才有显著的转变,即上班时做所中工作,下班后做对人民对文化有益的工作。即使被周边无知的人诬为"一本书主义",甚至"右派放毒",也不气馁。第一项就是为朱桂老手授的《髹饰录》作解说。从1954年起到2003年冬荃猷逝世,近半个世纪,共编撰出版近四十种书,其中每一种她都付出了精力和劳动。凡与文化、艺术密切有关的,我们力求完善。即使涉及民间习俗、玩好游乐之作,亦不草率从事。例如编印《蟋蟀谱集成》,用木刻本复印制版,中多漫漶不清之处,一千余页,每页均须墨笔修补,粉笔遮涂,相对操作,乐之不疲。它如为蓄养鸣虫葫芦之书绘图,意在不使我国独有之范匏工艺湮灭失传。悬鸽之哨,详绘牢系之法,形制之异,书中部分有英译,国外购者竟不少于国内。有望和平之音,响遍全球。类此琐屑之作,荃猷亦乐为之。

最为繁重且经过较长时间的自学练习始能胜任终又备受赞誉的,是荃猷为我的几种明式家具专著及论文绘制的线图,总数几近千幅。她因根本没有用过制图笔(通称鸭嘴笔),且在我收集研究明式

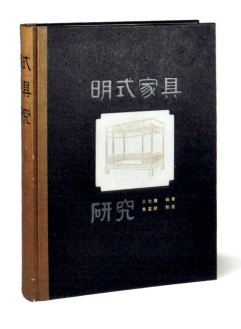

图 2 《明式家具研究》2007 年再版本封面架子床线图即为袁荃猷据艾克《中国花梨家具图考》绘制。右为袁荃猷绘门围子架子床原围子 90°相交部分示意图

家具之前,她并不了解其造型及结构。为介绍当时尚不甚为人重视而其中却蕴含着极高的造型艺术的明式家具,必须广事搜集不同品种、造型的实物。个人收藏,有发表出版权的自然有限,采用他人所有或已经出版的器物,必须将其改成线图方能采用。此为能否出版必须首先解决的问题。且只有制成线图,纵横结构,阴阳榫卯,才能使读者一目了然。为此我曾延请工艺美院家具系毕业的高才生及家具厂家的绘图师,但所绘均难符合要求。荃猷则竭尽全力,从头学起,勉强承担这一任务直到能完全达到要求。《明式家具珍赏》及《研究》两书出版后,译成英、法、德文字,不胫而走,风靡世界。

　　家具是和人体接触最多的日用品,惟天下事物往往因太经常同处反被忽视,而不去仔细观察分辨其中迥不相同的形形色色。"明式家具"在 20 世纪中期才有人提出这个名称。待进一步探索,才惊讶地发现其品种之众多、功能之齐备、用材之考究、工艺之精良;而更加震惊世界的是其主流竟崇尚简练纯朴、静穆自然,从繁琐堆砌造型中解脱出来的西方艺术家们不得不承认其先驱却是三四百年前的中国工匠。再进一步探索,明式家具同样有精心设计、雅而不俗、雕琢精细、攒斗巧妙的花纹图案。这是明式家具征服世界的主要原因，拙作主要用文字来诠释讲解，倘没有荃猷不辞辛劳手绘的多幅线图，很难让人欣赏感受其风格和神韵。

明式家具的脱颖而出，好像艺术世界发现了新大陆。收藏家、博物馆、文物经营者大约在1985年至1995年间展开了席卷式的搜寻，如水银泻地，无孔不入。美国加州中国古典家具博物馆就是在这期间搜集到约一百件精品。此后，来源渐呈枯竭，但又兴起复制仿旧的热潮，在我国家具制造业中一直占有重要位置，到现在已遍地开花。

2003年，荷兰克劳斯亲王基金会授予我最高荣誉奖。王子约翰·佛利苏说："王先生的创造性研究已向世界证实了：没有他，一部分中国文化还会处于被埋没的状态。"基金会会长安克·尼荷夫女士说："王世襄对于中国家具设计技术和历史研究久负盛名，他的收藏使世界各地的博物馆、手工艺者和学者都得到鼓舞。这些收藏成为国家级文化遗产珍宝。"所谓"他的收藏"，指的是1993年我和荃猷为了使几十年收集到的七十九件明式家具入藏上海博物馆，永久陈列，供人研究欣赏，情愿以十分之一的价格让给香港的爱国人士庄先生。条件是购者必须全部捐赠给上博，自己一件也不能留。让与购双方的爱国行动，一时传为佳话。荃猷有言，物之去留，不计其值，重要在有圆满合理的归宿。终生固守，实非智士达人。

当荷兰克劳斯亲王基金会通知我获奖时，荃猷已在医院，病危而神志清醒。待得知还有十万欧元奖金时，她和我竟异口同声地说："全部奖金捐赠给希望工程。"可见她在弥留之际，尽管对过去的不公正遭遇感到遗憾，但还是爱国家、爱人民、爱文化，说出了希望更多的儿童能上学的良好祝愿！

由于荃猷安于平凡的本性，总是谦挹退让，从不出头露面，前来访问者，偶或询及"贤内助"，总是退避他室，连称"不足道、不足道，无可奉告"。但她爱憎分明，遇有不平事，挺身而出，据理力争，与前判若两人。她思想行动，公正无私，无不益人而非利己。工作认真负责，一丝不苟，学习勤奋，永不懈怠。凡此均为美德。美德源于本性，形成动机，可据其诚实与否辨真伪，而不宜以成就大小论业绩。今以《集美德于一身》怀念荃猷，她地下有知定又谦让而拒不接受。惟事实尽在，允当之而无愧也。

没做亏心事　不怕鬼叫门

在我一生中，包括故宫除名后到音乐和文物研究所工作期间，少则一周，多则旬余，不是我去看季黄(朱家溍)，便是他来看我，所谓物以类聚是也。只有在"三反"期间，睽违长达两载。我先获释，此后不断询问，半年后始知季黄平安回家。久别重逢，我向他提问："日寇投降后我因追回大量重要文物，被诬为'盗宝犯'，调查澄清自需时日。兄并未涉及，何以会拘留更久？"此时四嫂及女儿等均在家，她们已预感将听到季黄回忆往时的有趣故事了。

季黄从辅仁大学毕业后说起：

"离开北京沦陷区，南下谋生，经介绍在重庆粮食部门工作。曾申请加入国民党，获得批准。又因年富力强，必须参加类似军训的干训班。日寇投降，回到北京。故宫博物院马衡院长任命我为编纂。解放后，我立即向故宫党委会交代国民党、干训班两个经历。'三反'运动中，当然也逼我交代盗宝问题，我无可奉告。而上述两个经历，也成了严重问题，反复调查核对，始有结论，以致延长拘留时日。

"川中粮食仓库以防火、防雨为工作重点，故干训班每日练习爬绳，缘之直上六七丈，以秒表计速度。我升若猿猴，降如坠果，面不改色，班中居首。又因自幼钟情京戏武生，在渝期间，清晨练习起霸及刀枪套路，搣腰耗腿，不觉移时，观者侧目，认为我身怀武艺，非常人所能及。更因曾蒙武生泰斗杨小楼先生许为可教之才，收为弟子，故学习更加刻苦，每日上班前，经过景山公园，先觅偏僻所在，

图1 朱家溍在家中
（朱传荣提供）

一招一式，温习揣摩剧中人物，力求神似，常有游人驻足围观。

"故宫职工，当时爱京剧者，大有人在。演员及文武场，人才济济，已具组班条件。神武门门楼，东为戏台，西为座椅，可供公开义演。时值抗美援朝，售票所得，全部捐献国家。两三年内，演出不下二三百场。主演节目有三四十出，如《青石山》《长坂坡》《挑滑车》《拿高登》《铁笼山》《湘江会》《阳平关》《金锁阵》《摘缨会》《连环套》《恶虎村》《落马湖》《八蜡庙》《八大锤》《镇潭州》《连营寨》《麒麟阁》《攻潼关》《摇钱树》《红桃山》等等。其中有专业演员视为畏途者，而我尚能胜任，获得好评。不料由于一技之长，竟招致误导讹传，认为我有飞檐走壁之能。'三反'中引来一场周密计划，兴师动众，如临大敌，步步为营，捉拿朱家溍的可笑闹剧。"

季黄此时问我："你从东岳庙回家后，是怎样被抓送公安局看守所的？"我说："回家后两天，派出所通知前往问话，进门早有两人等候，把我铐上手铐，雇了三辆三轮，押送前门内路东朱红大门的公安局。"季黄兄大笑道："抓送我的规格可比抓送你大得多了。"这时四嫂等都笑了，知道将有精彩表演可看了。

季黄接着说："拘捕我可是二三十人编了队，开了三辆吉普来的。特工人员从炒豆胡同大门进入，每进一道门就留两个人把守。越过两层院子，进入中院，正房和两厢房顶上早有人持枪守候。"这时我插话："看这个阵势，知道的是拘捕朱家溍，不知道的以为是准备拍摄捉拿飞贼燕子李三的电视剧呢。"一下子又引起一阵笑声。

季黄说："那天傍晚，我刚洗完澡，坐在床上，尚未穿好衣服，两脚也未伸入鞋中。忽听见院中有人声，破门冲进两人，立刻把我铐

图2 为纪念杨小楼先生诞辰一百一十周年演出《长坂坡》，朱家溍饰赵云（朱传荣提供）

上手铐,并叫我跟他们走。我因两手不能下伸,提不了鞋,忽然想起林冲在某出戏中（戏名可惜我忘记了）的两个动作,可以采用。我立在床前,像踢毽子似的,先抬右腿,以鞋帮就手,伸指把鞋提上。再抬左腿,重复上述动作,把左脚的鞋提上。"做两个动作时,口中发出"答、答"两声,是用舌抵上膛绷出来的,代替文场的家伙点儿,缺了似乎就不够味儿。两个动作做完后,季黄问大家:"你看帅不帅？边式❶不边式？"一时大家笑得前俯后仰,说不出话来。

　　这时四嫂讲话了:"今天的表演就是那年拘捕他时的片段重演。现在逗大家一乐,自然非常轻松。不过遭到拘捕,谁遇到都会紧张惶恐,不知所措。而季黄却坦然潇洒,居然还有心露两手调侃玩闹,实在太不容易了,太难做到了。他何以能如此,我看可以用两句俗话来解释。那就是:'没做亏心事,不怕鬼叫门！'"

❶ 边式,指演员在舞台上表演,身段漂亮,动作干净利落。——编注

萧山朱氏捐赠明清家具之厄
和承德避暑山庄盗宝大案

1982年前后我根据照片、笔记、草图写了一篇《萧山朱氏旧藏珍贵家具纪略》刊登在1984年《文物》第10期。照片拍摄早在1959年冬，专为《明式家具研究》一稿搜集实例，故不拍清式家具。当时只有黑白底片，我请到大北照相馆刘光耀师傅，两人各乘三轮拉着照相机和自制灰色背景布及木框架，前往炒豆胡同季黄兄（家潛）家，拜见朱伯母并请求准许将家具抬到院中拍摄。

"文革"中朱氏家具和其他藏家一样，全部被抄。拨乱反正后，大部分发还。时朱伯母和豫卿兄（季黄长兄家济）已逝世，炒豆胡同前、中两院归某机关所有。后院狭窄，家具无法存放。朱氏昆仲（家溓、家源、家潛）毅然决定将全部珍贵家具捐赠承德避暑山庄。我为此化私为公义举深受感动；而山庄缺少室内陈设，朱氏家具入藏将大大增色，故亦庆其得所。

1982年《明式家具研究》脱稿，将由文物出版社、香港三联书店联合出版。但香港三联认为在《研究》问世之前，宜先编印一本全部为彩色图版的家具图册，对《研究》之推广更为有利。其意甚坚，于是我又着手编写《明式家具珍赏》一书。我遍访京、津公私藏家，力求拍摄不同品种及造型的明式实物。朱氏旧藏亦在入选之列，为此遂有承德之行。

我持介绍函到达承德避暑山庄，发现朱氏家具陈设在澹泊敬诚殿等处，仅有明紫檀架几案、乾隆蝠磬纹罗汉床及清式扶手椅等三五件。接待人员称余均在库房。我要求前往一观，刚进门便大吃一惊。多年来认为最典型之明式坐具又最能显示明代神韵的紫檀坐墩,竟缺少一块牙子。库房一角,堆着几件纹饰一致但认不出是何器物,仔细一看,原来就是曾放在朱氏书斋的乾隆紫檀叠落式六足画桌。因遭支解,一分为三,几桌分置,故一时未能认出。

此桌原为海公府物(姓富察氏,名海年,乃乾隆时期以武功显赫而位极人臣的福康安之后),是一件经过特殊设计的用具(图1、图2)。我在《纪略》文中写说明如下:

> 桌面 159×77.5 厘米、高 88 厘米;
> 长几高 95 厘米、短几高 105 厘米。

> 此桌由一桌两几构成一器。桌面大小接近一般的画案。右侧高起,是为长几,其长和桌的侧面相等,宽约 40 厘米、高 95 厘米。左为短几,其半占桌面的一角,借桌足为几足;另半迤后,只有两足着地,高 105 厘米。几面下设小抽屉一具。使用时短几一侧可靠窗安放。如为北房,人宜面西而坐。长几上可摆放文房用具及卷轴图书。左侧短几可陈置瓶花盆树,供果香炉。因短几迤后,不致遮挡光线。妙在文具陈设,备于一桌,观赏取用,左右逢源,而桌面却可荡然不着一物。

> 画桌用上好金星紫檀,以直材及攒接的方形拐子构成骨架,周身则铲地浮雕回纹,故质与文得到高度的统一。桌及几面均髹黑漆,周匝起宽而扁的拦水线。按养心殿造办处木作曾于雍正年奉旨制作叠落紫檀木器,见内务府档案。惟在故宫家具中尚未发现实物。此桌高低起落,所谓"叠落式"当即如此。

这件独出心裁、堪称一绝的紫檀器因运输中惨遭野蛮装卸,枨榫断折,以致一分为三,遭严重破坏,实在令人痛心。

库中还有一件乾隆御制紫檀四开光坐墩,瘦而高,乃清代标准形式,雕西洋番草花纹,接近"洛可可"式。原本完整无缺,也遭灾厄缺了一块牙子(图3)。再看库中其他朱氏所赠,不少件有不同程度的划伤开裂。各件修复后始能拍照,工程浩大,故收入《珍

《赏》的计划只好作罢。

离开山庄之前,库房接待人员在我的一再询问下,说出了家具遭受损坏的原因和经过。

1974年园中领导得知朱氏捐赠家具,派司机(姓名已记不清)开一辆有篷布卡车去京运回,经过兴隆,在客店吃饭,有人和司机商谈,希望卸下家具为他们跑五天运输。交易谈妥后,司机把卡车上的家具全部卸下,堆在客店院中,只把篷布盖上,并未找人看守。五天后,把家具装上车,开回承德。因起运时木缠草绳或其他包扎,上下车时又野蛮装卸,致使家具损伤开胶,脱落的牙子也被人捡走。为了不可告人的不法收入,使这批珍贵家具遭受祸灾。我听说后为之发指。回京后告知季黄兄,他面色突变,半晌说不出话来。长叹一声:"没想到捐赠竟送进了屠宰厂!"我曾向关心文物的同志反映司机违法之事,但无人出面主张立案追查。

文物出版社承担编印的《中国美术全集》中有《竹木牙角器》一卷,由季黄兄和我合编于1986年。其中所谓的"木",就是家具。

图1 乾隆紫檀叠落式六足画桌(朱传荣提供)"左侧短几可陈置瓶花盆树,供果香炉……文具陈设,备于一桌,观赏取用,左右逢源,而桌面却可荡然不着一物。"

图2 六足画桌的局部,可以看到桌及几面髹黑漆,周匝起宽而扁的拦水线(朱传荣提供)

图 3　　　　　　　　　　　　　　　　　图 4

图 3　乾隆御制紫檀四开光坐墩

图 4　明紫檀四开光坐墩

此时公私所藏，不少已经出版面世，故想到应选用部分朱氏所藏。惟因伤损后，未经修复，有的已难恢复原状，两件紫檀坐墩，只好任其牙子短缺。明制一具，由我编写说明（图4，见《竹木牙角器》卷图135）：

坐墩开光作圆角方形，沿边起阳线。开光与上下两圈鼓钉之间，各起弦纹一道。鼓钉隐起，绝无刀凿痕迹。四足里面削圆，两端格肩，用插肩榫与上下构件拍合，紧密如一木生成，制作精工之至。此器造型矬硕，圆浑可爱，在所见明代坐墩中，以此为第一。原为萧山朱翼盦先生旧藏，现已捐献国家，是珍贵的家具之一，可惜在运往承德途中，遭到人为的破坏，遗失牙子一块。

上文写到末尾，本拟对司机违法行为事，详加叙述。恐与说明体例不合，故只一语及之，意在留一线索，有待日后追查。不料《竹木牙角器》一卷，于1996年7月、1998年2月重印时，未经本人同意竟将说明中"人为破坏"一语删去。其意何在,恐难辞包庇违法犯罪之嫌。

2003年承德避暑山庄发现骇人听闻的盗宝大案。主犯为保管主任李海涛,长期看守自盗,罪行严重,已判死刑(因故尚未执行)。此案告破,有教育意义,提醒文物机构应处处防微杜渐,提高警惕。当年接待我进库房看家具之人,姓名早已忘记,也不知是何职务。他透露了司机的违法行为,如进一步查究,定能发现山庄文物保管存在严重问题。语云:"上梁不正下梁歪。"有胆大妄为的司机,其上必有胡作非为的主管。我深悔当时没有认真反映情况,建议有整顿山庄文物保管部门的必要。如及早整顿,则李海涛的盗宝行为早在十多年前就可能被发现,而不致使国家蒙受长期被盗的严重损失。

2006年夏,中国文物研究所派人去避暑山庄调查研究修复某殿的楠木门窗,询及当年派司机运回朱氏捐赠明清家具事件,回答竟和当年库房接待人员所云完全不同。据称明清家具系由部队卡车运回。不论真相究竟如何,本人只能接受当年亲自听到库房接待人员的回答。

2006年9月附记

和凌叔华先生一家的交往

近日陈小滢女士以《散落的珍珠》为题在《文汇报》的"新书摘"栏连载对过去的回忆，引得我不顾老眼昏眵写了这篇短文。

1934 年至 1941 年，我就读燕大，陈源、凌叔华和女儿小滢住在燕园西墙外的果园内，明窗对着西山，可览朝夕变幻之胜。我常走访，吃过刚摘下来的梨、枣。

1943 年南下谋生，来到重庆。故宫博物院院长马叔平（衡）先生是我父亲的小学同学，看我长大的，有意任我为秘书。因纯为文牍工作而未就，转往李庄营造学社成为梁思成先生的学徒工。次年夏，叔平先生来函，告知如能请假两三周，可在乐山[1]相见。那里有故宫的库房，如天气晴朗，开箱祛潮或许有幸看到一些南迁的文物。我欣然从命。

到达乐山那天就去看望陈源先生一家。小滢拿出笔记本要我题词，写的就是《文汇报》中影印的那首：

瓜脆枣酡怀蓟国，橙黄橘绿数嘉州。
故园漫说西山好，何似乌尤一髻浮。

因刚见面她就说燕大果园如何如何好。我认为水果南北都有，论风景西山可远不如乌尤，意在宽慰她而已。诗句早已忘得精光，见报才想起来。另一张照片是四十年后拍的，小滢母女坐在中间。右侧是我，左侧是老伴袁荃猷，在芳嘉园旧居的书房内。

[1] 乐山又名嘉定。

次日我又去陈家,被院中的狗咬了一口。是否为狂犬不敢说,但必须打预防针,否则一旦发病,无可救药。乐山没有针剂,非去成都不可。长途汽车票十分紧张,须预订。幸亏燕大同学沈颖生住在车站附近,求熟人买到一张坐在车顶的票,过涵洞须匍匐车顶,故又名"趴票"。到了华西医学院,一个疗程十四针,打完假期已过。只好改乘下水的木船赶回李庄。

第一夜船靠有客店的小村,夜起如厕,觉得脚面被利刃刺了一下。手电一照,小蛇尚未远去,三角头,分明有毒牙。捡石头把它打死。回到客店,脚面已肿得很高。同船有当地人,告我此地有毒蛇,但咬人致死的极少,帮我挤了挤伤口,腿部勒带,减少毒液扩散。建议我不能再赶路,须住医院治疗。

前行到了苏东坡老家眉山,住进医院。十几天后才消肿而伤口尚未愈合。回到李庄,上岸一瘸一拐地走回学社。梁先生见我的狼狈相,对逾期归来未予谴责。此次出行根本没有见到叔平先生。

上世纪70年代末,我在文物研究所工作。伦敦维多利亚·艾尔伯特博物馆陈列部主任柯律格(Craig Clunas)先生来京,他正在研究明代文人的生活起居。我送他一本陈植先生注释的文震亨《长物志》。为了呼吁恢复传统范匏工艺我写的文章,经他译成英文刊登在期刊上。随后他以博物馆的名义邀我去参观馆内藏品,介绍去剑桥等地做有关明式家具的报告。在伦敦两三周的勾留,使我有机会去看望凌叔华先生。她单独住在一所老房子内,精神尚佳,拿出藏画和自己的作品给我看。

几年后小滢和她的英国汉学家丈夫来北京,住在友谊宾馆。他喜欢民间文学,请侯宝林先生吃饭,邀我作陪。平时听相声都经电视播放,这次同席交谈,总算和侯大师有一面之雅。又过了几年。叔华先生身体已远不如前,想回京定居。她有一所房在史家胡同,宽敞舒适,但被居民委员会占用,成了托儿所。多次申请归还,未能如愿,只好又回伦敦了。

数年后,叔华先生已老病交加,独自来京,住在复兴门外公交车已到尽头的一所不起眼的医院内。她对我说:"我死一定死在中国!"可能她认为再好的医院也难有回天之力,所以随便找个医院住下。两个多月内去看望她三次,送过一盆水仙花。记不清在春节前或后,她与世长辞。友好借医院的空房开了一个追悼会,唁电、唁函真不少,还有大幅绸帐,四个大字"驾返瑶池"之类。挽联只有我写的一副。文曰:

叶落枫丹归故里,
谷空兰谢有余馨。

后来小滢托人转告我,上面两句最符合妈妈的思想感情,已请人刻在茔地的石头上。

王世襄时年九十有四
原载 2008 年 5 月 6 日《文汇报》

游藝

秋虫六忆

北京称蟋蟀曰"蛐蛐"(图1)。不这样叫,觉得怪别扭的。

"收""养""斗"是玩蛐蛐的三部曲。"收"又包括"捉"和"买"。我不准备讲买虫时如何鉴别优劣,三秋喂养及注意事项,对局禁忌和运撚(南方曰"蕺"而通写作"芡"或"芡草")技艺。这些,古谱和时贤的专著已讲得很多了。我只想叙一叙个人玩蛐蛐的经历。各种蛐蛐用具是值得回忆并用文字、图片记录下来的。所见有关记载,语焉不详,且多谬误。作者非此道中人,自难苛求。因此我愿做一次尝试,即使将是不成功的尝试。几位老养家,比我大二十多岁,忘年之交,亦师亦友,时常引起怀念,尤其是到了金秋时节。现就以上六个方面,拉拉杂杂,写成《六忆》。

我不能脱离所生的时代和地区,不愿去谈超越我的时代和地区的人和事。因而所讲的只能是30年代北京玩蛐蛐的一些情况。蛐蛐只不过是微细的虫豸,而是人,号称"万物之灵"的人,为了它无端生事,增添了多种多样的活动,耗费了日日夜夜的精力,显示出形形色色的世态,并从中滋生出不少喜怒哀乐。那么我所讲的自然不仅是微细的蛐蛐。如果我的回忆能为北京风俗民情的这一小小侧面留下个缩影,也就算我没有浪费时间和笔墨了。

一、忆 捉

只要稍稍透露一丝秋意——野草抽出将要结子的穗子,庭树

图1 蛐蛐

飘下尚未全黄的落叶,都会使人想起一别经年的蛐蛐来。瞿瞿一叫,秋天已到,更使我若有所失,不可终日,除非看见它,无法按捺下激动的心情。有一根无形的线,一头系在蛐蛐翅膀上,一头拴在我心上,那边叫一声,我这里跳一跳。

那年头,不兴挂历,而家家都有一本"皇历"。一进农历六月,就要勤翻它几遍。哪一天立秋,早已牢记在心。遇见四乡来人,殷切地打听雨水如何?麦秋好不好?庄稼丰收,蛐蛐必然壮硕,这是规律。

东四牌楼一带是养鸟人清晨的聚处。入夏鸟脱毛,需要喂活食,总有人在那里卖蚂蚱和油壶鲁。只要看到油壶鲁长到多大,就知道蛐蛐脱了几壳(音qiào),因此每天都要去四牌楼走走。

由于性子急,想象中的蛐蛐总比田野中的长得快。立秋前,早已把去年收拾起的"行头"找出来。计有:铜丝罩子、蒙着布的席篓、帆布袋和几个山罐、大草帽、芭蕉叶、水壶、破裤褂、洒(靸)鞋,穿戴起来,算得上一个披挂齐全的"逮(音dǎi)蛐蛐的"了。

立秋刚过的一天,一大早出了朝阳门。顺着城根往北走,东直门自来水塔在望。三里路哪经得起一走,一会儿来到水塔东墙外,顺着小路可直达胡家楼李家菜园后身的那条沟。去年在那里捉到一条青蛐蛐,八厘多,斗七盆没有输,直到封盆。忘了今年雨水大,应该绕开这里走,面前的小路被淹了,漂着黄绿色的沫子,有六七丈宽,南北望不到头。只好挽挽裤腿,穿着鞋,涉水而过。

李家菜园的北坡种了一行垂柳,坡下是沟。每年黄瓜拉了秧,抛入沟内。蛐蛐喜欢在秧子下存身。今年使我失望了,沟里满满一下子水,柳树根上有一圈圈黄泥痕迹,说明水曾上了坡,蛐蛐早已乔迁了。

傅老头爱说:"沟里有了水,咱们坡上逮。"他是捉蛐蛐能手,六十多岁,在理儿,抹一鼻子绿色闻药,会说书,性诙谐,下乡住店,白天逮蛐蛐,夜晚开书场,人缘好,省盘缠,逮回来的蛐蛐比年轻人逮的又大又好,称得起是一位人物。他的经验我是深信不疑的。

来到西坝河的小庙,往东有几条小路通东坝河。路两旁是一人来高的坡子。我侥幸地想,去年干旱,坡上只有小蛐蛐,今年该有大的了。

坡上逮蛐蛐,合乎要求的姿势十分吃力。一只脚踏在坡下支撑身子,一只脚蹬在坡中腰,将草踩倒,屈膝六十度。弯着腰,右手拿着罩子等候,左手用扇子猛扇。早秋蛐蛐还没有窝,在草中藏身,用不着钎子,但四肢没有一处闲着。一条坡三里长,上下都扇到,真是太费劲了。最难受的是腰。弯着前进时还不甚感觉,要是直起来,每一节脊椎都酸痛,不由得要背过手去捶两下。

坡上蛐蛐不少,但没有一个值得装罐的。每用罩子扣一个,拔去席篓管子的棒子核(音hú)塞子,一口气吹它进去。其中倒有一半是三尾。

我真热了,头上汗珠子像黄豆粒似的滚下来,草帽被浸湿了,箍得头发涨。小褂湿了,溻在身上,裤子上半截是汗水,下半截是露水,还被踩断的草染绿了。我也感到累了,主要是没有逮到好的蛐蛐,提不起神来。

我悟出傅老头的话,所谓"坡上逮",是指没有被水淹过的坡子。现在只有走进庄稼地了。玉米地、谷子地都不好,只有高粱夹豆子最存得住蛐蛐。豆棵子经水冲,倒在地面,水退后,有的枝叶和黄土粘在一起,蛐蛐就藏在下面,找根棍一翻,不愁它不出来。

日已当午,初秋的太阳真和中伏的那样毒,尤其是高粱地:土湿叶密,潮气捂在里面出不去,人处其中,如同闷在蒸笼里一般,说不出那份难受。豆棵子一垄一垄地翻过去,扣了几个,稍稍整齐些,但还是不值得装罐。忽然噗的一声,眼前一晃,落在前面干豆叶上,黄麻头青翅壳,六条大腿,又粗又白。我扑上去,但拿着罩子的手直发抖,不敢果断地扣下去,怕伤了它。又一晃,跳走了。还算好,没有连着跳,它向前一爬,眼看钻进了悬空在地面上的高粱水根。这回我沉住了气,双腿一跪,拿罩子迎在前头,轻轻用手指在后面顶,一跳进了罩子。我连忙把罩子扣在胸口,一面左手去掏山罐,一面三步并作两步跑出了高粱地,找了一块平而草稀的地方蹲了下来,把蛐蛐装入山罐。这时再仔细端详,确实长得不错,但不算大,只有七厘多。刚才手忙脚乱,眼睛发胀,以为将近一分呢。自己也觉得好笑。

山罐捆好了,又进地去逮。一共装了七个罐。还是没有真大的。太累了,不逮了。回到西坝河庙前茶馆喝水去。灌了七八碗,又把山罐打开仔细看,比了又比,七条倒有三条不够格的,把它们送进了席篓。

太阳西斜,放开脚步回家去。路上有卖烧饼的,吃了两个就不想吃了。逮蛐蛐总是只知道渴,不知道饿。到家之后要等歇过乏来,才想饱餐一顿呢。

去东坝河的第二年,我驱车去向往已久的苏家坨。

苏家坨在北京西北郊,离温泉不远,早就是有名的蛐蛐产地。清末民初,该地所产的身价高于山东蛐蛐,有《鱼虫雅集》为证。赵子臣曾对我说,在他二十来岁时"专逮苏家坨,那里坡高沟深,一道接着一道,一条套着一条,蛐蛐又大又好。住上十天,准能挑回一挑来,七厘是小的,大的顶(音dīng,接近的意思)分"。他又说:"别忘了,那时店里一住就是二三十口子,都能逮回一挑来。"原来村里还开着店,供逮蛐蛐落脚。待我去时,蛐蛐已经退化了,质与量还不及小汤山附近的马坊。

此行已近白露,除了早秋用的那套"行头",又加上一个大电筒和一把钎子。

钎子就是木柄上安一个花枪头子,用它扎入蛐蛐窝旁的土中,将它从洞穴中摇撼出来。这一工具也有讲究。由于一般花枪头子小而窄,使不上劲,最好用清代军营里一种武器阿虎枪的头子。它形如晚春的菠菜叶,宽大有尖,钢口又好,所以最为理想。我的一把上安黄花梨竹节纹柄,是傅老头匀(朋友价让的意思)给我的。北京老逮蛐蛐的都认识这一件"武器"(图2)。

那天我清晨骑车出发,到达已过中午。根据虫贩长腿王画的草图,找到了村西老王头的家。说明来意并提起由长腿王介绍,他同意我借住几天。当天下午,我只是走出村子,看看地形。西山在望,看似不远,也有一二十里,一道道坡、一条条沟就分布在面前的大片田野上。

第二天清晨,我顺着出村的大车道向西北走去,拐到一条岔路,转了一会儿,才找到一道土好草丰的坡子。芭蕉叶扇了十来丈远,看不见什么蛐蛐,可见已经有窝了。扇柄插入后背裤腰带,

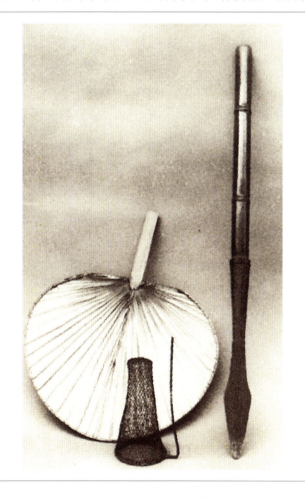

图2　阿虎枪钎子、罩子、芭蕉扇（捉蛐蛐用具）

改用钎子了。只要看到可能有窝处就扎一下,远下轻撼,以防扎到蛐蛐,或把它挤坏。这也需要耐心,扎二三十下不见得扎出一条来。遇见一个窝,先扎出两个又黑又亮的三尾,一个还是飞子。换方向再扎,摇晃出一条紫蛐蛐,约有七厘,算是开张了。坡子相当长,一路扎下去。几经休息才看到尽头。坡子渐渐矮了,前面又有大车道了。我心里说:"没戏了。"三个多小时的劳动,膀子都酸了,换来了三条值得装罐蛐蛐。后来扣到的是一青一紫,紫的个不小,但脖领窄,腿小,不成材。青的还嫩,颜色可能会变,说不定日后又是一条紫的。

喝了几口水,啃了两口馍,正想换道坡或找条沟,忽然想起傅老头的经验介绍。他说:"碰上和小伙子们一块逮蛐蛐,总是让人前面走,自己落后,免得招人讨厌。他们逮完一道坡子,半晌我才跟上来,可是我逮的往往比他们的又多又好,这叫'捡漏儿'。因为钎子扎过,蛐蛐未必就出来。如窝门被土封住,更需要过一会儿才能扒开。我捡到的正是他们替我惊动出来的。"我想验证他的经验,所以又返回头用扇子一路扇去,果然逮到一条黄蛐蛐,足有七厘多,比前三条都大。

我回到老王头家,吃了两个贴饼子,喝了两碗棒渣粥,天没黑就睡了,因为想试试"夜战",看看运气如何。老王头说算你走运,赶上好天,后半夜还有月亮。没睡几小时就起来了,手提钎子,拿着电棒,顺着白天走过的路出村了。一出门就发现自己不行,缺少夜里逮蛐蛐的经验。天上满天繁星,地里遍地虫声,蛐蛐也乱叫一气,分辨不出来哪个好。即使听到几声响亮的,也听不准哪里叫。加上道路不熟,不敢拐进岔道,只好顺着大车道走。走了不太远,来到几棵大树旁,树影下黑乎乎的看不清楚。手电一照,原来暴雨顺坡而下,冲成水口,流到村旁洼处,汇成积水。水已干涸,坑边却长满了草。忽然听到冲成水口的坡上,叫了几声,特别苍老宽宏,正是北京冬虫养家所谓"叫顶儿的"。我知道一定是一个翅子蛐蛐。慢慢凑过去,耐心等它再叫,听准了就在水口右侧一丛草旁的土坷垃底下。我不敢逮它,因为只要它一跳便不知去向了。只好找一个树墩子坐以待旦。天亮了,我一钎子就把它扎了出来,果然是一个尖翅。不过还不到六厘,头相小,不是斗虫是叫虫。

回村后我收拾东西,骑车到家又是下午。三天两夜,小的和三尾不算,逮回五条蛐蛐。这时我曾想,如果用这三天买蛐蛐,应当不止五条。明知不合算,但此后每年还要逮两三次,因为有它的特殊乐趣。至于夜战,经过那次尝试,自知本事不济,再也不作此想了。得到的五条,后来都没有斗好,只有那条青色转紫的赢了五次,最后还是输了。

上面是对我在高中读书时两次逮蛐蛐的回忆。在史无前例的"伟大"时代中,自"牛棚"放出来后到下放干校,有一段无人监管时期。我曾和老友彭镇骧逍遥到马坊和苏家坨。坡还是那几道坡,沟还是那几条沟,蛐蛐不仅少而且小得可怜,两地各转了一整天,连个五厘的都没有看见,大大扫兴而归。老农说得好,农药把蚂蚱都打死了,你还想找蛐蛐吗!

转瞬又二十多年,现在如何呢?苏家坨没有机会去,情况不详。但几年前报纸已报道回龙观农民自己修建起接待外宾的饭店。回龙观也是我逮过蛐蛐的地方,与苏家坨东西相望。回龙观如此,苏家坨可知矣。至于东坝河,现已成为居民区,矗立起多座高层楼房,周围还有繁忙的商业区。我相信,在那些楼房里可能会有蟑螂,而蛐蛐则早已绝迹了。

二、忆 买

逮蛐蛐很累,但刺激性强,非常好玩。能逮到好的,特别兴奋,也格外钟爱。朋友来看,或上局去斗,总要指出这是自己逮的,赢了也分外高兴。不过每年蛐蛐的主要来源还是花钱买的。

买蛐蛐的地点和卖主,随着那年岁的增长而变换。当我十二三岁时,从孩子们手里买蛐蛐。他们比我大不了几岁,两三个一伙,一大早在城内外马路边上摆摊。地上铺一块破布,布上和筐里放几个小瓦罐,装的是他们认为好的。大量的货色则挤在一个蒙着布的大柳罐里。他们轮流喊着:"抓老虎,抓老虎,帮儿头,油壶鲁!"没有喊出蛐蛐来是为了合辙押韵,实际上柳罐里最多的还是蛐蛐。当然连公带母、帮儿头、老米嘴等也应有尽有。

罐布掀开一条缝,往里张望,黑压压爬满了,吹一口气,噼啪乱蹦。买虫自己选,用一把长柄小罩子把虫起出来。言明两大枚或三大枚(铜板)一个,按数付钱。起出后坏的不许退,好的卖者也不反悔,倒是公平交易。俗话说"虫王落在孩童手",意思是顽童也能逮到常胜大将军。我就不止一次抓到七厘多的蛐蛐,赢了好几盆。还抓到过大翅油壶鲁,叫得特别好。要是冬天分(音fēn,即人工孵化培养)出来的,那年头要值好几十块现大洋呢。

十六七岁时,孩子摊上的蛐蛐已不能满足我的要求,转而求诸比较专业的常摊。他们到秋天以此为业,有捕捉经验,也能分辨好坏,设摊有比较固定的地点。当年北京,四城都有这样的蛐蛐摊,而以朝阳门、东华门、鼓楼湾、西单、西四商场、菜市口、琉璃厂、天桥等处为多。此外他们还赶庙会,日期是九、十隆福寺,七、八护国寺,逢三土地庙,逢四花儿市等。初秋他们从"掏现趟"开始,逮一天,卖一天,出城不过一二十里。继之以两三天的短程。以上均为试探性的捕捉,待选好地点,去上十来天,回京已在处暑之后,去的地方有京北的马坊、高丽营,东北的牛栏山,西北的苏家坨、回龙观等,蛐蛐的颜色绚丽,脑线也清楚。也有人去京东宝坻,个头较大,翻开麦根垛也容易捉到,但颜色混浊,被称为"垛货",不容易打到后秋。他们如逮得顺利,总可以满载而归,将二十来把山罐(每把十四个)装满。卖掉后,只能再去一两趟。白露以后,地里的蛐蛐皮色苍老,逮到也卖不上大价,不值得再去了。

买常摊的蛐蛐由于地点分散,要想一天各处都看到是不可能的。我只希望尽量多看几处。骑车带着山罐出发,路线视当天的庙会而定。清晨巡游常摊后再去庙会,回家已是下午。买蛐蛐如此勤奋也还要碰运气。常摊倘是熟人还好,一见面,有好的就拿出来给我看,没有就说"没有",不废话,省时间。如果不相识,彼此不知底细,往往没有他偏说"有",一个个打开罐看,看完了全不行。要不有好的先不拿出来,从"小豆豆"看起,最后才拿出真格的来。为的是让你有个比较,大的显得特别大,好的特别好。在这种摊子耽误了时间,说不定别的摊上有好的已被人买走,失诸交臂,岂不冤哉!

想一次看到大量蛐蛐,任你挑选,只有等他们出门十来天满载而归。要有此特权须付出代价,即出行前为他们提供盘缠和安家费,将来从买虫款中扣除。他们总是千应万许,一定回来给你看原挑,约定哪一天回来,请到家来看,或送货上门。甚至起誓发愿:"谁要先卖一个是小狗子。"不过人心隔肚皮,良莠不齐。有的真是不折不扣原挑送上,有的却提前一天回来,把好的卖掉,第二天带着一身黄土泥给你挑来。要不就是在进城路上已把好的寄存出去,将你打发掉再去取。但"纸里包不住火",事后不用打听也会有人告诉你。

到十九、二十岁时,我买蛐蛐"伏地"和"山的"各占一半。所谓"山的"因来自山东而得名。当时的重要产地有长清、泰安、肥城、乐陵等县,而宁阳尤为出名。卖山蛐蛐的都集中在宣武门外一家客栈内,每人租一间房接待顾客。客栈本有字号,但大家都称之曰"蛐蛐店"。

这里是最高级的蛐蛐市场,卖者除北京的外,有的来自天津和易州。易州人卖一些易州虫,但较好的还是捉自山东。顾客来到店中,可依次去各家选购,坐在小板凳上,将捆好的山罐一把一把打开,摆满了一地。议价可以论把,即十四条多少钱。也可以论条。蛐蛐迷很容易在这里消磨时光,一看半天或一天,眼睛都看花了。这里也是虫友相会之处,一年不见,蛐蛐店里又相逢了。

在众多的卖者中,当推赵子臣为魁首,稳坐第一把交椅。

子臣出身蛐蛐世家,父亲小赵和二陈是清末贩虫、分虫的两大家。他乳名"狗子",幼年即随父亲出入王公贵族、富商名伶之门,曾任北京最大养家杨广字(斗蛐蛐报名"广"字,乃著名书画收藏家杨荫北之子,住在宣武门外方壶斋,当时养家无不知"方壶斋杨家")的把式。30年代因喂蛐蛐而成了来幼和(人称来大爷,住交道口后圆恩寺,是富有资财的粤海来家,亦称当铺来家的最后一代)的帮闲。旋因来沉湎于声色毒品而家产荡尽,直至受雇于小饭铺,当炉烙烧饼,落魄以终。子臣作为虫贩,居然置下房产,并有一妻一妾,在同行业中可谓绝无仅有。

进了蛐蛐店,总不免买赵子臣的虫。他每年带两三个伙计去山东,连捉带收,到时候自己先回京坐镇,蛐蛐分批运回,有的存在家中，到时候才送到店里。他的蛐蛐源源不断，老让人觉得有新的到来，不愁卖不上你的钱。

子臣素工心计，善于察言观色，对买主的心理、爱好，琢磨得透之又透。谁爱青的，谁爱黄的，谁专买头大，谁只要牙长，了如指掌。为哪一位准备的虫，拿出来就使人放不下。大分量的蛐蛐，他有意识地分散在几位养家，到时候好拴对，免得聚在一处，不能交锋，局上热闹不起来。他精灵狡黠，见什么人说什么话，既善阿谀奉承，也会讽刺激将。什么时候该让利，什么时候该绷价，对什么人要放长线钓大鱼，对什么人不妨得罪他了事，都运用得头头是道，一些小玩家免不了要受他的奚落和挖苦。我虽买他的虫，但"头水"是看不到的。在他心目中，我只不过是一个三等顾客，一个爱蛐蛐却舍不得花钱的大学生而已。

子臣不仅卖秋虫，也善于分冬虫，是北京第一大"罐家"（分虫用大瓦罐，故分家又称"罐家"），精于鉴别秋冬养虫用具——盆罐及葫芦。哪一故家存有什么珍贵虫具，他心中有一本账。我从他手中买到赵子玉精品"乐在其中"五号小罐(图3)及钟杨家散出的各式

图3 清"乐在其中"蛐蛐罐成对

真赵子玉过笼,时间在1950年,正是蛐蛐行业最不景气的时候。此时我已久不养秋虫,只是抱着过去看也不会给我看的心情才买下了它。子臣也坦率承认:"要是过去,轮不到你。"

三、忆 养

一入夏就把大鱼缸洗刷干净,放在屋角,用砖垫稳,房檐的水隔漏把雨水引入缸中,名曰"接雨水",留作刷蛐蛐罐使用,这是北京养秋虫的规矩。曾见二老街头相遇,彼此寒暄后还问:"您接雨水了吗?"这是"您今年养不养蛐蛐"的同义语,北京自来水为了消毒,放进漂白粉等化学药剂,对虫不利,雨水、井水都比自来水好。

立秋前,正将为逮蛐蛐和买蛐蛐奔忙的时候,又要腾出手来收拾整理养蛐蛐的各种用具。罐子从箱子里取出用雨水洗刷一下,不妨使它吸一些水,棉布擦干,放在一边。过笼也找出来,刷去浮土,水洗后摆在茶盘里,让风吹干。北京养蛐蛐的口诀是"罐可潮而串儿(过笼的别称)要干"。过笼入罐后几天,吸收潮气,便须更换干的。故过笼的数量至少要比罐子多一倍。水槽泡在大碗里,每个都用棕刷洗净。水牌子洗去去年的虫名和战绩,摞在一起。南房廊子下,几张桌子一字儿排开。水槽过笼放入罐中,罐子摆到桌子上,四行,每行六个,一桌二十四个。样样齐备,只等蛐蛐到来了。

逮蛐蛐非常劳累,但一年去不了两三趟,有事还可以不去。养蛐蛐可不行,每天必须喂它,照管它,缺一天也不行。今天如此,明天如此,天天如此,如果不是真正的爱好者,早就烦了。朋友来看我,正赶上我喂蛐蛐,放不下手,只好边喂边和他交谈。等不到我喂完,他告辞了。倒不是恼我失陪,而是看我一罐一罐地喂下去,看腻了。

待我先说一说喂一罐蛐蛐要费几道手,这还是早秋最简单的喂法:打开罐子盖,蛐蛐见亮,飞似的钻进了过笼。放下盖,用竹夹子夹住水槽倾仄一下,倒出宿水,放在净水碗里。拇指和中指将中有蛐蛐的过笼提起,放在旁边的一个空罐内。拿起罐子,底朝天一倒,蛐蛐屎扑簌簌地落下来。干布将罐子腔擦一擦,麻刷子蘸水刷一下罐底,提出过笼放回原罐。夹出水槽在湿布上拖去底部的水,挨着过笼放好。竹夹子再夹两个饭米粒放在水槽旁,盖上盖子,这算完了一个。以上虽可以在一两分钟内完成,但方才开盖时,蛐蛐躲进了过笼,所以它是什么模样还没有看见呢。爱蛐蛐的人,忍得住不借喂蛐蛐看它一眼吗?要看它,需要打开过笼盖,怕它蹦,又怕掩断了须,必须小心翼翼,仔细行事,这就费工夫了。而且以上所说的只是对一罐蛐蛐,要是有一百几十罐,每罐都如此,工夫就大了。故每当喂完一罐,看看前面还有一大片,不由得又后悔买得太多了。

蛐蛐罐有如屋舍,罐底有如屋舍的地面,过笼和水槽是室内的家具陈设。老罐子,即使是真的万礼张和赵子玉,也要有一层浆皮的才算是好的。精光内含,温润如玉,摸上去有一种说不出的快感。多年的三合土原底,又细又平,却又不滑。沾上水,不汪着不干,又不一下子吸干,而是慢慢地渗干,行话叫"慢喝水"。凑近鼻子一闻,没有潮味儿,更没有霉味儿,说它香不香,却怪好闻的。无以名之,名之曰"古香"吧。万礼张的五福捧寿或赵子玉的鹦鹉拉花过笼,盖口严密到一丝莫入,休想伤了须。贴在罐腔,严丝合缝,仿佛是一张舒适的床。红蜘蛛、蓝螃蟹、朱砂鱼或碧玉、玛瑙的水槽,贮以清水,色彩更加绚丽。这样的精舍美器,休说是蛐蛐,我都想搬进去住些时(图4)。记得沈三白《浮生六记》讲到他幼年看到蚂蚁上假山,他把他自己也缩小了,混在蚂蚁中间。我有时也想变成蛐蛐,在罐子里走一遭,爬上水槽呷一口清泉,来到竹抹啜一口豆泥,跳上过笼长啸几声,悠哉!悠哉!

蛐蛐这小虫子真可以拿它当人看待。天下地上,人和蛐蛐,都是众生,喜怒哀乐,妒恨悲伤,七情六欲,无一不有。只要细心去观察体会,就会看到它像人似的表现出来。

养蛐蛐的人最希望它舒适平静如在大自然里。不过为了喂它,为了看它,人总要去打扰它。当打开盆盖的时候,它猛然见亮,必然要疾驰入过笼。想要看它,只有一手扣住罐腔,一手掀开过笼盖,它自然会跑到手下的阴影处。这时慢慢地撒开手,它已无处藏身,形态毕陈了。又长又齐的两根须,搅动不定,上下自如,

图4 明万礼张罐、万礼张五福捧寿过笼、朱砂鱼水槽

仿佛是吕奉先头上的两根雉尾。赳赳虎步,气宇轩昂,在罐中绕了半圈,到中央立定,又高又深的大头,颜色纯正,水净沙明的脑线,细贯到顶,牙长直戳罐底,洁白有光,铁色蓝脖子,毿毿堆着毛丁,一张翅壳,皱纹细密,闪烁如金。六条白腿,细皮细肉。水牙微微一动,抬起后腿,爪锋向尾尖轻轻一拂,可以想象它在豆棵底下或草坡窝内也有这样的动作。下了三尾,又可看到它们亲昵燕好,爱笃情深。三尾的须触在它身上,它会从容不迫地挨过身去,愈挨愈近。这时三尾如不理睬,它就轻轻裂开双翅,低唱求爱之曲,"唧唧……油,唧唧……油",其声悠婉而弥长,真好像在三复"关关雎鸠,在河之洲"。不仅"油""洲"相叶,音节也颇相似。多事的又是"人",总忍耐不住要用捹子去撩逗它一下,看看牙帘开闭得快不快,牙钳长得好不好,预测斗口强不强。说也奇怪,鼠须拂及,它自然知道这不是压寨夫人的温存,而是外来强暴的侵犯。两须顿时一愣,头一抬,六条腿抓住罐底,身子一震动,它由妒嫉而愤怒,由愤怒而发狂,裂开两扇大牙,来个饿虎扑食,竖起翅膀叫两声,威风凛凛,仿佛喝道:"你来,咬不死你!"蛐蛐好胜,永远

有不可一世的气概，没有懦怯气馁的时候，除非是战败了。尤其是好蛐蛐，多次克敌而竟败下阵来，对此奇耻大辱，懊恼万分，而心中还是不服，怨这怨那又无处发泄，颇似英雄末路，徒唤奈何，不由得发出非战之罪的悲鸣。楚霸王垓下之歌，拿破仑滑铁卢之败，也能从这小小虫身上产生联想而引起同情的感叹。可恨的是那些要钱不要虫的赌棍，蛐蛐老了，不能再斗了，还要拿到局上为他生财，以致一世英名，付诸流水。这难道是蛐蛐之过吗？！不愿意看到好蛐蛐战败，更不愿看到因老而战败。因此心爱的蛐蛐到晚秋就不再上局了。有时却又因此而埋没了英雄。

如上所述，从早秋开始，好蛐蛐一盆一盆地品题、欣赏，观察其动作，体会其秉性，大可怡情，堪称雅事。中秋以后，养蛐蛐更可以养性。天渐渐冷了，蛐蛐需要"搭晒"。北京的办法是利用太阳能。只有遇见阴天，或到深秋才用汤壶。"搭晒"费时费事，需要耐心。好在此时那些平庸无能之辈早已被淘汰，屡战皆胜的只剩下十几二十条。每日上午，蛐蛐桌子搭到太阳下，换过食水，两个罐子摞在一起，用最细的虾须帘子遮在前面。我也搬一把小椅子坐在一旁，抱着膝，眯着眼睛面对太阳，让和煦的光晖沐浴着我。这时，我的注意力并未离开它们，侧着耳朵，聆听罐中的动静。一个开始叫了，声音慢而涩，寒气尚未离开它的翅膀。另一罐也叫了，响亮一些了。渐渐都叫了，节奏也加快了。一会儿又变了韵调，换成了求爱之曲。从叫声，知道罐子的温度，撤掉虾须，换了一块较密的帘子遮上。这时我也感到血脉流畅，浑身都是舒适的。

怡情养性应当是养蛐蛐的正当目的和最高境界。

四、忆　斗

北京斗蛐蛐，白露开盆。早虫立秋脱壳，至此已有一个月，可以小试其材了。在上局之前，总要经过"排"。所谓"排"是从自己所有的蛐蛐中选分量相等的角斗，或和虫友的蛐蛐角斗。往往赢了一个还不算，再斗一个，乃至斗三个。因为只有排得狠，以后上局心中才有底，同时把一些不中用的淘汰掉。排蛐蛐不赌彩，但须用"称儿"（即戥子）约（音yāo）分量。相等的才斗，以免小个的

图5 蛐蛐称儿（正面、侧面）

吃亏。自己排也应该如此。当然有的长相特别好的舍不得排，晚虫不宜早斗的也不排，到时候直接拿到局上去，名叫"生端"。

　　称儿是一个长方形的匣子，两面插门。背面插门内镶有玻璃，便于两面看分量。象牙制成的戥子杆，正背面刻着分、厘、毫的标志，悬挂在匣子的顶板下。杆上挂着戥子砣。随着称儿有四个或六个"舀子"，供几位来斗者同时使用。少了不够分配，蛐蛐称不完，耽误对局进行（图5）。

　　舀子作圆筒形，用竹管内壁（竹黄）或极薄银叶圈成，有底有盖，三根丝线穿过盖上的小孔将筒和盖连接起来。线上端系金属小环，可挂在戥子的钩上，这是为装入蛐蛐称分量而制的。几个舀子重量必须相等，毫厘不差。微细的出入用黄蜡来校正，捻蜡珠粘在三根丝线聚头处，借以取得一致。

　　白露前几日，组织斗局者下帖邀请虫友届时光临，邮寄或专人致送，格式（图6）与一般请帖不同的是邀请者帖上不写姓名而写局上所报的"字"。姓名可以在请帖的封套上出现。

　　蛐蛐局也有不同的等级。前秋的局乃是初级，天气尚暖，可在院子内进行，有一张八仙桌、几张小桌和椅子、凳子就行了。这

图6 邀请斗蟋蟀请帖（左图）

图7 蟋蟀局司账所用表格（右图）

样的局我也举办过好几年，用我所报的字"劲秋"具名邀请。院子是向巷口已关门的赵家灰铺租的，每星期日斗一次。局虽简陋，规矩却不能错，要有五六个人才能唱好这台"戏"。

一人司称，须提前到局，以便将舀子的分量校正好。校正完毕，坐在称儿前，等待斗家将虫装入舀子送来称重量。

一人司账，画好表格，记录这一局的战况。表格有固定格式，已沿用多年，设计合理，简明周密，一目了然。试拟一表如上（图7）。司账者桌上摆着笔墨、纸张、裁纸刀等，兼管写条子。条子用白纸或色纸裁成，约两寸宽，半尺长，盖上司账者印章，以防有人作弊，更换条子。斗家到局，先领舀子，装好蟋蟀，送去过称，称好一虫，司称高唱某字重量多少。司账在表格的第二格内写报字，第三格内用苏州码子写蟋蟀的分量。另外在一张条子上写报字和分量，交虫主持去，压在该虫的罐子下。各家的蟋蟀登记完毕，就知道今天来了哪几家，各有多少条虫，各虫分量多少。斗家彼此看压在罐下的条子，就知道自己的蟋蟀和谁的分量相等，可以拴对。司账根据表格也会不时地提醒大家，谁和谁"有对"。

一人监局，站在八仙桌前，桌上铺红毡子，旁放毛笔一支，墨盒一个。桌子中央设宽大而底又不甚光滑的瓦罐，名为"斗盆"。两家如同意对局，各把罐子捧到斗盆一侧。监局将两张条子并列摆在桌上。这时双方将罐盖打开，进行"比相"。因为即使分量相等，如一条头大项阔，一条头小项窄，相小的主人会感到吃亏而不斗。比相后同意对局,再议赌彩。早秋不过赌月饼一两斤。每斤月饼折钱多少,由司账宣布,一般仅为五角或一元。议定后,监局将月饼斤数写在两家的条子中间,有如骑缝,字迹各有其半。

  双方将蛐蛐放入斗盆,各自只许用粘有鼠须的拂子撩逗自己的蛐蛐,使知有敌来犯。当两虫牙钳相接,监局须立即报出"搭牙",算是战斗已经打响,从此有胜有负,各无反悔。不论交锋的时间长短,回合多少,上风下风有无反复,最后以"一头一面"判输赢。所谓"一头""一面"乃是一回事,即下风蛐蛐遇见上风,贴着盆腔掉头逃走。如此两次,便是输了。倘向盆腔相反方向掉头逃走,名曰"外转";向前窜逃,名曰"冲",都不算"头"或"面"。不过监局也须大声报出,好让虫主及观众都知道。监局实负有裁判员的职责。胜负既分,监局在胜者的条子上写个"上"字,在负者的条子上写个"下"字。两张条子一并交到司账那里。司账根据条子在表格上"胜者"一栏的第一格里写蛐蛐的重量及所赢月饼的斤数,在"负者"一栏的第四格里写蛐蛐的重量及所输月饼斤数。两张条子折好存在司账处,倘有人要复查,此是凭证。各家结账时据第一、第四两格的输赢数字,结算盈亏。

  上述三人是局上的主要人员,此外还须一两人沏茶灌水,照料一切。一局下来,他们分抽头二成所得,每人可得几块钱。

  倒不是我夸口,30年代由我邀请的初级小局,玩得比较高尚文雅。来者虽三教九流,什么人都有,但很少发生争执或有不服气的行为。赌彩既微,大家都不在乎。不少输了钱如数缴纳,赢了却分文不要,留给局上几位忙了一天的先生们一分了事。这当然和早秋季节有关,此时大小养家蛐蛐正多,心爱之虫尚未露面,骁勇之将或已亮相,但尚未立多少战功,所以上局带有练兵性质,谁也不想多下赌注。

  中秋以后,天凉多风,院里已不宜设局。这时自有大养家出面邀请到家中对阵,蛐蛐局也就升了级。善战之虫已从几次交锋中杀了出来,渐有名声。赌彩倘仍是一两斤月饼,主人会感到和虫的身价太不相称了。

  只要赌彩大了,事情也就多了,不同人物的品格性情也就一一表现出来。有的对上称的分量十分计较,老怕司称偏心他人,以致吃了亏。他在秤儿的背面盯着戥子，嘴里叨唠着："不行吧，拉了一点儿吧，您再往里挪挪。"所争的可能还不到一毛（即一毫）的重量。甚至有人作弊，把舀子上的蜡珠偷偷抠下一点。自己占了便宜却弄得舀子的分量不一致。被人发现，要求对所有的舀子都审查核对，把局吵了，弄得不欢而散。

斗前比相，更是争吵不休，总是各自贬低自己蟋蟀的长相，说什么"我的头扁了，脖子细了，肚子又大，比您的差多了，不是对！不是对！"，实则未必如此。有的人心中有一定之规，那就是，相上如不占便宜，就是不斗。

在观众中，随彩的也多了。有的只因和虫主有交情，随彩为他助威。有的则因某虫战功赫赫，肯定能赢，故竞相在它的身上押赌注。倘对局双方均是名将，各有人随彩，那就热闹了。譬如"义"字和"山"字对阵，双方已议定赌彩，忽一边有人喊道"义字那边写爽秋两块"，又有人喊"天字两块"。对面有人应声说"山字那边写叨字两块"，跟着有人喊"作字随两块"。这时忙坏了监局，他必须在两边条子上把随彩人的报字和所随的钱数一一记上，分胜负后司账好把随彩移到表格上。随彩者如没有蟋蟀，他的报字也可以上表格，只是第三格中不会有蟋蟀的分量而已。有时斗者的某一方不常上局，显得陌生，他就难免受窘，感到尴尬。因为观阵者都向对方下注，一下子就增加到几十元。如果斗，须把全部赌注包下来，未免输赢太大。不斗吧，又显得过于示弱，深感进退两难。

使扽子是一种高超的技艺。除非虫主是这方面的高手，总要请专家代为掌扽。运用这几根老鼠胡子有很大的学问。但主要是当自己的蟋蟀占上风时，要用扽子激发神威，引导它直捣黄龙，使对方一败涂地。而处在下风时，要用扽子遮挡封护，严防受到冲击，好让它得到喘息，增强信心，恢复斗志，以期达到反败为胜的目的。但双方都不能做得过分，以致触犯定规，引起公愤。精彩的对局，不仅看虫斗，也看人斗。欣赏高手运扽之妙，也是一种艺术享受。难怪自古即被人重视，《蛩孙鉴》有专条记载运扽名家姓氏，传于后世。

清末民初，斗局准许用棒，在恩溥臣《斗蟀随笔》中有所反映，而为南方所无。对阵时，占上风一方用装扽子的硬木棒轻轻敲打盆腔,有如擂鼓,为虫助威。这对下风当然大大不利。30年代已渐被淘汰,偶见使用,是经过双方同意的。

监局既是裁判,难免碍于人情或受贿赠而偏袒一方。这在将分胜负时容易流露出来。他会对一方下风的"一头一面"脱口而出,甚至不是真正的掉头败走也被报成"头""面"。而对另一方下风的"一头一面"竟支吾起来,迟迟不报。执法态度悬殊,其中必有不可告人处。

局上可以看到人品性格,众生相纷呈毕露。赢了,有人谦虚地说声"侥幸";有人则趾高气扬,不可一世,向对方投以轻蔑的眼光。输了,有人心悦诚服,自认功夫不到家,一笑置之,若无其事;有人则垂头丧气,默默不语,一虫之败,何致懊丧如此!更有面红耳赤,怒不可遏,找碴儿强调客观原因,不是说比相吃了亏,就是使火没使够。甚至埋怨对方,为什么催我上阵,以致没有过铃子,都是你不好,因此只能认半局,赌彩只输一半。

上面讲到的局,一般有几十元的输赢,还不能算真正的蟋蟀赌局。真正的赌局斗一对下注成千上万,这只有天津、上海才有。据说在高台上斗,由一人掌揿,只许双方虫主在旁,他人无从得见。这样的局不要说去斗,我一次还没有参观过呢。即使有机会参观,我也不会去!

北京过去最隆重的蟋蟀局要数"打将军",多在冬至前或冬至日举行,它带有年终冠军赛和一季秋虫活动圆满结束的双重意

图8 后秋上局用的圆笼

义。襄生也晚,没有赶上本世纪初麻花胡同纪家、前马厂钟杨家、那王府、杨广宇、余叔岩等大养家的盛期。当时几乎每年都打将军,《斗蟀随笔》就有记载。

打将军或在家中,或在饭庄子,什刹海北岸的会贤堂曾承办多次。老友李桐华("山"字)曾告我盛会的情况:邀请之家事先发请帖,届期各养家到会,把式们用圆笼(图8)挑着蛐蛐罐及汤壶前来。虫贩只限于资格较深并经主人烦请帮忙者始得与会。中堂设供桌,先举行请神仪式。上方正中安神位,供的是蚂蚱神。桌上摆香炉蜡签,五堂供,三堂面食,两堂果子。桌旁立着纸扎的宝盖、幡及七星纛。延请寺观清音乐乐队七人,一时笙管齐奏,法曲悠扬。先由主人上香行礼,继之以各位养家,长者在前,依齿而行,叩头或揖拜听便。此后虫佣虫贩顶礼,必须跪拜叩头。请神完毕,对局开始,过称、记账、监局等一如常局。惟斗后增加卖牌子活动。牌子由司称、司账等准备,红纸上书"征东大将军""征西大将军""征南大将军""征北大将军""九转大虫王""五路都虫王"等封号。胜者受到大家的祝贺,自然高高兴兴去买牌子。牌子二元、四元、六元、八元不等,买者买个喜气,图个吉祥,而带有赏赐性质,局上各位忙了一季,这是最后一笔收入。封完将军,虫王、将军皆陈置供桌上,行送神礼,虫佣虫贩须再次叩头。礼毕将宝盖、幡、七星纛等送至门外,在音乐声中火烧焚化。不知者会误以为是某家办丧事,烧烧活,实际上是玩家们在行乐。送神后入宴席,养家和佣、贩分开落座。前者为鸭翅席,后者为九大件。宴席后大家拱手告别,齐道明秋再见。

打将军封建迷信色彩浓厚,而且等级分明,它也不是以赌博为目的,而是佣贩帮闲伺候王公大人、绅士富商游玩取乐的活动。一次打将军主办者不惜一掷千金,要的是派头和"分儿",这种耗财买脸的举动,六七十年来久已成为陈迹了。

五、忆 器

南宋时,江南养蟋蟀已很盛行。1966年5月,镇江官圹桥发现古墓,出土三具过笼。报道称:"都是灰陶胎,两只为腰长形(图

9),长七厘米,两头有洞,上有盖,盖上有小纽,纽四周饰六角形双线网纹。其中一只内侧有铭文四字,残一字,'□名朱家'。另一只为长方形,长亦七厘米,作盖顶式,顶中有一槽,槽两侧饰圆珠纹。圆珠纹外周斜面上饰斜方如意纹,一头有洞。长方形的蟋蟀过笼,一头有洞,当是捕捉蟋蟀时用的。腰长形过笼两头有洞,宜于放置圆形斗盆中放蟋蟀用的。"(见《文物》1973年第5期封三)

所谓腰长形即外壁一边为弧形,可以贴着盆腔摆放。一边外壁是直的,靠着它可以放水槽。这是养盆中的用具,报道谓用于斗盆,实误。仅一端有洞的因不能穿行,已不得称之为过笼。北京有此用具,名曰"提舀"(即提盒,图23),竹制,上安立柄,用以提取罐中的蛐蛐。捉蟋蟀是用不上的。古墓年代约为12世纪中叶,所出三具为现知最早的蟋蟀用具。可证明约一千年前它已定型,和现在仍在使用的没有什么区别。

宋代蟋蟀盆只见图像,未见实物。万历间刊行的《鼎新图像虫经》绘盆四具。其中的宣和盆、平章盆可理解为宋器,至于标名为王府盆、象窑盆,时代就难说了。此四盆并经李大翀《蟋蟀谱》摹绘,造型、花纹与《虫经》已大有出入。当因摹者随手描绘所致。故类此图像,只能为我们提供一些参考材料,而无法知道其真实面貌。李谱还有所谓"宋内府镶嵌八宝盆""元孟德盆""永乐盆",未言所据,来源不明。这些图的价值,比该书《盆考》述及的各盆也高不了多少,它们的可靠性要待发现实物才知道,现在只能姑

图9 镇江南宋墓出土的蛐蛐过笼

图 10 明宣德高浮雕狮纹蟋蟀盆及其盖内款识、盖面花纹拓本

妄听之而已。本人认为谈蛐蛐罐不能离开实物,否则终有虚无缥缈之感。本文所及品色不多,去详备尚远,但都是我曾藏或曾见之物。不尚空谈,当蒙读者许可。

养家周知,蟋蟀盆有南北之分,其主要区别在南盆腔壁薄而北盆腔壁厚,这是南暖北寒的气候决定的。我所见到的最早实物为明宣德时所制,乃腔壁较厚有高浮雕花纹的北式盆。这是因为自明成祖朱棣于永乐十九年(1421)国都北迁后,宣宗朱瞻基养蟋蟀已在北京的缘故。罐通高 11 厘米,径 14.5 厘米(图 10),桐华先生旧藏,现在天津黄绍斌先生处。盖面中心雕两狮相向,爪攫绣球,球上阴刻方胜锦纹,颇似明雕漆器上所见。左右飘束绦。空隙处雕花叶。中心外一周匝浮雕六出花纹,即常见于古建筑门窗者。在高起的盖边雕香草纹。罐腔上下有花边两道,中部一面雕太狮少狮,俯仰嬉戏,侧有绣球,绦带飞扬。对面亦雕狮纹,姿态略有变化。此外满布花卉山石。罐底光素,中心长方双线外框,中为阳文"大明宣德年造"六字楷书款,与宣德青花瓷器、剔红漆器上所见,笔意全同。故可信为宣德御物。中国历史博物馆藏有一龙纹罐,盖内篆文戳记"仿宋贾氏珍玩醉茗痴人秘制"十二字,罐底龙纹图记内有"大明宣德年制"款(见石志廉:《蟋蟀罐中的几件珍品》,《燕都》1978 年第 4 期)。曾目见,戳记文字及年款式样均非明初所能有,乃妄人伪造。

我因久居北京,对南方盆罐一无所知。北方名盆,高中读书时开始购求,迨肄业研究院,因不再养虫而终止,前后不足十年,有关知识见闻,与几位秋虫耆宿相比,自然相去远甚。

秋虫耆宿，近年蒙告知盆罐知识者有李桐华、黄振风两先生。桐华先生谢世已数载，振风先生则健在，惟"十年浩劫"，所藏名盆已多成瓦砾矣。

北京盆罐为养家所重者有两类，亦可称之为两大系列，即"万礼张"与"赵子玉"。万礼张咸知制于明代，底平无足，即所谓"刀切底"。盖内有款识，盖、罐骑缝有戳记。戳记或为圆圈，名曰"笔管"，或为"同"字，或近似"菊"字而难确认。澄泥比赵子玉略粗，故质地坚密不及，术语称之曰"糠"。正因其糠，用作养盆，实胜过子玉，其带皮子有包浆亮者尤佳。同为万礼张，盖内款识不同，至少有八种，再加净面无文者则有九种，此非深于此道者不能言。桐华先生爱万礼张胜于子玉，故知之独详。我历年收得四种，再加桐华先生所藏，尽得寓目，并拍摄照片。又蒙高手傅大卣先生墨拓款识，故大体齐备：

（一）万礼张造（图11）

（二）白山（图12、图13）　此为万礼张中最佳者。

（三）秋虫大吉

（四）永战三秋（图14）

（五）永站三秋（图15）

（六）怡情雅玩（图16）

（七）永远长胜

（八）春游秋乐（图17）

（九）净面　光素无款识。

图12　明"白山"蛐蛐罐全形（万礼张九种之一）

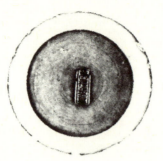
图 11 明"万礼张造"蛐蛐罐款识拓本
（万礼张九种之一）

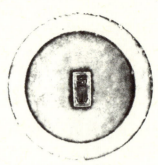
图 13 明"白山"蛐蛐罐款识拓本
（万礼张九种之一）

图 14 明"永战三秋"蛐蛐罐款识拓本
（万礼张九种之一）

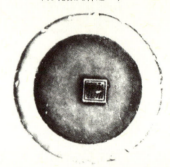
图 15 明"永站三秋"蛐蛐罐款识拓本
（万礼张九种之一）

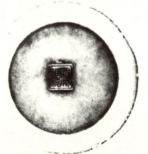
图 16 明"怡情雅玩"蛐蛐罐款识拓本
（万礼张九种之一）

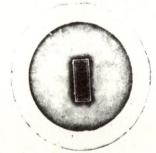
图 17 明"春游秋乐"蛐蛐罐款识拓本
（万礼张九种之一）

赵子玉罐素有十三种之说。邓文如师《骨董琐记》卷六记石虎胡同蒙藏学校内掘出蟋蟀盆，属于赵子玉系统者有淡园主人、恭信主人之盆、古燕赵子玉造、敬斋主人之盆、韵亭主人之盆等五种，不及十三种之半。清末拙园老人《虫鱼雅集》"选盆"一条所记十三种为：白泥、紫泥、藕合盆、倭瓜瓢、泥金罐、瓜皮绿、鳝鱼青、鳝鱼黄、黑花、淡园、大小恭信、全福永胜、乐在其中。《雅集》所述相虫、养虫经验多与虫佣、虫贩吻合，此说似亦为彼等所乐道。其不能令人信服处在前九种既以不同颜色定品种，何以最后又将四种不同款识之盆附入，一似列举颜色难足其数，不得不另加四种，凑满十三。故桐华先生以为子玉十三种应以不同款识者为限，分列如下：

（一）古燕赵子玉造(图18)　桐华先生特别指出此六字款如末一字为"制"而非"造"，皆伪，屡验不爽。都人子玉则真者末一字为"制"而非"造"。

（二）淡园主人(图19)

（三）都人赵子玉制

（四）恭信主人盆(大恭信)

（五）恭信主人之盆(小恭信)

（六）敬斋主人之盆(大敬斋)　二号盆

（七）敬斋主人之盆(小敬斋)　三号盆

（八）韵亭主人盆

（九）闲斋清玩

（一〇）大清康熙年制

（一一）乐在其中

（一二）全福永胜

（一三）净面赵子玉　光素无款识。

黄振风先生则别有说，认为赵子玉不仅有十三种，且另外还有"定制八种"，亦即赵子臣所谓"特制八种"，而"大清康熙年制"因非子玉所造，故不与焉。"八种"并经振风编成口诀，以便记忆：

全福永胜战三秋，　淡园韵亭自古留。
敬闲二斋双恭信，　乐在其中第一流。

"八种"之款识及戳记外框形式如下：

（一）全福永胜　盖背横长圆形外框，一名"枕头戳"，四字自右而左平列。足内长方形外框，"古燕赵子玉造"，两行，行三字。

（二）永战三秋　四瓣柿蒂式外框，每瓣一字，"永"在上，"战"在右，"三"在左，"秋"在下。

（三）淡园主人(图19)　方形外框，两行，行二字。

图18 清"古燕赵子玉造"蛐蛐罐全形

（四）韵亭主人盆赵子玉制　大方形外框，三行，行三字。

（五）敬斋主人之盆（图20）　窄长方形外框，天津称之曰"韭菜扁戳"。一行六字。

（六）闲斋清玩　方形外框，两行，行二字。

（七）恭信主人盆赵子玉制　大方形外框，三行，行三字。此为"大恭信"。恭信主人之盆　窄长方形外框，一行六字。此为"小恭信"。大小恭信以一种计。

（八）乐在其中　盖背方形外框，两行，行二字。底足内"都人赵子玉制"，长方形外框，两行，行三字。此罐比以上七种更为名贵，故曰"第一流"。

以上惟"淡园主人"及"小恭信"为三号罐，余均为二号罐。又惟有"敬斋"及"乐在其中"两种底足外缘做出凹入之委角线，

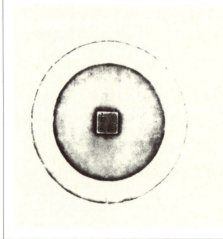

图19　清"淡园主人"蛐蛐罐款识拓本（赵子玉所制罐之一）（左图）

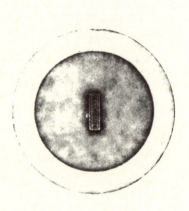

图20　清"敬斋主人之盆"蛐蛐罐款识拓本（赵子玉所制罐之一）（右图）

图 21 清"古燕赵子玉造"款识拓本("古"字一横下无弯线)(左图)

图 22 清"古燕赵子玉造"款识拓本("古"字一横下有弯线)(右图)

名曰"退线",余六种无之。

振风先生背诵子玉十三种之口诀为：

瓜皮豆绿倭瓜瓢，桃花冻红鳝青黄。
黑白藕合泥金盆，净面都人足深长。

"十三种"中净面光素无款识。都人子玉款识为"都人赵子玉制"，长方形外框，两行，行三字。其余十一种款识均为"古燕赵子玉造"，长方形外框，两行，行三字。振风同意桐华先生之说，"古燕赵子玉造"款识凡末字为"制"而非"造"者皆伪。并指出"古"字一横下，或有一丝两端下弯之线，或无之，二者皆真(图21、图22)。有弯线者乃戳记使用既久，出现裂纹之故。据此推测，戳记当用水牛角刻成。

（一）瓜皮绿

（二）豆瓣绿

（三）倭瓜瓢　其色易与鳝鱼黄混淆。分别在倭瓜瓢盖面平坦，而鳝鱼黄盖面微微隆起。亦曰"馒头顶"。

（四）桃花冻　其色红于藕合盆。

（五）鳝鱼青

（六）鳝鱼黄

（七）黑花

（八）白泥

（九）藕合盆　其色接近浅紫，十三种中惟此底足有退线。

（一〇）泥金盆　罐上有大金星及金片，如洒金笺纸。

（一一）净面

（一二）都人赵子玉制　盖与足底款识相同，凡末字作"造"而非"制"者皆伪。

（一三）深足子玉　罐底陷入足内较深。

振风先生与拙园老人之说，可谓大同小异，故似出同源。其所以被称为"十三种"，除确知为赵子玉所造外，皆无定制者款识，与"定制八种"之区别即在此。黄先生既能言之綦详，且谓"八种""十三种"曾与赵子臣商榷印证，可谓全同。不言而喻，桐华先生之说与子臣大不相同。

桐华、振风两先生之虫具知识，笔者均甚心折，而子臣既出虫贩世家，更一生经营虫具，见多识广，又非养虫家所能及，故其经验阅历，尤为值得重视。笔者自愧养虫资历不深，名罐所藏有限，且有未经寓目者，因而不能判断以上诸说究以何为可信，只有一一录而存之，以备进一步之探索及高明博雅之指教。惟究其始，赵子玉当年造盆，不可能先定品种"八"与"十三"之数，并以此为准，不复增减，其理易明。后人据传世所有，代为罗列排比，始创"八种""十三种"之说，此殆事物之规律。若然，则各家自不妨据己之见而各有其说。各说亦自可并存而不必强求其一致矣。

赵子玉罐虽名色纷繁，然简而言之，又有共同之特征，即澄泥极细，表面润滑如处子肌肤，有包浆亮，向日映之，仿佛呈绸缎之光华而绝无由杂质之反射，出现纤细之闪光小点。棱角挺拔，制作精工，盖腔相扣，严丝合缝，行家毋庸过目，手指抚摩已知其真伪。仿制者代有其人，甚至有在"古"字一横下加弯线者，矜持拘谨不难分辨。民国时大关虽竭力追摹，外形差似而泥质远逊。

万礼张及赵子玉均有特小盆罐，或称之为"五号"，超出常规，遂成珍异。某家有一对，何人藏四具，屈指可数，为养家所乐道。实物如桐华先生之小万礼张，四具一堂，装入提匣，专供前秋、中秋上局使用(图23)。小子玉则有以郑西忠旧藏一对"乐在其中"，直径不到十厘米，盖背面款识为"乐在其中"，底足内为"都人赵子玉制"，堪称绝品(图24、图25)，可能为王府公主或内眷定制者。

图 23 前秋、中秋上局用提盒
（内放万礼张小罐四具）

图 24 清"乐在其中""都人赵子玉制"小蛐蛐罐全形、罐盖及底款识

图 25 蛐蛐罐盖款识拓本、
底款识拓本

图 26 清"南楼雅玩"蛐蛐罐及其款识拓本

埴土虽贱,却珍逾球璧。

其他名罐如"瓦中玉土精盆",雕镂蝴蝶而填以色泥,故又曰"蝴蝶盆"。"南楼雅玩"盆(图26),主人即《虫鱼雅集》述及曾养名虫"蜈蚣紫",咬遍京华无敌手,死后葬于园中纡环轩土山上,并为建虫王庙之南楼老人。此盆并非用澄泥轮旋成形,而是取御用金砖斧砍刀削,砥砺打磨而成。四字款识亦非木戳按印而是刃凿剔刻出阳文文字。所耗人力物力,超过泥埴窑烧,何止十倍。其他私家制罐,款识繁多,道光时"含芳园制"盆乃其佼佼者,用泥之细不亚于子玉,款式亦朴雅可喜。

一般养盆以有赵子玉伪款者为多,戳记文字、式样,不胜枚举。其他款识也难备述,大小造型,状态不一,因不甚被人重视,故缺乏记载可稽。

过笼,北京又称"串儿",谓蛐蛐可经两孔串来串去。名贵的过笼同样分万礼张、赵子玉两个系列。

万礼张过笼轮廓柔和,造型矮扁,花纹不甚精细,不打戳记而代之以指纹,印在盖背面。下举二例:

(一)万礼张菊花纽(亦称葵花纽)过笼 除纽外全身光素,有大小两种(图27)。

(二)万礼张五福捧寿过笼 纽为高起圆寿字,四周五蝠团簇(图28)。

赵子玉过笼棱角快利,立墙较高,花纹精细,不加款识。常见盖内印有叶形戳记中有"赵子玉"三字者皆是赝品。下举真者数例:

图 27 明万礼张过笼两种

图 28 明万礼张五福捧寿过笼

（一）赵子玉单枣花、双枣花过笼　亦有称之为桂花者，除纽外全部光素。造型有大小之别，小者又名"寸方"，宜用于晚秋较小的盆中。又有扇面式的，月牙形水槽贴着摆放，可为盆内留出较大空间(图29)。

（二）赵子玉五福捧寿过笼(图30)　与万礼张相似而花纹较繁，将光地改为纹地。于此亦可见前后的渊源关系。如过笼正面立墙有刀划花纹，则名曰"五福捧寿拉花"(图31)。"拉"，北京方言刀割之意。

图29　清赵子玉枣花过笼三种

图30　清赵子玉五福捧寿过笼

图31 清赵子玉五福捧寿拉花过笼

图32 清赵子玉鹦鹉拉花过笼成对

（二）赵子玉鹦鹉寿桃过笼　寿桃作纽，两侧各有展翅鹦鹉。亦名"鹦鹉偷桃"。如立墙有刀划花纹，名为"鹦鹉寿桃拉花"（图32）。

所谓旧串，和旧养盆一样，花色繁多。其佳者为"含芳园制"（图33）。盖上印有菊蝶、古老钱、蟠龙、花卉等花纹者（图34）以及红泥、黑花等（图35）又逊一筹。

《虫鱼雅集》讲道："水槽亦有真伪。至高者曰蓝宝文鱼，有沙底，有瓷底。次则梅峰、怡情、宜春、太极、蜘蛛槽、螃蟹槽、春茂轩、不能尽述。"其中文鱼与梅峰、蜘蛛,瓷胎釉色相似,当为同时期物。螃蟹及青花大水槽亦较早,时代均在雍、乾间,或稍早。怡情朱色勾莲制于嘉道时。春茂轩各式乃太监小德张为慈禧定烧,出光绪景德镇窑（图36）。昔年笔者一应俱全,且有德化白瓷、宜兴紫砂以及碧玉、白玉、玛瑙者。"十年浩劫",散失殆尽矣。

图33 清含芳园过笼、水槽

图34 清不同花纹过笼四种

图35 清黑花、红泥过笼两种

图36 清各式水槽

　　上局用具还有净水瓶,即大口的玻璃瓶。或用清代舶来品盛洋烟的"十三太保"瓶,因每匣装十三瓶而得名。磨光玻璃有金色花纹,十分绚丽。其用途是内盛净水及水藻一茎。蛐蛐胜后,倾水略涮其盆,掐水藻一小段放盆内,供其滋润牙帘。

　　此外,还有放在每一个罐上的"水牌"。扁方形,抹去左右上角。考究的为象牙制,次为骨或瓷。正面写虫名、买得日期、产地及重量。背面为每次战斗记录,包括日期、重量、战胜某字某虫等(图37)。它分明是为蛐蛐建立的档案。北京的规矩,非经同意不得翻看别人的水牌。

　　其他用具如竹夹了、麻刷了、竹制食抹等均为消耗品,从略。惟深秋搭晒所用竹帘,分粗细三等。极细者真如虾须,制作极精,今亦成为文物矣。

六、忆　友

　　七十年来由于养蛐蛐而认识的人实在太多了,结交成契友的也不少,而最令人怀念的是曾向我传授虫经的几位老先生。

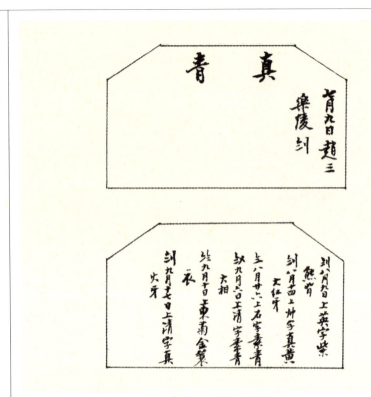

图 37 水牌（正面和背面）

赵李卿，武进人，久居北京。北洋政府时期，任职外交部，是我父亲的老同事，看我长大的。在父执中，我最喜欢赵老伯，因为他爱蛐蛐，并乐于教我如何识别好坏。每因养蛐蛐受到父母责备，我会说"连赵老伯都养"，好像理由很充足。他也会替我讲情，说出一些养蛐蛐有好处的歪理来。我和他家相距不远，因此几乎每天都去，尤其是到了秋天。

赵老伯上局报"李"字，所有卖蛐蛐的都称他"赵李字"。长腿王喜欢学他带有南方口音的北京话，同时举手用食拇两指相距寸许地比画着："有没有大黄蛐蛐？"他确实爱黄蛐蛐，因为养过特别厉害的，对黄蛐蛐也特别有研究，能说出多种多样的"黄"来——哪几种不中用，哪几种能打到中秋，哪几种才是常胜将军。他想尽方法为我讲解，并拿颜色近似的蛐蛐评比差异。但最后还是说只有遇到标准虫才能一目了然，还要养过才记得住。这就难了，谈何容易能碰到一条。有一年还真是碰到了。陆鸿禧从马坊逮回来的头如樱桃而脑线闪金光的紫黄蛐蛐。他认为是黄而非紫。因是早秋，他说要看变不变。如变深了就成紫蛐蛐了，也就不一定能打到底了。如不变深,则是虫王。他的话应验了,金黄色始终未退,连赢八九盆,包括"力"字吴彩霞的红牙青。而"力"字是以特别难斗著名的。每次对阵紫黄都是搭牙向后一勒,来虫六足蹬着罐底用力才挣扎出来。一口净,有的尚能逃窜,有的连行动都不灵了。赵老伯看其他颜色蛐蛐也有经验,但自以为对黄的最有心得。我最早相虫,就是他领进门的。

赵伯母是我母亲的好友,也很喜欢我。她最会做吃的,见我去总要塞些吃的给我。至今我还记得她对赵老伯说的一句话:"我要死就死在秋天,那时有蛐蛐,你不至于太难过。"二老相敬如宾,真是老而弥笃。

白老先生住在朝阳门内北小街路东,家设私塾,教二三十个启蒙学生。高高身材,微有髭须。出门老穿袍子马褂,整齐严肃,而就是爱玩蛐蛐。上局他报字"克秋",故人称白克秋,名字反不为人知。

不认识他的人,和他斗蛐蛐,容易拴对。因为他的虫都是小相,一比对方就会欣然同意。但斗上才知道,真厉害!他的蛐蛐通常一两口就赢了。遇上硬对,又特别能"驮口",咬死也不走,最后还是他赢。我还不记得他曾输过。养家经过几次领教,有了戒心,都躲着他。即使在相上明显占便宜也不敢贸然和他交锋。

我几次看他买蛐蛐,不与人争,总是等人挑完了才去看。尤其是到了蛐蛐店,明言"拿'下水'给我挑"。每次不多买,只选两三条。价钱自然便宜不少,因为已被人选过多次了。不过往往真厉害的蛐蛐并未被人挑走而终为他所得,真是千里马虽少而伯乐更难逢。

我曾向白老求教,请示挑蛐蛐的标准。他说:"为了少花钱,我不买大相的,因为小相的照样出将军,主要是立身必须厚。你的大相横着有,我的小相竖着有,岂不是一样?立身厚脸就长,脸长牙就长,大相就不如小相了。"记得他有一条两头尖的蛐蛐名曰"枣核丁",是上谱的虫,矫健如风,口快而狠,骁勇无比。每斗一盆,总把对方咬得满罐子流汤。如凭长相,我绝对不会要它。白老选虫还有许多诀窍,如辨色、辨肉等,也曾给我讲过,但不及立身厚那样容易领会理解。

白老每年只养二三十条蛐蛐,因此上局从不多带,少则两条,多则四条。天冷时,只见他白布手巾把一对瓦罐摞起一包,提着就来了。打开一看,两罐中间夹着一块热饼。一路行来,使火恰到好处。蛐蛐过了铃子,他饼也吃完了。他总是花最少的钱,用最简单的办法,取得最好的效果。

宣武门外西草场内山西街陶家,昆仲三人,人称陶七爷、陶八爷、陶九爷,都以养蛐蛐闻名。尤以七爷陶仲良,相虫、养虫有独到之处。当年蛐蛐局有两句口头语:"前秋不斗山、爽、义,后秋不斗叼、力。""山"为李桐华,"爽"为赵爽秋,"义"为胡子贞,"力"为名伶吴彩霞,"叼"即陶仲良。意谓这几家的蛐蛐特别厉害,以不斗为是。而后秋称雄,更体现了养的功夫。

我的堂兄世中,是陶八爷之婿,故有姻戚之谊。不过我们的交往,完全由于同有秋虫之癖。

陶家是大养家。山西街离蛐蛐店很近,常有人送虫来。九爷家住济南,每年都往北京送山蛐蛐。他们最多养到十几桌,将近三百头。当我登门求教时,仲良年事已高,不愿多养,但蛐蛐房还是占用了三间北屋。

时届晚秋,"叼"字拿出来的蛐蛐宝光照人,仍如壮年。肚子不空不拖,恰到好处。爪锋不缺,掌心不翻,按时过铃,精神旺盛。下到盆中,不必交战,气势上已压倒了对方,这是精心调理之功。他的手法,主要利用太阳能,帘子遮挡,曝日取暖,帘子分粗、中、细三等,借以控制温度,而夜晚及阴晦之日则用汤壶。前"忆养"讲到的"搭晒",就是他传授的方法。不过其不可及处在对个别蛐蛐采用不同的调理方法,并非完全一致。常规中又有变化,此又非我所能知矣。至于对爪锋及足掌的保护,他认为和罐底有极大关系。底太粗会挂断爪锋,太细又因打滑而致翻掌。因此后秋所用罐,均经严格挑选,一律用原来旧底而粗细又适度的万礼张。陶家当年藏罐之多也是罕有其匹的。

李凤山(生于1900年,卒于1984年3月28日),字桐华,以字行(图38),蛐蛐局报名"山"字。世传中医眼科,善用金针拨治沙眼、白内障等,以"金针李"闻名于世,在前门外西河沿191号居住数十年。

图38 李桐华先生八十三岁小影

桐华七岁开始捉蛐蛐,年二十七,经荣茂卿介绍去其兄处买蛐蛐罐。其兄乃著名养家,报字"南帅",选虫最有眼力。因患下痿,不能行动,故愿出让虫具。桐华有心向南帅求教,买罐故优其值,并为延医诊治,且常往探望,每往必备礼物四色。如是经年,南帅妾进言曰:"何不教教小李先生?"半晌,南帅问桐华:"你认识蛐蛐吗?"桐华不语。南帅说:"你拿两把来看看。"桐华从家中选佳者至。南帅命桐华先选一头。桐华以大头相重逾一分者进。南帅从中取出约八九厘者,入盆交锋,大者败北。如是者三,桐华先选者均不敌南帅后选者,不觉耳红面赤,汗涔涔下,羞愧难当。南帅笑曰:"你选的都是卖钱的虫,不是打架的虫。"桐华心悦诚服,自此常诣南帅处聆听选虫学,两年后,眼力大进。

桐华一生无他好,惟爱蛐蛐入骨髓。年逾八旬,手捧盆罐,犹欢喜如顽童,此亦其养生之道,得享大年。当年军阀求名医,常迎桐华赴外省,三月一期,致银三千元。至秋日,桐华必谢却赠金,辞归养蛐蛐。爱既专一,研钻遂深。中年以后,选、养、斗已无所不精，运掷更堪称首屈一指。有关虫事，每被人传为佳话。如虫友自天津败归，负债累累，借桐华虫再往，大获全胜，赢得赌注，数倍于所失。余叔岩摆蛐蛐擂台，久无敌手，桐华一战而胜。叔岩竟老羞成怒，拂袖而去。经人说项，始重归于好。李植、赵星两君已写入《京都蟋蟀故事》（共八篇，连载于 1990 年 8 月 12 日至 12 月 2 日《中国体育报·星期刊》），今不再重复。惟对桐华平生最得意之虫，尚未述及，不可不记。易州人尚秃子从山东长清归来，挑中有异色小虫，淡于浅紫，蛐蛐从来无此色，无以名之，称之为"粉蛐蛐"。多次赴局，重量仅六厘六，交牙即胜，不二口。是年在麻花胡同纪家打将军，杨广字重赏虫佣刘海亭、二群，以上佳赵子玉盆四具，从天津易归常胜将军大头青，以为今年"五路都虫王"，非我莫属。大头青重八厘四，桐华自知所携之虫，无分量相等者。不料过秤儿后，粉蛐蛐竟猛增至八厘四。与大头青对局，彼果不弱，能受两三口，但旋即败走。"广"字大为懊丧。行送神礼，虫王照例放在供桌上。二群三叩首，粉蛐蛐竟叫三声，与叩首相应，闻者莫不咄咄称奇。尤奇者，次日在家再过秤儿，又减轻至六厘六。昨之八厘四似专为与大头青对局而增长者。后粉蛐蛐老死，六足稳立罐中，威仪一如生时。凡上种切，桐华均以为不可思议，不禁喟然曰："甚矣哉！蛐蛐之足以使人神魂颠倒也！"

我和桐华相识始于 1932 年他惠临我邀请的小局。次年 10 月，在大方家胡同夜局，我出宝坻产重达一分之黑色虎头大翅与桐华麻头重紫交锋，不料闻名遐迩"前秋不斗"之"山"字竟被中学生之虫咬败，一时议者纷纷。11 月，桐华特选宁阳产白牙青与虎头大翅再度对局，大翅不敌，桐华始觉挽回颜面。"不打不成相识"，二人自此订交。此后时受教益，并蒙惠赠小恭信盆及万礼张过笼等。先生有敬斋盆二十有三，恰好我有一具，即以奉贻，凑成一桌，先生大悦，常向人道及我赠盆事。

1939 年后，我就读研究院，不复养虫，直至桐华谢世，四十余年间，只要身未离京，秋日必前往请候，并观赏所得之虫。先生常笑曰："你又过瘾来了。"1982 年后，曾念及亟不请先生口述，试为总结选虫养虫及鉴别虫具经验。惟此时正忙于编写有关家具、髹饰诸作，趋请讲授只两三次，所获已写入本篇，未能作有系统之记录。今日思之，深感怅惘。

编辑《蟋蟀谱集成》，更使我怀念桐华先生。他如果健在，《集成》一定可以编得更好一些，《六忆》也可以写得更充实一些，生动一些。

本文为《蟋蟀谱集成》一书的附录，
后以《秋虫篇》为题收入《锦灰堆》壹卷。

百 灵

我喜欢百灵，却从来也没有认认真真养过百灵。这种鸟古代叫天鹨，一名告天鸟，近代通称云雀，在西方则有 Lark 之称。

儿时在北京，接近了一些养百灵的人。他们多数是八旗旧裔，但也有贩夫走卒，甘心把家中所有或辛勤所得全部奉献给百灵。从这些行家们口中得知，如果养百灵不像京剧那样有"京派""海派"之分，至少也有"北派""南派"之别。北派对百灵的鸣叫有严格的要求，笼具则朴质无华，尺寸也不大(图1)。南派讲求百灵绕笼飞鸣，故笼子高可等身(图2)，而且雕刻镶嵌，十分精美，价值可高达千百金。正因其高，富家遛鸟，多雇用两人，杠穿笼钩，肩抬行走。

北派专养"净口百灵"。所谓"净口"就是规定百灵只许叫十三个片段，通称"十三套"。十三套有一定的次序，只许叫完一套再叫一套，不得改变次序，不得中间偷懒遗漏或胡乱重复。

十三套的内容可惜我已不能全部记清了，只记得从"家雀闹林"开始，听起来仿佛是隆冬高卧，窗纸初泛鱼肚色，一只麻雀从檐下椽孔跃上枝头，首先发难。继而是两三声同伴的呼应，随后成群飞落庭柯，叽叽喳喳，乱成一片。首套初毕，转入"胡伯喇搅尾儿"。胡伯喇就是伯劳，清脆的关关声中，间以柔婉的呢喃，但比燕子的呢喃嘹亮而多起伏，真是百啭不穷。猛地戛然一声是山喜鹊，主音之后，紧促而颤动的余音作为一句的结尾，行家们称之为"咯脑袋的炸林"，以别于"过天"。过天则音调迥异，悠然飘逸，掠空而去。原来"炸林"和"过天"是山喜鹊的两种基本语言,在栖止和飞翔时叫法有别而已。下去是学猫叫和鹰叫。一般禽鸟最怕猫和鹰,养鸟的却偏要百灵去学它最害怕的东西。学猫叫则高低紧慢,苍老娇媚,听得出有大小雌雄之分。学鹰叫则声声清唳,冷峭非凡,似见其霜翎劲翮,缓缓盘空。复次是"水车子轧狗子"。北京在有自来水之前,都用独轮推车给家家户户送水。每日拂晓,大街小巷,一片吱吱扭扭的水车声。狗卧道中,最容易被水车子轧着,故不时有一只狗几声号叫,一瘸一拐地跑了。净口百灵最好能学到水车声自远而近,轧狗之后,又由近而远。如果学不到这个程度,也必须车声、狗声俱备,二者缺一,便是"脏口",

图1 北京百灵笼

图2 南方百灵笼(南笼中之矮者)

百灵就一文也不值了。十三套还有几句常规的结尾,据说西城的和东城的叫法还小有区别,明耳人能一听便知,说出它是西城的传统还是东城的流派。十三套连串起来,要求不快不慢、稳稳当当、顺顺溜溜、一气呵成,真可谓洋洋洒洒、斐然成章!

过去东西南北城各有一两家茶馆,名叫"百灵茶馆"。东城的一家就在朝阳门外迤北,夹在护城河与菱角坑之间的"爱莲居"。凡是百灵茶馆都只许净口百灵歌唱,别的鸟不许进门,只能扣上笼罩，在窗户外边听，连敲开罩子吱一声都要受到呵斥。

进门一看，真叫肃静，六间打通了的勾连搭茶室，正中一张八仙桌是百灵独唱的舞台，四匝长条桌围成一圈，上面放着扣好罩子的百灵笼，不下百十具，一个个鸟的主人靠墙而坐，洗耳恭听。

俗话说："父以子贵，妻以夫荣。"养百灵的却可以说"人以鸟尊"！哪一位的鸟是班头，主人当然就是魁首。只要他一进茶馆，列位拱手相迎，前拥后簇，争邀入座，抢会茶钱，有如众星捧月，好不风仪，好不光彩，而主人也就乐在其中了。

当年我也曾想养一笼净口百灵，无奈下不起这个苦功夫。天不亮，万籁俱寂、百鸟皆喑的时候便提出笼来遛，黎明之前必须回家。白天则将笼子放在专用的空水缸内，盖上盖，使百灵与外界隔绝，每天只有一定的时间让它放声鸣叫。雏鸟初学十三套时，要拜一笼老百灵为师，天天跟它学，两年才能套子基本稳定，三年方可出师，行话叫作"排"。意思和幼童在科班里学戏一样，一招一式，一言一语都是排出来的。所以养净口百灵，生活起居，必须以笼鸟为中心，一切奉陪到底。鸟拜了师，人也得向鸟师傅的主人执弟子礼，三节两寿不可怠慢失仪。鸟事加人事，繁不胜繁，所以我只好望笼兴叹了。

图3 百灵鸟

中年以后,有机会来到南方的几个大城市,看到北派行家口中所谓的南派养法。高笼中设高台,百灵耸身登上,鼓翅而鸣,继以盘旋飞翔,有如蹁跹起舞。至于歌唱,则适性任情,爱叫什么叫什么,既无脏口之说,更谈不上什么十三套了。我认为去掉那些人为的清规戒律,多给百灵一点自由,也未可厚非。当年我曾抑南崇北,轩轾甲乙,自然是受了北派的影响,未免有门户之见。

不意垂老之年,来到长江以南的濒湖地区——湖北咸宁。我被安排住在围湖造田的工棚里,放了两年牛。劳动之余,躺在堤坡上小憩,听到大自然中的百灵,妙音来自天际。极目层云,只见遥星一点,飘忽闪烁,运行无碍,鸣声却清晰而不间歇,总是一句重复上百十次,然后换一句又重复上百十次。如此半晌时刻,蓦地一抿翅,像流星一般下坠千百仞,直落草丛中。这时我也好像从九天韶乐中醒来,回到了人间,发现自己还是躺在草坡上,不禁嗒然若失。这片刻可以说是当时的最高享受,把什么抓"五一六"等大字报上的乌七八糟语言忘个一干二净,真是快哉快哉!

听到了大自然中的百灵,我才恍然有悟,北派的十三套和南派的绕笼飞鸣,都不过是各就百灵重复歌唱的习性,使它在不同的场合有所表现而已。

北派十三套,可以把活鸟变成录音带,一切服从人的意志。老北京玩得如此考究、到家,说出来可以震惊世界。不过想穿了,养鸟人简直是自己和自己过不去,没罪找罪受,说句北京老话就是"不冤不乐"。南派的绕笼飞鸣,也终不及让鸟儿在晴空自由翱翔,自由歌唱。对百灵的欣赏由抑南崇北到认识南北各有所长,未容轩轾,直至最后觉得可爱好听还是自由自在的天籁之音,这也算是我的思想感情的一点变化吧。

原载《燕都》1987年第4期

鸽话二十则

序

遍查我国古今图籍,有关观赏鸽专著,只有明张万钟《鸽经》及近人于非厂《都门豢鸽记》两种。三百年来,前后辉映,为子部增色不少。前者详于品种,略于养育。后者述及品种、豢养、训练、用具等等,可谓无所不赅。盖因于氏对此文禽,情有独钟。事必躬亲,甘为鸽奴,故所记咸得自经历感受,弥足珍贵。此后于氏为《晨报·副刊》撰稿,谈京华风物,每日一篇,数载不辍。为时既久,遂难免有耳食臆测之处。读者倘因此而谓其言鸽亦尚侈谈,谬矣!

非厂先生于书末谓遣散鸽群约在 1920 年前后。区区养鸽则在 1924—1953 年,同在本世纪前半叶。故对其所记,备感亲切,正复缘是,有关鸽事,已无容我置喙处。今草《鸽话》,短札零篇,不过记儿时之情趣,抒垂老之胸怀而已。实不敢亦未尝有续貂之想也。

1999 年 2 月王世襄

于芳草地西巷

时年八十有五

一、吃剩饭　踩狗屎

回忆儿时,北京的观赏鸽远比现在要多。不论是哪条街巷,从早到晚,总有两三盘儿在那里飞翔。不用看颜色,从它们的飞法就知道是观赏鸽,不是信鸽。说到养者,老幼贫富,不同阶层,不同职业,什么样人都有。他们大都爱鸽成癖,甘心为它操劳,其甚者竟达到忘我的程度,连生活起居都受鸽子的制约,乃至不能按时吃饭。待吃时,残羹冷炙,扒拉几口了事。他们还养成了一个习惯,出屋门就抬头仰望,看房顶,看天空,就是不注意脚下,踩上什么东西弄脏了鞋袜都不知道。因此人们送给这些鸽子迷六个字:"吃剩饭,踩狗屎。"多年以来,这"六字真言"竟成了养鸽者的"雅号",虽语含嘲讽,听者却不以为忤,或笑而默许,或自豪地反唇相讥,说什么:"你哪知玩鸽子的乐趣!你没那个造化,亏了!"

鸽子迷为什么会吃剩饭、踩狗屎呢?试说一二。飞盘儿裹来了别家的鸽子,落在房上,千方百计要诱它下来,为我所有。如果它是和我有仇隙之家的鸽子,则兹事体大,要借此来报仇雪恨。可气它就是不肯乖乖地下来,这时必须全神注视其神情动态。如尚安详自在,未显出局促紧张,身在异地,则不妨诱之以食以水。如羽毛缩紧,引颈探头,东张西望,浮躁不安,则殷勤相待,反会促使其惊逸,只有视而不见,一若不知其存在,待它松弛下来,再诱其就范。但又必须时时防其突然飞起,好随手打起鸽群,将它再次围裹,落到瓦上。在尚未抓到它之前,岂止自身顾不上吃饭,连家人都须放慢行动,低语噤声,真好像过皇上似的。实际上来鸽未必是名贵品种,值不了几文钱。可是许多养家,包括区区下走,硬是如此认真,如此贪婪,岂不可笑!又如清晨傍晚飞盘儿,由于朝雾暮霾或风向的关系,一个劲儿地往某一方向摔盘儿,越摔越远,不知道回来。养家未免着急,生怕远方鸽群四起,混战一场,把盘儿扯散,要吃大亏。这时只有再飞起几只打接应。不料没起作用,连打接应的也随了过去。这时真希望有架云梯,好爬上去看个究竟。更恨不得有个咒诀能把盘儿拘回来。鸽群不回,就如断送了身家性命,哪里还有心吃饭!

《瑞霭和平》(《五鸽图》) 于非厂作

鸽子迷看高不看低,由习惯变成本能。房上、天上,不论有没有鸽子总要看一眼。鸟儿飞过,以为是鸽子,也要看一眼。当年北京居民店铺,几乎家家养狗,故大街小巷三五成群。如不留神脚下,自然会踩上狗屎。脏了鞋,一般都悄悄地自己刷洗。烦劳他人是难免要遭到埋怨和奚落的。

　　爱鸽成癖也有不吃剩饭、不踩狗屎的,只是能如此,必须有较高的修养,确实很不容易。有人说起得鸽子、丢鸽子,仿佛大爷满不在乎,但事到临头却原形毕露,与平时的侃侃而谈,判若两人。故真能不患得患失的实在很少。我十几岁时认识一位苏老头儿,住在朝阳门内东城根儿。他年近七旬,养着三四十只点子和玉翅,飞得极好,每天三次都高入云霄。不走趟子,只在头顶盘旋。由于飞得高,不容易和别人家的鸽子撞盘儿。如撞上盘儿他也不垫(即掷鸽上房,使鸽群急速落下),任其分合。裹来了鸽子,不论好坏,落到房上就被他轰走。他说得好:"我不怕丢,更不想得。我玩的是鸽子,不让鸽子玩我!"因此他有自由,生活起居不受鸽子的牵制。说穿了只有一句话,吃剩饭,踩狗屎,是受患得患失之累。

　　我早就明白这个道理,可是直到将停止养鸽之时,即已届不惑之年,还是不能摆脱此累。近日也曾想过,假如我现在还在玩鸽子,能否达到苏老头儿的境界,把落在房上的好鸽子轰走。我承认还是做不到,而且宁可饿半顿也要把它得到手。可见说起来容易做到难。透过小小的宠物癖好,也能窥见人生修养的大道理呀。

二、目送飞鸽　手扔五吊

　　记得我第一次得到较好的鸽子,是上小学时在隆福寺买的对点子(图1),花了五吊钱。公的荷包凤,白凤心,母的平头,都是算盘子脑袋,阴阳墩子嘴,白眼皮,长脖细相。公的长约一尺二,母的也过尺,去年头一窝的崽儿,真够精神的。

　　我因疼爱它们,缝膀子舍不得把线抽紧,免得驯熟后,打开膀子时会勒出印儿来。蹲房半个月,渐渐合群,看不出要飞跑的样子。不料一日清晨,两只先后爬上房脊,择毛梳翎,都把线择开了。公的突然飞起,一叫膀儿,母的随即腾空,比翼盘旋,绕房两圈,转

图1 2000年郑州观赏鸽大赛上,作者在欣赏紫点子鸽

向西北飞去。我登高目送,直到无影无踪。这使我十分懊恼,掉下了眼泪。但也长了经验,缝膀子不可因心疼它而手下留情。

正是丢点子的那几天,家馆陈老师教我念古诗,讲到嵇康的"目送飞鸿,手挥五弦。俯仰自得,游心太玄",我对老师说,我也有四句:

目送归鸽,手扔五吊。

俯仰自叹,膀缝松了。

老师莫名其妙。我把经过讲给他听。老师说:"不对了,要是鸽子飞走,那就该是'目送飞鸽'而不是'归鸽'。"我说:"没有错,因为'归'是说鸽子回归到它原主人那里去了。"

三、飞盘儿与撞盘儿

鸽群飞起,在院落上空盘旋,是为"飞盘儿"(图2);飞盘儿而与他家鸽群遭遇,合后又分,返回房上,是为"撞盘儿"。二者说起来简单,却各有许多讲究。总的说来,仰望飞盘儿赏心悦目,养性颐神,确是一种享受。撞盘儿有得有失,如好胜负气,竟能惹是生非，但有的养家却偏要从这里寻找刺激。

　　鸽群如喂养有方，训练得法，每次飞盘儿，三起三落，可长达一小时有余。当其乍起，仅过树梢，盘旋未远。某为某鸽，看得分明，是认识各只飞翔习性的最好时机：看它是常飞在前，还是每拖在后；是喜欢冒高，还是沉底；是居盘儿中，还是常被甩在盘儿外；转换方向时，是起带头作用，还是随大溜等等。能在低飞时看清楚，高飞时也就不难辨识了。观察所得，可为精选队伍成员，孰去孰留，提供依据。

　　低飞一般五六个盘旋便升到半空，鸽子约如燕子大小。此时当注意看它是飞死盘儿，还是飞活盘儿。前者只朝一个方向旋转，久久不知变换。后者不时左转，不时右旋，圆婉自如，饶有韵律。是死是活，关键在领队飞翔的几羽。它们是一盘儿的骨干，即使花色欠佳，也须保留。同时还须认出拗执孤行，偏离滞后之鸽。数鸽也十分重要，尤其在撞盘儿掰分之后，只有过数，才知道得失盈亏。认鸽、数鸽，我都是跟王老根学的，但自叹弗如。他年逾古稀，我正当壮年，认鸽不如他看得准，数鸽也不如他数得清。四五十只一群，他一瞥便报数不误，而我只能数清三十来只的盘儿，更多就难免有误。

图2　鸽子飞盘儿

盘儿飞到高空，术语叫"挂起来了"，这时鸽小于蝶，要仰面极目，才能看到。往往时值盛夏，地面炎热，上方清凉，鸽子也爱风清气爽，挂得特别高，久久不肯下降。观者也忘记酷暑，仿佛服了一剂清凉散，仰望移时，竟全无感觉。待盘儿落下，才觉得颈项酸痛。

　　观赏鸽鸽群，白色多于他色，故值夏日暴雨初过，严冬彤云四垂，天际黝黑如墨，那时鸽群在头顶盘旋，已感到与平时景色大有差异。倘盘儿飞到远空，引颈斜眺，星星点点，栩栩浮动，被深色的云天衬托得如银似雪，闪烁晶莹，显得格外幽旷冷峭，清丽动人。此情此景，深入我心，岁月虽邈，常忆常新，闭目即来，消受不尽。

　　如果把各家的鸽群看成军队，那么撞盘儿就等于军队之间的遭遇战。撞盘儿包括进攻和撤退。我盘儿飞向他盘儿并与之掺和，即所谓的"撞"，等于进攻。合后又分开，术语称之曰"掰"，听令返回家中，等于撤退。知兵者贵在知彼知己和训练有素。这对养鸽者指挥撞盘儿也完全适用。

　　训练有素的鸽群，只只精练，牢记家中巢舍，绝不会被他群裹走，即所谓的"透"。起飞后，它会"追盘"，主动地冲向他群。有时一冲而过，他群中的弱者很容易被拐带过来。有时虽与他群合盘儿，但实际上还是各自保持着自己的队形，掰盘儿时，整整齐齐，泾渭分明。有时合盘儿盘旋，时逾半响，两群已经掺和到一起，而掰时各不犹豫，自然分成两盘儿，各自归巢。上述两种情况可谓势均力敌，打个平手。如果一盘儿训练有素，一盘儿编队不久，强弱不齐，掰盘儿时很可能弱者被扯得游离于两盘儿之间，一时失辨，误随他盘儿而去，成了俘虏。其甚者，竟有全盘儿被扯乱，七零八落，溃不成群。倘天空尚有其他盘儿，更弄得不知何所适从，终至全军覆没，只羽无归。可见只有对自家之鸽，心中有底，确知其记性耐力都很强，则无论怎样撞盘儿也无妨，冲锋陷阵，百战不殆。我在高中读书时，已能把三十来只点子、玉翅等训练得很有战斗力，敢与任何鸽群周旋，成为邻近养家不敢轻视的一盘儿。他们盘儿中如有欠透之鸽，总是躲着我飞。后来王老根来到我家，为了证明训鸽能如人意，在两三个月内竟训练出一支"兜上就走"的奇袭部队。其特点是当有别家鸽盘儿围着宅院低飞，正好往里续生鸽时，他打起精选的二十来只，不绕圈，擦着房，直奔该盘儿而去,撞盘儿之后,拨转头往回飞,故曰"兜上就走"。对方还不知道哪里冒出来的盘儿时,有的生鸽已经被裹走了。王老根说:"这玩意儿不局气(即不正派),挨骂,得鸽子也不体面。日久了,它就不爱挂高儿了,妨碍正式飞盘儿,不上算。"故随后这编队就被王老根解散。看来他只为露一手,说明不局气的玩法他也会而已。

如上所述,可见撞盘儿的全过程是合而后分,即所谓的"掰",掰后落到自家房上。撞盘儿我有得而无损,是见高低、决胜负的关键。原来观赏鸽的习性是只要看见自家房上出现鸽子,不论飞得多高,都会抿翅下降。因此命令它们掰盘儿十分简单,只须抛一两只鸽子上房,术语称之曰"垫",盘儿便会迅速落下。不过什么时候要它掰,什么时候垫,却又有学问。指挥者必须审时度势,争取到对我最有利的时刻,也就是等候全盘儿飞到能见其巢并便于落下的角度,抛鸽上房,并力争垫在对方垫鸽之前。惟最重要的还在训练有素。没有好兵,指挥者再好也无能为力,只有徒唤奈何。

四、走趟子

观赏鸽放飞除了飞盘儿、撒远儿外,还有"走趟子"。"走趟子"即清晨起飞后,盘旋三五匝,便已挂高,如燕子,如蝴蝶,栩栩入云。倏忽间朝某一方向飞去,杳无踪影。此去少则数十分钟,多则半日;归来已近中午。

走趟子必须精选健翮修翎,最善飞翔之鸽,其桀骜不驯者尤佳。年龄在幼鸽已圆条(十根大翎已换成新的)后至二三岁之间。逾此便须更换,否则将牵制整体,不复远去。鸽数不可多,十羽以下为宜。其一不妨戴小哨,二筒、三联之类,取其体轻而音高,归来时,未到顶空已闻其声,且有助测知其往返行程。哨切忌大,莫使负担过重,以致离群,或遭鹰隼袭击。

我十八九岁时,住朝阳门内芳嘉园,有七羽走趟子——四只黑点子,两只黑玉翅,一只黑皂,戴一把祥字小三联。每日清晨,飞盘儿之前先放此七羽。它们回来时或与飞盘儿的会合,一起落到房上。或飞盘儿的落下许久,它们才回来。

七羽每天都往西北方向飞去。为了解其行程,曾骑自行车试图追踪,并在交道口、鼓楼一带盘桓等候。几次都毫无所得。鸽友们笑我说:"您太逗了,简直的在学'夸父追日'。"我自己也觉得头脑简单而愚蠢。后来我把走趟子的鸽数、品种、哨型、时刻等,告知德胜门外马甸的鸽友,才知道这七羽有时经过北郊天空,还继续往西北飞去。算来距朝阳门至少已有三十多里了。

五、续盘儿

续者,增续也。盘儿者,鸽群飞起结队如盘也。将新来之鸽增续到鸽盘儿之中一起飞翔曰"续盘儿"。

新来之鸽首先要"蹲房"。捆膀扔到房上,置之不理,但须观察其神态,看有无逃逸之意,借以知其驯狎程度。待其认清环境,熟悉栅窝,可打开捆膀,任其自由上下房。下一步训练飞盘儿,但不使它从房上和鸽群一同起飞,以免进不了盘儿,或进而又被甩出。此时倘有邻家鸽群来袭,容易被裹走。故宜采用续盘儿之法,从地面直接将它抛入盘儿中。

当鸽群尚未起飞时,戴上白手套,将待续之鸽装入竹挎,放在院中。待飞盘儿已三起三落,降到低空,只绕房盘旋时,从挎中掏出一只,握在手中,头朝内,尾向外,等候鸽群将到、下腰、垫步、拧身、转脸,仿佛摔跤使用"别子"一招的架势,将手握之鸽垂直地抛入盘儿中。这一连串动作,说起来简单,完成得好坏,却大有差异。续得好,能把鸽子不高不低、不前不后、稳稳当当、舒舒服服地抛入群中,它一展翅就能随盘儿飞行。续得不好,不是赶前、就是错后,不是冒高、就是沉底,进不到盘儿里。我十五六岁时已能优为之,总能将鸽子续到最合适的地方。注意事项是雌鸽要松握轻抛,以免伤裆。产卵前必须停止续盘儿。

据传闻,晚清有一位鸽迷原是善扑营布库,后来在戏园子工作,每天扔手巾把,渐渐把日常的动作运用到玩鸽子上,续盘儿由他始创。可惜已无人知其姓氏了。

六、竹竿的差异

养鸽子一般用竹竿来驱使其起飞,或阻止其降落。不同养家,用竿长短大不相同。我的体会是竹竿越长,竿上的零碎儿越多,越说明养家的资历浅、本事差。

我童年养鸽,用的竹竿有两丈多长,上端拴过红布条儿,也捆过鸡毛掸子。晃动它如挥大旗,觉得很威风,但也感到吃力,几下子胳膊就酸了,咬着牙还晃,而鸽子却不甚怕它。于是我就用竹竿磕房檐,啪啪作响,三间瓦房整整齐齐的檐瓦,都被我敲碎了,但鸽子还是不听指挥。我索性上房骑在屋脊上,挥竿呐喊,逼得鸽子往邻家的房上落。为了追赶它,常从正房跳到相隔数尺的厢房上。一次被母亲看见,她几乎晕倒在廊子上。

到了十七八岁,我用的竹竿只有一丈来长了,竿顶不着一物,感到反比过去的长竹竿好用。等我上大学,在燕京东大地的园子里养鸽子。那时已请到王老根帮我照料鸽群,我才学会用三尺来长的细竹竿拨鸽子出棚并示意要它起飞;或为了续鸽子,用竹竿示意要它围房多转几圈。鸽子却变得悉如人意。竹竿长短,效果好坏,差异如此之大,其奥妙究竟在哪里呢?

飞翔是鸽子的本能。正常的鸽子都能飞,而且喜欢飞,其飞翔久暂,有关体力,则因鸽而异。养好传统观赏鸽,飞好盘儿,和养好信鸽是完全一样的,必须了解每一只的体力强弱、健康情况,乃至性情习惯。飞盘儿时先把体力最强的若干只集中在房上。小竿刚一示意,就腾空而起,几次回旋,便直薄云霄。半晌之后,高度下降,再放飞体力次强的若干只。和第一批合盘儿后,又挂高入云。待其下降,再放飞体力又略逊的第三批。合盘儿后再度上升,最后全部落到房上。这就是所谓的"三起三落"。如果经过训练并淘汰其弱而无用者,把整盘儿鸽子调整到最佳状态,则不必分批,全盘儿同时起飞,也能三起三落,历时一小时有余。这将使邻家生羡,行人驻足,行家里手,不由得说一声"有功夫"!

在三起三落之后,鸽群已完成飞翔任务,理所当然应让它落在房上休息。此时如还挥竿迫使飞翔,那就是养家的不是了,又怎能怪鸽子乱飞乱落呢。

总之,知鸽性才能养好鸽子。适其性,不用竿也能指挥自如。违其性,竿再长,也无济于事。这个简单的道理,我懂得比较晚。有的人养到老还懵然未能领悟。

七、和重要文物同等待遇

鸽子,只须看它的品位、外观,便知道其养家大概是何等样人。有一次从护国寺庙会上买回一对花脖子,不为观赏,只用它抱窝,当"奶妈子"。一进门,王老根就问:"您买孩子的吧?"我说:"您怎么知道?"他说:"您看玩得多脏,一身渍(读zī)泥,膀拐子上还沾着梨膏糖呢。"

当年几次看人家提着扣布罩的拐上庙。打开一看,紫漆拐装着两对黑点子;或是黑漆拐装着两对紫点子;或是白茬拐装着两对黑玉翅。当然也有铜膀、铁膀和各种白尾巴。不仅拐与鸽子不靠色(读shǎi),显得格外鲜明夺目,鸽子更是品位甚高,个头、花色、脑相、嘴头,无一不佳;而且干净利落,一尘不染,像刚下架的葡萄,一身霜儿。人家带鸽子上庙,不为卖,不为撒远儿,只为"晾",只为"谝"(《新华字典》注音为piǎn,北京口语读piǎ),总之是为了炫耀;从围观者的啧啧称赞,鸽贩、鸽佣的恭维奉承中得到满足、快慰。不用问,主人一定是一位玩得考究的资深养家。

孩子们玩鸽子,买不起也换不到好的,一天不知道要摆弄多少回。养家之鸽,不长出个模样来不要,指挥出栅,只凭一根竹竿,根本不上手。二者所养的品位、外观,自然有天渊之别了。

鸽子也有不得不上手的时候。如:缝膀子、续盘儿、缝哨尾子、戴或摘哨子、喂药治病等等。上手时一定戴手套,以一种白线薄手套为宜。

我儿时养鸽子,和一般孩子一样,也是大把攥,十多年后,才懂得戴手套。后来到博物馆工作,接触重要文物时,都必须戴手套。我曾想:好鸽子也很珍贵,为了保持它的净洁美丽,供人欣赏,接触它时戴手套也是完全必要的。它理应得到和重要文物同等待遇。

八、刚雄与柔媚

鸟类的雌雄,有的羽毛花色差别显著,例如孔雀、雉鸡。有的雌雄并无差异,如麻雀、喜鹊。鸽子属于后者,不论是何花色,雌雄相同。

自己喂养的鸽子,成双成对,孰公孰母,自然完全清楚。对新增添的或准备购买的就须予以分辨了。例如买成对鸽子,首先要查明是否为原对,即使非原对,至少应该是一公一母。如要为单只找对偶,买时更须辨明性别。买错了,不但配不上对,反而又多了一个单奔(bēn)儿。

北京传统的公母辨认法,非厂先生在《都门豢鸽记》(图3)中有所述及:"左手持鸽,右手以拇食两指轻捏其头之下、颈之上,以观其睫开合之状,雄者眼必凝视,甚有神,睫之开合至速;雌者眼颇媚,若盈盈然,睫之开合弛而缓。然在生鸽,亦往往不甚准确。"此外还讲到摸扪裆眼,雌者宽于雄者。但又谓"雄鸽裆眼亦有较宽者,须视为例外"。

图3 《都门豢鸽记》书影

据我所知,北京的老养家分辨公母,偶尔也捏脖、摸裆,而更主要的在"相其貌、观其神"。貌是有形的,简单明了,如公的比母的个头、胸围都大些,腿高些,脑袋也大出一圈等等。神则比较抽象而无形,通过感觉、体会,才有所得。鸽子的公与母,神情确实不同。老养家不用上手,数步之外,乃至高在房上,一眼望去,已能说出公母,而且很少失误。我看行家辨认公母,观其神占有相当大的成分。

年轻力壮的公鸽子,确实有一种阳刚之气,几步走儿已经显露出来,不只是在打咕嘟时才雄赳赳,气昂昂,不可一世。长相好的母鸽子,总带有几分妩媚娇娆,举止顾盼,都会流露出女性的美。当然只有观其神才能知其美,而知其美者,一定是鸽子的真正爱好者,爱到把鸽子看成人了。《鸽经》作者张扣之讲到佳种之鸽:"态有美女摇肩,王孙举袖……昔水仙凌波于洛浦,潘妃移步于金莲,千载之下,犹想其风神。如闲庭芳砌,钩帘独坐,玩其妩媚,不减丽人。"他不就是把鸽子看成名姝佳丽了吗?

我开始养鸽子就学分辨公母,也曾捏脖摸裆,但难免出错。买过一对黑乌,售主告诉我原窝原对,拿回家两只都打咕嘟。想配一只母点子,市上遇见大母儿不敢买,怕是公的,结果放跑了一只好母儿。后来懂得相其貌,更须观其神的道理,辨认的准确性比过去提高了,觉得鸽子更耐看了,更美了,更富有人性了,爱它也更深了。

鸽友中有人比我执着,认为我对例外讲得不够,好像"相其貌、观其神"便可辨明所有雌雄,绝对无误似的。我说例外当然有,即使是老行家也难免有看错的时候。作为万物之灵的人,不也有女的长得粗壮魁梧,性格爽朗,大有男子气;而男的也有长得白皙纤弱,举止忸怩,颇有脂粉气吗?人犹如此,何况鸽乎?

九、喷雏儿

育雏之鸽将嗉中食物口对口、喙衔喙,反刍给雏崽,北京称之曰"喷"。嗉中食物早在孵卵时期已开始分泌、合成,故可称之为乳汁或营养液。北京则曰"浆"。浆随雏崽之成长而由稀转稠,兼句之后,渐含有米粱碎屑,直到完整颗粒。循时增长,无不适合雏崽之消化吸收。造化之妙,天伦之爱,令人惊叹。

非厂先生《都门豢鸽记》对育雏注意事项,包括如何选择孵卵之鸽等,讲述颇详。惟对喷雏不得法、不尽责,甚至弃而不养,应如何抢救,殊少言及。所谓不得法,指未能将浆喷入雏崽食道,反将空气喷入,致使小小嗉囊鼓胀如塑料薄膜球,张口嘘气,奄奄待毙,后果与被遗弃同。凡此,必须以人代鸽,喷喂雏崽。

王老根曾在庆王府任鸽佣二十余年,喷哺鸽雏,允称一绝。出卵不足二十日之雏,只能喷,不能喂。浆亦须泡制。小米煮烂成糊,漱口务净,含糊口中,以嘴角衔雏喙,运舌尖推舐,使浆输入嗉囊。出卵逾二十日,雏身已长出毛锥,始可试喂煮烂小米。左掌托雏,头右向。右手食、中、无名三指并拢,中指为底,其形如槽,置小米少许于槽中,凑近雏喙,俟其张口,以右手拇指指甲,推米入喙。如喙不张,可试用左手食、拇两指稍稍触其嘴叉,诱其张开。一切动作必须轻而缓,耐心尤为重要,日三四次,不厌不烦,始见成效。

老根喷喂幼雏,我曾多次仔细观察,耐心仿效,终难得其要领,故效果远逊。予喜短嘴拃灰,因难购得,全仗自家培育。两三年内,只成活三四羽。待老根来吾家,自春徂秋,六七对拃灰,窝窝传宗接代,羽数翻番,一竿挥起,已占全盘儿之半矣。

十、观 浴

浴鸽作为工笔花鸟题材,由来已久。五代黄筌有《玛瑙盆鹁鸽图》《竹石金盆鹁鸽图》,黄居宝有《竹石金盆戏鸽图》,黄居寀有《湖石金盆鹁鸽图》等,仅经《宣和画谱》著录的就有八幅之多。足见浴鸽是园林庭院、竹外花前,耐人观赏的一景。

鸽子喜欢洗澡,只要天气晴和,虽严冬不废。倘得偷闲,抄一把小椅子,找地方一靠,静静地看鸽子的动作和表情,可以觉察到每一只的习惯和性情,有时还能领会到人禽之间的相通处。这不仅是很好的享受,也可引起我们联想和思考。

浴盆径二尺有余,高约一尺,用木块拼成,取其边厚,便鸽站立。外加铁箍,浸以桐油,不用时也贮水,以防渗漏。日将午,置盆院中砖面地上,倾入清水,深约半尺,打开鸽栅子,全部放出,不一会儿,鸽子便聚到盆边。

有两三只先跳上盆沿,似乎只想清漪照影,并无入浴之意。它先探身用嘴勾水,勾了几下才勾着,摇头又把水甩掉。这时盆边上的鸽子已多起来,有的偏往挤的地方跳,跳不上去,才换个地方,不由得感到颇像街上看热闹往圈里挤的人。

有一只好像很勇敢先跳下水,愣了一下,才伏身以胸触水,一触即起,几次后才伸展两翅,拍打水面。随后有两三只开始仿效。这时盆沿上因太挤而打起架来,互以喙啄。有的被挤下水,这倒好了,落得下来,不再打架,也开始洗澡。霎时间盆中已满,早下去的不顾周围索性散开尾翎,摇颈簸身,恣意扑腾起来,水花四溅,如雨跳珠,直到羽毛尽湿,沾并成缕,才跳到盆外。后下水的也都洗个痛快才舍得出盆。这时水面浮起一层白霜,盆外地面也都已溅湿了。

跳出盆外的鸽子总是先抖擞几下,把羽毛上的水抖掉。好多只都跑到砖地外的土地上晒太阳。我喜爱的一只母点子,看中了花池子土埂外长着浅草的斜坡,用爪子挠了几下,侧身而卧,偎了一偎,感到已经靠稳,拉开一翅,在和煦的日光中,回头半咬半嗑地把背上的小毛蓬松开,并一根一根地梳理着翅翎和尾翎。接着又转身卧下,拉开另一翅膀,重复前面的动作。这时有一只不识相的花脖子跑来,边打咕嘟边围着她转。她不予理睬,花脖子反来劲了,鼓起颈毛,兜着尾巴往前一跃,几乎踩上了她。守在一旁的大公点子,看到这不怀好意的动作,愤怒万分,急忙赶上来,连啄带鸽(qiān)把花脖子撵跑了。

每一只鸽子晾干羽毛后,都自由自在地活动起来。有的沿着墙根儿啄食剥落的石灰,它是在补钙。有的回到窝中呜呜呜叫,呼唤伴侣归巢。有的双双飞到房上,公的回旋欢叫,炫耀它雄壮轩昂的姿态,母的则频频点头,报以温柔,两吻相衔,双颈缩而又伸。交尾后,公的飞起,翅拍有声,即北京所谓的"叫膀儿"。母的随之腾空,绕屋几匝后,又落到房上。这也算是"夫唱妇随"吧。

坐在小椅子上已有一个多小时了,我的感受是"万物静观皆自得",一切都按照其自身的规律在运行,故显得和谐、安详而自然。不仅是鸽子,不只是一竹一木、一草一花,也包括我自己。

十一、挎

北京鸽舍,内有界成方格的窝眼,外有围成小屋的栅子,用不着笼具。不过为了上市买卖、远出放飞、生鸽续盘、雌雄配对、伤病隔离等等,都必须使用笼具。

鸽笼长方形,长约三尺,宽、高各尺数寸,顶面两开门,中有高拱提梁,便于伸臂屈肘,挎之而行,故不曰"笼",而称之曰"挎"(图4)。

北京巧匠制鸟笼已有数百年历史,与南方制品的主要区别在不尚精雕细琢,而贵朴质无华,只偶在局部略施装饰。惟竹材之选用,做工之精密,要求特别严格。常见者有水磨白茬,本色不上漆,以年久色如琥珀者为贵。合竹,笼圈及条均由两片或两根留皮去瓤之竹粘合而成。麻花圈、麻花条,圈条均由两根竹材拧成。漆者有黄、紫、黑诸色,尤以傅家紫漆笼最有名,收藏者舍不得使用,视为珍贵文物。

鸽挎与鸟笼相比,只能算是糙活儿,但受益于鸟笼的成就,也达到相当高的水平。白茬的同样能拂拭得如"一汪水儿"似的润

图4 鸽挎

泽。漆拶务求颜色纯正，不着纤屑尘埃。考究养家备有日用、晾庙两份鸽拶，后者白布为罩，且不止一具。黑漆者用以笼白色、紫色鸽，黄色者用以笼黑色鸽，取其不靠色，鸽子显得格外精神，提到庙上，布罩一揭，观者不禁为之喝彩。

拶上有几处可施装饰。四角立材，下端着地成足，上端出头如柱顶，往往削成"八不正"形，或雕成仰俯莲。两扇门的别子镂成蝙蝠、蝴蝶或盘肠。提梁中部一段，密缠藤篾并编出卍字或回文。处处见匠心，不失为一件精美的民间工艺品。

我不喜养笼鸟，但藏有傅家紫漆靛颏笼。鸽拶则有一具水磨白茬老拶，光亮可爱。"文革"中被曾在街道工作的小脚老太太拿去分别养雏鸡和老母鸡了。

十二、鸽子市

庙会有鸽市，不知始于何时，据云乾嘉以来，早已如此。市在庙会附近，不与其他货摊杂处。庙会有定期，逢九、十隆福寺，市在东四西大街，今民航大楼门前槐树下。逢七、八护国寺，市在新街口南前车胡同口内外。逢三土地庙，市在宣武门外下斜街。逢四花儿市，市在花市大街东段南侧。逢五、六白塔寺，市在寺后门元宝胡同。其中以隆福、护国两市为盛，人称"东西庙"。北城无庙会，故北新桥曾设市，日期逢六，旋因鸽少人稀而废。60年代以后，各庙或改建商场，或定为保护单位，鸽市无可依附，移往龙潭湖、水碓子、祁家豁子等处，无往日之盛矣。

当年鸽市人物众多，形形色色，指不胜数。先言鸽贩。

鸽贩有大有小，被称为"大拶""小拶"。盖因北京鸽笼，通称曰"拶"。大贩用两大拶及数小拶笼鸽，可容百数十头，多雇人肩挑或车推上市，故曰"大拶"(图5)。小贩只提一小拶，可容十来头，故曰"小拶"。惟拶之大小并不反映鸽贩之资本多少。大拶有只卖一般品种，无力雇人而须自己挑拶者。小拶亦有以经营佳鸽为主，资本雄于一般大拶者。三四十年代，瑞四、对儿宝列诸大拶之首。出入大户人家，鼓舌如簧，精通夸诩本领，同时亦极阿谀奉承之能事。对一般养家则常露轻蔑之色，直到冷嘲热讽。对同业多行不义,欺凌剥削,刻薄刁钻,实一市之霸。老袁乃大挎而匿于资者。小白为小挎常携佳鸽待价而沽,亦不惜高值收购者。当年大小鸽贩能呼其名者不下数十人,今已随岁月流逝而遗忘殆尽矣。

再言养家。市上所见,中产小康之家及清贫无恒产,借苦役给朝夕者,实百倍千倍于富商豪绅。其中更有以叫卖谋生,赖拉车糊口,自身难保温饱,而为鸽买粱豆,先于为家市米薪者。彼等常言:"我从牙上刮下点吃的喂鸽子。"可见此癖中人之深。盖养鸽实为北京民间习俗,大众爱好,故名贵品种得长期萃集于北京,且不时培育出新奇花色,正因其有广大深厚之群众基础。

鸽市所见又一特点为顽童稚子,直到老叟衰翁,不同年龄,庙庙可见,故知癖之终身者,大有人在。予年十二三即去鸽市,历少壮而届中岁。"三反"中,蒙冤厄,身系囹圄十阅月,自此罹肺疾。随后政治运动频繁,不再养鸽。惟得暇仍游鸽市,积习难除也。见幼童指鸽问值,转身数囊中钱,不敷而有苦色。自思当年我曾如是。见中学生与对儿宝议价,该贩斜睨曰:"买不起你别买!"

图5 老北京鸽子市上的"大挎"

自思当年亦曾受奚落。见中年人买瑞四鸽,已成交。瑞四喜而连声奉承:"您真有眼力!"自思当年渠对我亦曾先倨而后恭。见曳杖叟,以巾裹两鸽,手提而行。自思我届叟年,不知有幸与鸽为侣否?今老矣,目眊足跛,早绝畜鸽之想,但不能忘情。"蹁跹时匝芳树,窈窕忽上回栏",每现梦中。不获已,鸽市仍为常游之地,惟当年名贵花色,已难得一见。愈感宣扬我国悠久灿烂鸽文化,尽力访求、保护传统佳种,实为当务之急。《鸽经》《鸽谱》之印行,或能收效于万一,吾不可得而知矣!

十三、憋鸽子

市上买卖鸽子既有鸽贩,也有养家。买者大都愿买养家的,不愿买贩子的。贩子卖的价钱贵,而且往往做了手脚,如剪掉杂毛、扦换夹条等。

从养家手中买鸽子,最好不在市上,而在赴市途中。因卖者到市才露面,人们便一拥而上,争相探挎取鸽,问公母,讲价钱,忙忙乱乱,无法看清好坏。倘有人存心哄抬,更闹得难以成交。

当然,买者想要在赴市途中买到称心如意的鸽子,实非易事。要不惜费时费力,耐心等候。坚持守株待兔精神,始能有所收获。因而这一行动有了专门名词,曰"憋鸽子"。

贩子憋鸽子更多于养家。他们不论花色品种,只要有利可图就买,故比养家容易开张,逢庙之日,养家、贩子都在途中"憋"。为了避免"狭路相逢",诸多不便,养家总是走得比贩子远一些,以期占"先得月"之利。30年代,有一位鸽友,逢九或十,再碰上是星期日,总是坐在朝阳门内的茶摊儿上,憋从通州、东坝等地来鸽。东郊有不少家都畜佳种,当时城墙未拆,故朝阳门是他们去隆福寺必经之路。一般养家憋鸽子多半在东四牌楼、大佛寺附近选点等候。点如何选,大有学问。首先必须是上市常经之路,其次要求视野开阔,行人动态,历历可见。此外,还要为憋者自己找一个可容身休息之处才好。

我的选点在大沟巷把口的汪元昌茶叶店和稍稍迤东的万聚兴古玩店。两家都有玻璃门窗,面临大街,且窗内有板凳可坐断断续续,憋了四五年,成绩并不佳,只憋到成对的铁翅乌,和最喜爱的粗嘴葡萄眼素闪黑玉翅,还有短嘴素灰及斑点灰等。最得意的是为鸽友憋到一对当时十分罕见的双五根、五六根铁膀点子,刀斩斧齐,通身和素点子一样。买到后,故意提到市上走一遭。有人问,大声回答"我刚憋的",使瑞四、对儿宝等为之侧目。

十年浩劫后期,从干校回到北京,直到十一届三中全会的召开,其间有一段无所事事的时期,我常去看足球比赛,不料却成了买退票能手。不仅场场不空,而且总有三五位相识或不相识的球迷跟随身后,等候我为他们买退票。我也总能让他们高高兴兴地进场。买退票的秘诀是要根据得票可遇率来选点;要频频吆喝,遇人便问;遇有退票者,要行动果断,票款在握,立即钱、票两交。买退票当然不同于买鸽子,但不少经验却是从憋鸽子得来的。

十四、拃 灰

我喜欢灰色的观赏鸽。它不同于灰色的野鸽(北京通称"楼鸽")和外来的信鸽。喜欢的原因是虽名曰"灰",却有多种花色。首先色有深浅之别,粗粗区分,也有"深灰"(或曰"瓦灰")、"灰"和"浅灰"(或曰"亮灰")三等。其次,除翅端两道深色楞外,有的浑然一色,曰"素灰";有的有深色斑点,曰"斑点灰"。复次,有的翅有白翎,曰"灰玉翅",并视其有无斑纹曰"斑点灰玉翅"或"素灰玉翅"。还有头项部位生白毛,曰"灰花"。再加上有的为白眼皮金眼,有的宽红眼皮睛如朱砂曰"勾眼灰"(《鸽经》曰"狗眼")。品种实多于他色观赏鸽。

"灰"中我最喜欢的是短嘴、算盘子头、大不盈握的北京所谓"拃灰"(图6)。它不仅各种花色俱备,而且娇小玲珑,矫健善飞,堪称"天生尤物"。别看它体型小,却胜任背大哨。我的一只斑点亮灰,系"鸣"字大葫芦,随盘从不落后。是因为一只大公点子承受不了才让它佩戴的。

我幼年养鸽,不拘花色,喜欢就买,品种较杂。1945年回京后,只养点子、玉翅、灰三种。当时城内拃灰,首推东四牌楼东南隅灰铺所畜,其次即数舍下。1953年蒙不白之冤,身陷囹圄,此后不复养鸽,但始终未能忘情,尤其是拃灰。偶经鸽市,必几番巡视,以

图6 㸃灰

期一见。至60年代初,已感到有绝迹之虞。

生禽难见,求之于图绘。梅畹华先生护国寺故居,正房西间隔扇上,就挂有一幅朱砂眼浅色㸃灰玻璃油画,画得美妙绝伦。畹华先生的《舞台生活四十年》中有一段讲到此图:

> 有一天一位最关切我的老朋友冯幼伟先生很高兴地对我说:"畹华,我在无意中买到一件古董,对于你很有关系,送给你做纪念品是再合适没有的了。"说着拿出来看,是一个方形的镜框子,里面画着一对鸽子。画地是黑色,鸽是白色,鸽子的眼睛和脚都是红色,并排着站在一块淡青色的云石上面,是一种西洋画的路子,生动得好像要活似的。我先当它是画在纸上面,跟普通那样配上一个镜框的。经他解释了,才知道实在就是画在内层的玻璃上面,仿佛跟鼻烟壶里的画性质相同。按着画意和装潢来估计,总该是在一百多年前的旧物。据说还是乾隆时代一位西洋名画家郎世宁的手笔,因为上面没有款字,我们也无法来鉴定它的真假。但是这种古色古香的样子,看了着实可爱。我谢了他的美意,带回家去,

挂在墙上,常对着它看。这件纪念品,跟随我由北而南二十几年,没有离开过,现在还挂在我家的墙上。

那幅油画实在动人,画里真真,呼之欲出,故每次往观,必凝视久之而后去。使我十分遗憾的是拨乱反正后,畹华先生故居恢复开放,我再次往观,隔扇犹存,鸽画已杳。经询问,始知早已毁于"打砸抢"。惜哉!今可见者,只有印在《舞台生活四十年》1957年版第一集中的一幅模模糊糊的黑白图了(图7)。

1963年,我在文物博物馆研究所任职时,参加考察龙门石窟工作队。假日去洛阳关林,在集上巧遇有人拿着一对拃灰,使我惊喜。当时存有戒心,不敢轻举妄动,但还是忍不住多看了两眼,问了问价钱。果然当晚生活会上过不了关,被"左"得可爱可敬的英雄们狠批了一顿,上纲到"违法乱纪"。我却暗自欢喜,喜的是北京虽已绝迹,外地还有,真是天佑瑞禽呀!将来如有一天容许人活得自由一点的话,我一定专程到洛阳来访求它。

拃灰!拃灰!我实在未能忘情!

图7 梅兰芳先生纪念馆中的清代玻璃油画拃灰

十五、鸦虎子

鸽鹰，不知为什么叫"鸦虎子"，难道它也抓乌鸦？

听老友常荣启说，下网打大鹰，用鸽子作油子（诱饵），也打到过鸦虎子。比鹞子大些，深色眼珠，和金黄色眼珠的大鹰、鹞子不同，而和兔虎（鹘）相似，因而应属隼类云云。兔虎即每年秋季国外派遣不法之徒到宁夏一带偷购、盗运出口的猎隼。我所知仅此，正确的分类要请教鸟类学专家了。

鸦虎子和大鹰一样，8、9月间从塞外飞来。经过华北平原而南去。除在途中攫食鸽子外，有的留下来（曰"存林儿"）专吃北京的鸽子，故为害甚虐。当年有人在天坛柏树下发现鸽子毛、鸦虎子"条"（鹰隼粪便皆作条形，故曰"条"），吐出的"毛壳儿"（鹰、隼每日凌晨都将不能消化的鸟兽毛羽团紧成球吐出，古人名之曰"鳦"，见《说文解字》），还捡到过鸽哨。燕京大学水塔顶层檐下也住过鸦虎子，我心爱的一只墨环便死在它的爪下。

鸦虎子袭击鸽盘儿的伎俩不外乎"托"和"冲"。托是在鸽下回旋，迫使盘儿升向高空，然后突然出击。冲是在盘儿上滑行，或速鼓两翅，停在高空，养家称之曰"定油儿"，随即倏忽冲向鸽盘儿。托与冲目的均在打散鸽群，使各自逃命，打着"鬼翅子"，作不规则的飞行，迅速冲向地面。鸦虎子正好借此选择目标，攫捉最容易捉到的鸽子。带哨之鸽往往因身有负荷而遭惨厄。故真正爱鸽者，往往有哨而不悬。

每次飞盘儿前，鸽群集房上，当先观察其神态。倘有多只紧毛兀立，引颈注视某方，就是天空有警之象，当即停止飞放。飞盘儿时如发现回旋失常，翅频紧急，也说明有鸦虎子，应立即打开栅门，迅速"垫"（驱栅中之鸽上房，使飞盘儿之鸽速下，术语曰"垫"）下鸽群，俾得安全降落。

十六、买高粱还是买奶粉

1947年我从日本押运被劫夺的善本书107箱归国，去南京与清理战时文物损失委员会交待清楚后回到北京,开始在故宫博物院任古物馆科长。

　　说起来惭愧,此时我和荃猷及一岁的儿子住在芳嘉园家中。父亲告诫我:"念你刚出来工作,我管你们吃、管你们住。至于你的额外开支,我管不了,必须自理。"实际上父亲已经管了我们生活上的一切,所谓额外开支,是指我买文物标本、古老家具和鸽子食粮的费用。当时零星文物很便宜,古老家具没人要,更不值钱,我买的又大都是残缺不全的,但架不住贪得无厌;数十只鸽子,每天也要吃几斤高粱,还须多少搭上点小米、黑豆;因此我手头总是很拮据。父亲既然有话,有些并非纯属额外开支,也不便启齿了。

　　有一个月月底,赶上儿子的奶粉吃完了,鸽子的高粱也吃完了。荃猷有病缺奶,奶粉对儿子极端重要,鸽子几十张嘴,也不能饿着;但手中的钱买了奶粉买不了高粱,买了高粱买不了奶粉。我是买奶粉呢,还是买高粱呢?

　　和荃猷商量后,我们取得一致的意见:花钱给孙子买奶粉,爷爷肯定乐意掏,但不能提。不要说被父亲质问一句,就是稍稍表示不解:"为什么不用买家具和高粱的钱买奶粉?"我便无地自容。荃猷有个妹妹,住得不远,借钱救急买奶粉,还借得出来,但如开口借钱买高粱喂鸽子,就太不像话了。

　　最后决定,把仅有的钱买高粱,借钱买奶粉。

十七、养鸽条件

　　按照北京的老谱儿,养鸽子要具备一定的条件。就是:平房三间,独门独院,院子较宽敞,有一部分地面是土地,四周无高楼大树,棚子上有遮阴的小树或豆架瓜棚。

　　平房并不要求高大,瓦房或棋盘心均可。后者养踩云盘鸽子更相宜,不会戳断毛脚上的羽毛。独家一户,不受干扰,免起纠纷。院子较大,有利鸽子活动和主人观赏。有土地鸽子才能啄食土壤,挠土扒坑,洗旱澡,晒太阳。无此便难遂鸽子的天性,剥夺了鸽子的本能,故十分重要。无高楼免得鸽子不听指挥,飞上去不下来。无大树免得起飞落下时成了障碍。棚子有遮阴,夏日暴晒可以无虞。

图 8　芳嘉园院内鸽群，1947年，袁荃猷速写

　　上述条件，20世纪初不少养家都大体具备。时至今日则太难太难，简直是不可能了。今日的养家，十之七八在楼房阳台上筑鸽舍。人禽共处，有碍卫生，不得飞，不得看，一切乐趣，荡然无存，故不如不养。要圆旧日之梦，恐怕只有搬到农村去住了。

　　50年代初，我遣散鸽群，倒不是由于住房有了变化，而是遭到冤狱。只因在日本投降后，我为国家追回的国宝太多了，"三反"中怀疑我有严重问题，手铐脚镣关入公安局看守所审查十个月之多。查明没有问题后释放，明明是有功无罪，却被文物局、故宫博物院开除，通知我自谋出路。天下宁有此理！不平则鸣，1957年我注定会戴上"右派"帽子。60年代初我故态复萌，又犯了养鸽瘾，未能如愿，则是由于住房有了变化。房管局、居委会知道我家院中有几间厢房无人住，天天动员我拿出房来"抗旱"，也就是出租。如不同意，就要在我家办街道食堂或托儿所。身为一个摘帽"右派"如何能扛得住。权衡后果，只好同意出租，于是我家就成了大杂院。后来我才明白，动员我出租，是为了加上我父亲在世时已租出的一所房达到十五间之数，这样就够上私房改造的法定标准。一箭双雕，两处私房都成了公房。从此我不再具备养鸽子的条件。真应当感谢对我的改造，一下子把我癖爱鸽子的痼疾给根除了。

十八、王熙咸

王熙文,住宣外铁门米市胡同,喜遛獾狗,架大鹰,举"胡不拉"(即伯劳),仪表轩昂,谈笑爽朗,有侠者风。弟熙咸,终身不娶,孑然蛰居和平门内南所,瘦小而讷于言,与熙文同行,孰信其为弟兄。殊不知熙咸乃通臂拳宗师张策关门弟子,后又潜心太极,终成武林高手,能掷猛夫于十步之外,所谓真人不露相者也。

熙咸年十五,始养鸽,由鸽及哨,爱之入骨髓,搜集收藏成为平生惟一爱好,竟以"哨痴"自号。惟身为小学教员,中年即退休。性迂直,不善治生产,故家境清贫,俭约殊甚。独于鸽哨,不惜倾囊相易,乃至典衣质物无吝色,非得之不能成寐。如是数十年,所藏乃富,所知乃丰,更得与制哨高手陶翁佐文相切磋,故能穷其奥窔,对惠、永、鸣、兴各家之造型风貌,刀法异同,音响高低,真伪鉴别,皆能言之凿凿,了如指掌,真知灼见,无人能出其右。

熙咸撰有《鸽哨话旧》一稿,七千余言,信是记录研究鸽哨之最重要文献,已收入拙作《北京鸽哨》。其中有绝妙之文,可供欣赏:

二宝、小六合买绍英家淡黄漆全竹小型鸣字十一眼一对(图10)。斯哨有四绝:一曰鸣字,二曰全竹,三曰型小,四曰无疵,

图9 作者与制哨名家吴子通、陶佐文、王熙咸(右)合影于1960年

即咏西家亦无此尤物。售者居奇，买者恐后。尔时余于旧哨，尚无真知灼见，故质诸佐文。佐文曰："如哨果佳，则君不妨说'尚可留用'，以免彼居奇。如为赝鼎，则君不妨说'此哨绝佳，慎莫轻易出手！'如此虽交易不成，彼无怨尤。"予往视，哨固真而且精，屡经磋商均不谐。最后许以十五对小永哨易此一对，二贩沉思移时，始允交易。狂喜之下，徒步归家，恐踬而伤哨，一步落实，方迈下步，返寓入室，心始释然。此后蓄哨名家，接踵而来，每求割爱，余爱之切而未能许也。倘有识者祈一观，则共欣赏而不吝焉。两哨伴我二十余年，竟为小奸赚去，每一念及，五内如焚。

凡有玩物之癖者，皆知议价还值，须施心计，擅辞令，方能成交。故往往佯进实退，欲擒故纵，有褒有贬，时实时虚，盖非此不足以应贾贩之狡黠。不意佐文寥寥数语，已尽其旨。获宝之后，欢喜无状，捧之怀之，维恭维谨，竟至行动失常，不知所措。凡有此经历者，读之当有所会心而不禁暗自窃笑也。

余曾多次造访熙咸，室晦而隘，罩内窗前，案头桌面，架上柜中，枕边床底，箱箱匣匣，篓篓篮篮，尽是鸽哨，此外别无长物。计成双者不下三百对，无偶者数亦如之，真可谓洋洋大观。余请求

图10 老永字淡黄全竹十一眼鸽哨成对

拍照,本拟携摄影师同往,而熙咸曰:"我能知人,带走何妨。"且毫不迟疑,择至精者相借,其待人真诚又如是。余深幸留此形象记录,1989年《北京鸽哨》出版,得用作图版。否则仅附拙藏,名家之制,所缺太多,无足观矣。

熙咸常年茹素,鸡蛋亦在禁食之列。八旬以后,体衰多病。1986年逝世,享年八十有七。据同院邻人言,全部藏哨,被其甥女席卷而去,此后不知流落何处。自有鸽哨以来,两次最重要荟集为乐咏西、王熙咸之收藏,不幸散若云烟,命运竟相若也。

十九、标点鸽名

标点古籍,多由谙悉文言文者任之,虽饱学之士,亦不免有误,可见其难。遇有事物名称,专门术语,则更难落笔,往往反复思考,逗点几番移上移下,仍未点到是处。读者固不能要求标点者事事精通,而标点者也只有不惮辛劳,查阅有关图籍并向熟悉此道者请教,始能不错或少错。误点古籍中鸽名,试举两例。

蒲松龄《聊斋志异》(青柯亭刊本)《鸽异》篇有如下字句:

又有靴头点子大白黑石夫妇雀花狗眼之类名不可屈以指。

1977年人民文学出版社《聊斋志异选》,由北京大学中文系张友鹤选注,标点上文如下:

又有靴头、点子、大白、黑石、夫妇雀、花狗眼之类,名不可屈以指。

按《鸽异》所列鸽名,均见张万钟《鸽经》。鸽名为:靴头、点子、大白、皂子、石夫石妇、鹊花、狗眼。故只须查阅该书,便可标点如下:

又有靴头、点子、大白、黑、石夫妇、雀花、狗眼之类,名不可屈以指。

富察敦崇《燕京岁时记》(光绪三十二年刊本)"花儿市"条有如下字句:

其寻常者有点子玉翅凤头白两头乌小灰皂儿紫酱雪花银尾子四块玉喜鹊花跟头花脖子道士帽倒插儿等名色其珍贵者有短嘴白鹭鸶白乌牛铁牛青毛鹤秀蟾眼灰七星兔背铜背麻背银楞麒麟斑蹦云盘蓝盘鹦嘴白鹦嘴点子紫乌紫点子紫玉翅乌头铁翅玉环等名色。

1961年北京古籍出版社排印本《燕京岁时记》标点上文如下:

其寻常者有点子、玉翅、凤头白、两头乌、小灰、皂儿、紫酱、雪花、银尾子、四块玉、喜鹊花、跟头花、脖子、道士帽、倒插儿等名色。其珍贵者有短嘴、白鹭鸶、白乌牛、铁牛、青毛、鹤秀、蟾眼灰、七星、兔背、铜背、麻背、银楞、麒麟、斑蹦、云盘、蓝盘、鹦嘴、白鹦嘴点子、紫乌、紫点子、紫玉翅、乌头、铁翅、玉环等名色。

其中跟头、花脖子、短嘴白、鹭鸶白、乌牛、七星兔背、麒麟斑蹦(踩)云盘、鹦嘴白、鹦嘴点子等均被误点。

《燕京岁时记》成书去今不远,故鸽名与20世纪养家、鸽贩所用者基本相同。如赴鸽市访问即可得到正确答案。1938年美国人胡斯(Harned Pettus Hoose)编写英文小册,名曰《北京鸽与鸽哨》(*Peking Pigeons and Pigeon Whistles*)亦曾引用《燕京岁时记》鸽名,"花脖子""麒麟斑"等标点竟不误。胡斯阅读古籍能力不可能比排印本的标点者高明,只不过他和鸽贩有交往,可随时询问而已。

二十、《鸽种全书》

美国勒维(Wendell M. Levi)编著鸽谱,名曰 *Encyclopedia of Pigeon Breeds*(1965, T.F.H.Publications, Inc., Jersey City, N.J.),似可译名为《鸽种全书》。蒙香港友人惠借数周,得浏览一过。喜其详备,

曾驰书海外求物色一册，因绝版而未果。全书彩图807幅，每幅一鸽，可谓洋洋大观。

《鸽种全书》引起我注意之事有四。

（一）自愧孤陋寡闻，所见不广。某些海外品种，从未见过。如能将嗉囊吹涨如球之Pouter，全身羽毛卷曲如落汤鸡之Silky Sedosa。凤头如满月之Jacobin，颇疑此即《鸽经》所谓"凤卷如轮"之"凤尾齐"。

（二）《鸽种全书》中不少花色为北京常见品种。惟以北京养家标准衡之多不及格。如点子，西方名之曰Helmet(头盔)，因头上黑羽覆盖头顶如盔而得名(见图130—136)。从审美角度看，远不如中国点子：平头贵"瓜子点"，两侧露白眉子；凤头贵黑凤或黑凤白凤心。它们额头只一点或一簇，俊俏生姿。玉翅，西方称黑者曰black white-flighted(图568)。紫者曰yellow white-flighted(图115)。其头、嘴、眼皮无一佳者，对两翅白翎不宜过多或过少，或一多一少，亦不讲求。各图所见与北京之素闪、粗嘴、葡萄眼黑玉翅之美实无法比拟。又如紫乌头(图227)，嘴细而尖，竟如野鸽。麸背，西方称Blue Argent Modena(图252)，头嘴欠佳，体型臃肿。使人感到西方养家似未能如我国爱鸽者之穷年累月，代复一代，将观赏鸽培育到至美极妍。

图11 瑞士黑头盔（《鸽种全书》页145，左图）

图12 荷兰紫头盔（《鸽种全书》页146，右图）

图13 中国点子

(三)西方鸽种中也有头圆如算盘子,嘴短如谷粒者。大抵属于 Satinette(图300—303,中文译名沙田尼)、Blondinette(图307—312,中文译名白朗黛)、Owl(图314—316,中文译名枭鸽)三种。花色有的近似鹤秀,即《鸽经》之腋蝶或麒麟斑,清宫鸽谱之蛱蝶。当年倘在北京市上出现,定被视为无上佳品。

(四)《鸽种全书》后附文献目录,收有明张万钟《鸽经》,但著者并未见到原书。中国观赏鸽仅收墨环、乌头、黑乌、亮灰等数种(图557—564),由香港何先生(Ho Yan Ning)提供。足见我国鸽文化虽悠久灿烂,但对外宣传十分欠缺,故不为世界所知,使人深感遗憾。

飲食

许地山饼与常三小馆

当年燕京大学校址在北京西郊。校东门外有家小馆,因掌柜的姓常行三而被称为"常三",擅长做一种面点,名曰"许地山饼",颇有名气。

近年孙旭升先生写过一篇文章,题为《称许饼》,讲到30年代我为"常三"写的一副对联并还记得其中的一句:"天竺传来称许饼"。半个多世纪前的游戏之作,居然还给人留下印象,这当然是由于许地山先生的道德文章,深入人心。而区区附骥,也与有荣焉!

当年我送给"常三"的对联不是一副而是两副。其一是:

葱屑灿黄金,西土传来称许饼。
槐阴淙绿玉,东门相对是常家。

这许饼确实是地山先生从印度学来传授给"常三"的,所以又名"印度饼"。后来竟脍炙人口,成为该馆食单上的保留节目。它的做法是先炒鸡蛋,用铲铲碎,放在一旁备用。另起油锅炒葱头末,煸后加咖喱,盛出备用。再起油锅炒猪肉末,七成瘦,三成肥,变色后加入炒好的鸡蛋及葱头末,加食盐和白糖少许。因不用酱油,色泽金黄,故曰"葱屑灿黄金"。以此作馅,擀皮包成长方形的饼,近似褡裢火烧而较宽,上铛烙熟。烙时须两面刷油,所以实际上是一种馅儿饼。原料易得,操作简单,故家家可做。记得1956年黄苗子、郁风夫妇和张光宇、正宇昆仲惠临舍间,我就做了许饼和清汤馄饨相飨,居然多年后他们还说味道不错。印度古称"天竺",写入联中,自然更为贴切。不过我要点出"东门",所以上联只好用"西土"以求对仗工稳了。下联也不妨解释一下。燕大东门恰好和"常三"相对,中间隔一条马路和水渠。渠上盖三块条石,拼成平桥。沿着渠东侧有一行槐树,枝叶甚茂,俯荫渠水。夏秋雨过,流水有声,故有"槐阴淙绿玉"之句。

第二副是:

葛菜卢鸡,今有客夸长盛馆。
潘鱼江豉,更无人问广和居。

"长盛馆"是"常三"的字号名称。只因"常三"出了名,字号反罕有人知。"葛菜"又叫"葛先生菜",由一位姓葛的学长传授给"常三"。当年虽曾品尝过,今已印象模糊。"卢鸡"是一位广东女同学卢惠卿教给"常三"的。我吃过多次并看"常三"的大徒弟炒过,即烹子鸡块和葱头丝。作料用姜末、酱油、黄酒、白糖和纯胡椒粉,十分可口。"潘鱼"即"潘炳年鱼",原料用羊肉汤、活鱼。"江豉"因江某所传而得名。两人都是晚清名士。本世纪初,北京广和居这两道名菜几乎无人不晓。我上学时,广和居已歇业有年矣。

两副对联我用工楷写在荣宝斋裱好的洒金笺对子上,朱丝栏格子是我自己打的。常三大喜,悬之店堂,并特意请我在柜房里吃大螃蟹。时属深秋,他知道我不爱吃团脐,所以只只都是白膏盈壳的雄蟹。我在燕大上了七年学,和常三成了老朋友,但并不经常光顾。原因是本科四年在食堂包伙,周末走出东门,也不一定去"常三",因为附近成府街还有一家倪家饭铺,也很不错,而且便宜。进了研究院,住在校外,自己开伙。只偶尔想吃爆火的菜,如爆肚仁,才自备原料,到"常三"灶上借勺颠两下。常三也不拒绝,对我总算是破例了。

"常三"是一个中为长方院,四周有房,院内带住家的饭馆。从路东的随墙进去,门道以南是灶房,门道以北是散座,北房三间是雅座,南房存货物工具,东房住家。西南角设杂货铺,另开门脸。糖果烟酒、罐头鲜果、汽水冰淇淋等应有尽有。它算不了什么高级餐馆,以肉菜为主,鸡未必每天有,鸭子、海参等根本不准备。但对虾季节,烹虾段却做得极好,远非当今某些大饭馆所能比。因为那年头对虾不是什么稀罕之物,既新鲜,又便宜。大掌柜常三,二掌柜常四,都身体魁梧,笑口常开,态度和蔼。一家老小,无不参加劳动,管理得井井有条。论价钱和当年一般的中低档饭馆差不多,或许略高。但用料地道,菜肉新鲜,而且保质保量,长期不变,所以生意很好。

"常三"当年卖得最多的菜是常四拉长了嗓子叫喊的"来一卖软炸里脊——糖、醋、烹"。末三个字分开喊,一个比一个重,到"烹"字又特别短促,喷口有力,猛然顿住。有时还要应顾客的要求,带上一句"多加菠菜"。此外比较别致的菜是肉末炒松花和糖醋熘松花。前者妙在皮蛋上佳,色深而软,姜味甚浓。后者切块后在鸡蛋清中拉一下,稍炸后再烹糖醋汁。其他如焦熘土豆丝、炒木樨肉、海米白菜汤等都堪称物美价廉。白案的家常饼烙得极好,层多香软。焦炒面抻得头发那样细,不煮,直入油锅,炸好后浇宽汁的炒肉丝,确是美味。

凡在燕大上过学的,或多或少,都曾光顾过"常三",它总会给顾客留下印象。现在遇到老同学,谈来谈去,往往就谈到了"常三",旅居海外的同学也是如此。有位已在美国定居的学长,回国探亲,在北京住了两周,临行时对我说:"吃了北京不少家大餐厅、酒店,反倒使我怀念起'常三'来。"我问为什么?他说:"'常三'的菜没有山珍海味,更没有望而生畏、令人作呕的所谓'艺术拼盘'。它好在老老实实,朴质无华,吃什么是什么味儿。房间很简单,不花里胡哨,也不忙乱,不嘈杂,吃饭时心里踏实,有在家的亲切感。我对国外的某些格调不高的饭馆很厌烦,没想到国内的饭馆竟去学它们。这不能不使我怀念'常三'!"我无言以对,只好说:"你到底是位美学家,语多哲理,可能和明代书画家的观点有相通处,所谓'绚烂至极,乃归平淡'吧。不过要请你原谅,一个人要是没有经过绚烂,恐怕也不可能领略平淡之妙。你对它们的要求也未免太高了。"

燕京大学的同学遍天下,如果看到我这篇短文,或许会勾起对往日的一丝回忆吧!

原载《中国烹饪》1986年第8期

饭馆对联

我的国学启蒙老师是一位在外家教家馆的老学究。入学时，几个表哥都已经在学作诗，我则先学对对子，从背诵"天对地，北对东，夏雨对秋风……"一套顺口溜开始。我倒挺喜欢这玩意儿，往往放学前主动请老师出对子，回家对好，第二天呈送给老师看。长大一些后，学作律诗和试帖诗，还跟着大人学作诗钟，实际上都是在对对子。给饭馆作对联，已是上大学的事了，送给"常三"的两副就是那时候作的。

大学毕业后，长达四十多年没有给饭馆写过对联。北京沦陷时期，在大后方颠沛流离时期，为清理文物奔走及出国考察时期，1949年回国后一个运动接一个运动时期，都不会也不可能为哪一家饭馆作对联。只有在拨乱反正之后，清除了极"左"，承认我国的烹调是文化、是艺术、是宝贵文化遗产，讲饮食、评饭馆不会再被扣上资产阶级生活方式的帽子之后，才又斗胆再给饭馆写对联。看来这虽只是一件小事，却有关国家气运，不亦伟乎？！

自1980年以来，我也只给饭馆写过三副对联。第一副赠美术馆附近的悦宾。这是一家最早的个体户小院，出于对新鲜事物的好奇，一个人跑去试试，要了盘鱼香肉丝和锅塌豆腐。价钱不算贵，原料也不错，至少都是瘦肉，味道还可以，态度热诚，比许多公营小馆肉菜全用肥膘、态度不咋地要强。一高兴写了一副相赠。联曰：

> 悦我皆因风味好,
> 宾归端赖色颜和。

第二副写给得月楼。今年元旦,天津古文化街落成,由于朱家溍兄和我都给街内的文物店写了匾额和楹联,被邀参加开幕式,并请在食品一条街的苏州得月楼吃饭。

那天得月楼的师傅们很卖力气,把最好的东西都拿出来了,十几道菜中有清蒸圆鱼、虾子海参、烹大虾、糖醋鳜鱼等。大虾不脆,是原料问题,不是做得不好。鳜鱼则色、香、味、形俱佳,非常新鲜,是我1973年离开湖北咸宁干校后吃到的最好的鳜鱼。

饭后经理和师傅们都上楼来,拿出宣纸要求即席题字。"得""月"两字都是入声,放在上下联之首本无伤格律。但一个是动词,一个是名词,故半晌未能成句,眼看要轮到我写了,不免抓耳挠腮起来。忽然由姑苏想到了寒山寺,改变了原来的主意,得联如下:

> 听钟犹忆寒山寺,
> 品馔今夸得月楼。

家溍兄在一旁笑了,悄悄地对我说:"寒山寺救了你的驾!"

第三副今年春节祝贺同和居新楼开业。联曰:

> 同味齐称甘旨,
> 和羹善用盐梅。

上联用《孟子·告子》"口之于味也,有同嗜焉",下联用《尚书·说命》"若作和羹,尔惟盐梅"。我虽把"同""和"两字冠在了联首,但同和居菜肴的特点没有能写出来,所以没有作好。

原载《中国烹饪》1986年第10期

1986年以后饭馆对联写得多一些,想得起来的有:

赠无锡馆新苑酒家：

   梅芳艇系鼋头渚，
   姜嫩丝堆鳝脆盘。

赠福州馆华腾酒家：

   华筵美酿倾千石，
   腾馥嘉肴出八闽。

赠悦宾分号悦仙小馆：

   举杯皆喜悦，
   到此即神仙。

1993年10月，我和荃猷访台过港，承功德林主人柳和青、王丹凤伉俪盛情款待，品尝素食。菜肴有鲜蘑百合、菊花茄子、炖野生口蘑汤等，天然本色而形味俱佳。予我印象最深的却是用玉蜀黍须烹制的冷碟，不仅晶莹洁白，味亦清爽隽永。后来我送给他们一联，还开个小小的玩笑：

   不上梧枝栖翠柳，
   巧烹黍穗作银丝。

1994年6月又记

春菰秋蕈总关情

戢戢寸玉嫩，累累万钉繁。
中涵烟霞气，外绝沙土痕。
下筋极隽永，加餐亦平温。

这是宋汪彦章的食蕈诗。"蕈"通"菌"，或称蘑菰，亦可写作蘑菇，其味确实隽永，且富营养，是厨蔬无上佳品。我素嗜此物，尤其是春秋两季野生的，备觉关情。

记得十一二岁时，随母亲暂住南浔外家。南浔位在太湖之滨、江浙两省交界处。镇虽不大，却住着不少大户人家。到这里来佣工的农家妇女，大都来自洞庭东、西山。服侍外婆的一位老妪，就是东山人。她每年深秋，都要从家带一甏"寒露蕈"来，清油中浸渍着一颗颗如纽扣大的蘑菰，还漂着几根灯草，据说有它可以解毒。这种野生菌只有寒露时节才出土，因而得名。其味之佳，可谓无与伦比。正因为它是外婆的珍馐，母亲不许我多吃，所以感到特别鲜美。

在燕京大学读书时，常常骑车去香山游玩，而香山是以产野生蘑菰闻名的。经过访问，在附近的一个村子四王府结识了一位人称"蘑菰王"的老者，那时他已年逾六旬了。他告诉我香山蘑菰有大小两种。小而色浅的叫"白丁香"，小而色深的叫"紫丁香"，春秋两季都有。他谈得有点神秘——采蘑菰要学会看"稍"（读作sào)，指生蘑菰的地脉。这"稍"从地面草木的长势可以看出来。

他虽向我讲解了几遍,但我还是不能得其要领。看来所谓的"稍",一半指草木的葱茏茂密,一半和埋在土内的菌丝有关。蘑菇落下孢子才生长菌丝,所以产菌的地方年年会有蘑菇长出来。使香山出名的是一种大白蘑,直径可以长到一尺多,像一只底朝天的白瓷盆。过去只要在山上发现此种幼菇,便搭窝棚在旁守护,昼夜不离,以防被他人采去。只需两三天便长成,取下来装入大捧盒送到宣武门外菜市口去卖,可得白银三五两,因为它是一种名贵贡品。"蘑菇王"感慨地说:"这是前清的事了,近些年简直得见不着了。贵人吃贵物嘛。贵人没有了,大白蘑也就不长了。"他的话反映出他的封建意识。实际上逶迤的燕山,只要气候环境适宜,都可能生长此种大白蘑。60年代我去怀柔县黄坎村劳动,听老乡说当地山上就有,名叫"天花板",并自古留下"天花板炖肉——馋人"的歇后语,只是很稀少,不大容易遇到而已。我当时以为"天花板"只不过是一个当地土名,不料后来读到明人潘之恒的《广菌谱》,其中就有"天花蕈"一条,并称:"出五台山,形如松花而大于斗,香气如蕈,白色,食之甚美。"可见那位老乡的话大有来历,顿时不禁对他肃然起敬而自惭孤陋了。

  回忆一下,几十年来,北京的各大菜市场一直可以买到鲜蘑菇。查其品种,因时而异,60年代以前,市场上卖的都是野生鲜蘑菇。品种有二:一种叫"柳蘑",蕈伞土褐色,簇聚而生,往往有大有小,相去悬殊。烹制时宜加黄酒,去其土腥味。烩、炒皆可,而烩胜于炒,用鸡丝加嫩豌豆烩,是一味佳肴。一种叫"鸡腿蘑",菌柄较高,色泽稍浅,炒胜于烩。蘑菇的采集者多住在永定门、右安门外,每人都有几条熟悉的路线,隔几天便巡回采一次,生手自然很难找到。后来朝内、东单、西单几个菜市都买不到野鲜蘑,只有菜市口市场还有。据了解是一位姓张的老者隔几天送货一次。随后他找到了工作,在永定门外一所小学传达室值班,野生鲜蘑从此在北京菜市场上绝迹。我曾去拜访过张老汉问他为什么不干了。他说郊区都在建设,永定河也在整理,生态变了,蘑菇越来越难找了,只好转业了。60年代至70年代,几个菜市场有时可以买到人种的圆鲜蘑,和一般罐头蘑菇品种相同。近几年,这种人种圆鲜蘑菜市也不供应了,而是凤尾平菇的天下了。论其味与质,自然不及圆鲜蘑。

1948—1949年我在美国和加拿大,注意到蘑菇在西餐中的食用。那里的大城市很容易买到人种圆鲜蘑,餐馆的通常做法是用它做奶油浓汤,或放在奶汁烤鱼里,或碎切后摊鸡蛋饼或卷(mushroom omelette,也有人称之为"奄列"),比较好吃的是用黄油煎。作为一个穷书生,自然不可能品尝到名餐馆中的各种做法,但从烹调食谱中也可以了解不少,总觉得不及中国的蘑菇吃法来得多而好。最难下咽的是洋人生吃圆鲜蘑,切片放在沙拉内,实在是暴殄天物。在波士顿时,我常去老同学王伊同、娄安吉伉俪家去做油煸鲜蘑,略仿"寒露蕈"的制法而减少用油量。我曾带给租房给我住的美国老太太尝尝。她擅长西法烹调,竟对我的油煸蘑菇大为欣赏,认为比西餐中的许多做法要好,特意在小本子上记下了我的recipe,并要我示范烧了两次。

已故老友张葱玉(珩)兄,是一位杰出的书画鉴定家,也是一位真正的美食家。他向我几次讲到上海红房子西餐馆的黄油煎蘑菇如何如何隽美,而离开上海后再也吃不到了。1959年有一天他请我在东安市场吉士林吃饭,特意点了这个菜,结果大失所望。我向他夸下海口,几时买到好蘑菇,做一回请他品尝。后来我一次用鸡腿蘑,一次用人种圆鲜蘑,都使他大快朵颐,连声说好。道理很简单,关键在黄油煎蘑菇必须用鲜蘑,最好是菌伞紧包着柄尚未张开的野生蘑。罐头蘑菇绝对不能用。它经高温煮过,水分已浸透,饶你再用黄油煎也无济于事,味、质皆非矣。

湖南的野生菌亦颇为人所乐道。在西南联大上过学的朋友往往谈起抗战时期长沙街头小馆的蕈子粉、蕈子面(即汤煮米粉或面条上加蕈子浇头)如何鲜美。九如斋的瓶装蕈油也常常被人带出来馈赠亲友。1956年我在中国音乐研究所工作,参加了湖南音乐普查之行,跑遍了大半个省。那一次的印象是长沙的蕈子粉赶不及衡阳的好,而衡阳的又不及湘南偏远小镇的好。看来起决定作用的在蕈子的品种好不好,而采得是否及时尤为重要。柄抽伞张,再好的蕈子也没有吃头了。

当年从道县去江华的公路尚未修通,要步行两天才能到达。中途走到桥头铺,眼看一位大娘提着半篮刚刚采到的钮子蕈送进一家小饭铺,我顿时不禁垂涎三尺。不过普查队的队长是一位"左"

得十分"可爱"的同志,非常强调组织性、纪律性,还时时警告队员要注意影响。像我这样出身不好、受帝国主义教育毒害又很深的人,她自然觉得有责任对我随时进行监督改造。如果我不经过请示批准,擅自进小饭铺买碗粉吃,晚上的生活会就不愁没有内容了。好在一路之上我走在最前面,队长落在后头至少有三五里之遥,我乍着胆子去吃了一碗蕈子粉。哈哈!这是我在整个普查中吃到最好的野蕈子!我很想来个第二碗,生怕被队长看见而没敢再吃,抹了抹嘴走出了小铺的门。

"文革"时期文化部干校在湖北咸宁甘棠附近。1971年以后,干校的戒律稍见松弛,被"改造"的人开始能有一点人的情趣。调查、采集、品尝野生蘑菇就是我的情趣之一。为了防止误食毒菌,首先向老乡们求教。经过了解,才知道当地食用菌有以下几种:

洁白而伞上呈绿色的叫绿豆菰,长在树林中,其味甚佳,但不易找到。

呈黄色的叫黄豆菰,味道稍差。

体大色红,草坡上络绎丛生的叫胭脂菰,须经过灶火熏才能吃,否则麻口。

此外还有丝茅菰、冬至菰等,而以冬至菰最为难得,味亦最佳。后来我从"四五二"高地进入湖区放牛,在沟渠边上发现紫色的平片蘑菰。起初还不敢吃,后来听秦岭云兄说可以食用才敢吃,味鲜质嫩,与鱼同煮尤美。回忆其形态,和现在人种的凤尾平菰相近,应该属于同一品种。

云南盛产各种蘑菇,我向往已久。1986年秋随政协文化组考察文物古迹,有机会做了几千公里的旅行,从昆明西行,直到畹町、瑞丽。一路上不论大小城镇,每日清晨菜市街道两旁,往往有几十人用筐篮设摊,唤卖菌子,一堆堆,大大小小,白、绿、褐、黄,间以朱紫,五光十色,目不暇接。其中最名贵的自然是"鸡㙡"(音zōng)和"松茸"。按这"㙡"字有多种写法。现在一般写作"棕",或作"鬃",或作"踪",恐怕都缺少根据。其实古人的写法也不一致。有人写作"墏"(见《骈雅·释草》:"鸡菌,鸡墏也。"又杨慎《升庵文集》:"云南名佳蕈曰鸡㙡,鸟飞而敛足,菌形似之,故以鸡名。"),有人写作"埒"(见李时珍《本草纲目》卷廿八《菜类》:"鸡埒出云南,生沙地间,丁蕈也。高脚伞头,土人采烘寄远,以充方物。"）。我认为李时珍是一位科学家，正名用字，比文学家要谨严些，故今从之。

我们车经各地，时常看见收购鸡㙡、松茸的招贴。松茸每公斤高达四十元，但要求严，只收菌伞紧包尚未打开者。据说收到后立即冷冻出口，销往香港及日本等地。因而在街上能买到的、饭馆可以吃到的不是菌伞已经张开、菌柄已经抽长，便是过于纤细，尚未长成，价格每公斤不过数元。至于晒干的鸡㙡，多为老菌，长柄如麻茎，菌伞如败絮矣。

鸡㙡、松茸之外的较好的蕈子有青头蕈，我认为它和湖北的绿豆菰属同一种。"见手青"因一经手触或刀削便变成青绿色而得名；它质脆而吃火，如与他蕈同烹，应先下锅，后下他蕈。牛肝蕈颜色红黄相间，也算名贵品种。最奇特的是干巴蕈，色灰黑而多孔隙，完全脱离了蘑菰的形态，一块块像干瘪了的马蜂窝。撕裂洗净，清炒或与肉同炒，有特殊的香味和质感，堪称蕈中的珍异。此外杂蕈尚多，形色各殊，虽曾询问名称，未能一一记住。

云南多蕈，可谓得天独厚，但吃法似乎还不够多种多样。鸡㙡、松茸等除用上汤炖煮或入汽锅与鸡块配佐外，一般用肉片或鸡片加辣椒烹炒。昆明、楚雄、大理、丽江等地都用此做法上席。本人以为如在配料及烧法上加以变化，一定能有所创新，发挥蕈子优势，使滇菜更富有特色。

香港餐馆，不论它属于哪一菜系，普遍大量使用菌类。其中的干香菰多来自日本，肥大肉厚，可供咀嚼，但香味似不及福建、江西的冬菰浓郁。人种圆蘑及草菰，鲜品或罐头多来自福建、广东。福建是我国人种蘑菰的主要产地，曾在福州街头看见种菰户排队等待罐头厂收购。有的不够规格，就地廉价处理，每斤只几角钱，与一般蔬菜价格相差无几。1986年深秋还在江西婺源菜市上看到出卖人种鲜香菰，每斤一元。上饶的报纸上还刊登举办家庭香菰技术培训班的大幅广告。北京的气候虽不及闽赣适宜种菰，但我相信草菰、香菰完全可以在暖房中培育出来。圆鲜蘑北京过去早有栽培，今后更应恢复并扩大生产。这样北京的食用鲜菌品种就不至于单一了，对丰富市民及旅游者的食品都有好处。

以上拉拉杂杂写了许多，或许有人会问我："你平生吃到的蕈子以哪一次为最好？"我会毫不迟疑地回答："最好吃的是外婆的下粥小菜、母亲只准我尝几颗的寒露蕈。其次是在江华途中只吃了一碗、怕挨批没敢吃第二碗的蕈子粉。"一个人的口味往往是爱吃而又未能吃够的东西最好吃。某些大师傅做菜的诀窍之一是每道菜严格限量,席上每位只能吃一口,想下第二箸已经没有了,以此来博得好评。这诀窍是根据人的口味和心理总结出来的,所以有一定的道理。不过最后我要声明一句:以上云云,决无怂恿大师傅及餐馆缩小菜份的意思。任何好菜,我都希望师傅们手下留情,多给一些。我是一定会加倍称赞并广为揄扬的。

原载《知味集》1990年12月

鳜鱼宴

世界上有许多国家都用酒来调味,不同的酒味有助于形成各地菜肴的特色。香糟是绍兴黄酒酿后的余滓,用它泡酒调味却是中国的一大发明,妙在糟香不同于酒香,做出菜来有它的特殊风味,绝不是只用酒所能代替的。

山东流派的菜最擅长用香糟,各色众多,不下二三十种。由于我是一个老饕,既爱吃,又爱做,遇有学习机会绝不肯放过。往年到东兴楼、泰丰楼等处吃饭,总要到灶边转转,和掌勺的师傅们寒暄几句,再请教技艺。亲友家办事请客,更舍不得离开厨房,宁可少吃两道,也要多看几眼,香糟菜就这样学到了几样。

其一是糟熘鱼片,最好用鳜鱼,其次是鲤鱼或梭鱼。鲜鱼去骨切成分许厚片,淀粉蛋清浆好,温油拖过。勺内高汤兑用香糟泡的酒烧开,加姜汁、精盐、白糖等作料,下鱼片,勾湿淀粉,淋油使汤汁明亮,出勺倒在木耳垫底的汤盘里。鱼片洁白,木耳黝黑,汤汁晶莹,宛似初雪覆苍苔,淡雅之至。鳜鱼软滑,到口即融,香糟祛其腥而益其鲜,真堪称色、香、味三绝。

又一味是糟煨茭白或冬笋。夏、冬季节不同,用料亦异,做法则基本相似。茭白选用短粗脆嫩者,直向改刀后平刀拍成不规则的碎块。高汤加香糟酒煮开,加姜汁、精盐、白糖等作料,下茭白,开后勾薄芡,一沸即倒入海碗,茭白尽浮汤面。碗未登席,鼻观已开,一啜到口,芬溢齿颊。妙在糟香中有清香,仿佛身在莲塘菰蒲间。论其格调,信是无上逸品。厚味之后,有此一盏,弥觉口爽神怡。糟煨冬笋，笋宜先蒸再改刀拍碎。此二菜虽名曰"煨"，实际上都不宜大煮，很快就可以出勺。

自己做的香糟菜，和当年厨师做的相比，总觉得有些逊色。思考了一下，认识到汤与糟之间，有矛盾又有统一。高汤多糟少则味足而香不浓，高汤少糟多则香浓而味不足。香浓味足是二者矛盾的统一，其要求是高汤要真高，香糟酒要糟浓。当年厨师香糟酒的正规做法是用整坛黄酒泡一二十斤糟，放入布包，挂起来慢慢滤出清汁，加入桂花，澄清后再使用。过去的高汤是用鸡、鸭、肉等在深桶内熬好，再砸烂鸡脯放入桶内把汤吊清，清到一清如水。自己做香糟菜临时用黄酒泡糟，煮个鸡骨架就算高汤，怎能和当年厨师的正规做法相比呢？只好自叹弗如了。

但我也做过一次得意的香糟菜，只有一次，即使当年在东兴楼、泰丰楼也吃不到，那就是在湖北咸宁干校时做的"糟熘鳜鱼白加蒲菜"。

图1　宋刘寀《春溪鱼藻图》中的鳜鱼

1973年春夏间，"五七干校"已进入逍遥时期，不时有战友调回北京。一次饯别宴会，去窑嘴买了十四条约两斤重的鳜鱼，一律选公的，亦中亦西，做了七个菜：炒咖喱鱼片、干烧鳜鱼、炸鳜鱼排（用西式炸猪排法）、糖醋鳜鱼、清蒸鳜鱼、清汤鱼丸和上面讲到的鱼白熘蒲菜，一时被称为"鳜鱼宴"。直到现在还有人说起那次不寻常的宴会。

　　鳜鱼一律选公的，就是为了要鱼白，十四条凑起来有大半碗。从湖里割来一大捆茭白草，剥出嫩心就成为蒲菜，每根二寸来长，比济南大明湖产的毫无逊色。香糟酒是我从北京带去的。三者合一，做成后鱼白柔软鲜美，腴而不腻，蒲菜脆嫩清香，恍如青玉簪，加上香糟，其妙无比，妙在把糟熘鱼片和糟煨茭白两个菜的妙处汇合到一个菜之中，吃得与会者眉飞色舞，大快朵颐。相形之下，其他几个菜就显得不过如此了。

　　其实做这个菜并不难，只是在北京一下子要搞到十四条活蹦乱跳的公鳜鱼和一大捆新割下来的茭白草却是不容易罢了。

《砍脍书》

明李日华《紫桃轩杂缀》有一条讲到兴趣广泛、喜爱花鸟鱼虫的玩家祝翁，因不问生产，以致一贫如洗。他家中却藏有一部唐代烹调专著——《砍脍书》。录引如下：

> 苕上祝翁，鄳溪旧姓，自号闲忙道人。于生计俗交，一切不问，终日搜松剔石，树果运泉，笼鸣鸟，沼游鱼，斗虫弹雀，以为乐事。如此半生，而室如扫矣。幸余瓜垄数弓，仅支朝夕。其家传有唐人《砍脍书》一编，文极奇古，类陆季疵《茶经》。首篇制刀砧，次别鲜品，次列刀法，有"小晃白""大晃白""舞梨花""柳叶缕""对翻蛱蝶""千丈线"等名，大都称其运刃之势与所砍细薄之妙也。末有下豉醯及泼沸之法，务取火齐与均和三味，疑必易牙之徒所为也。当时余爱其文，未及借录。今书与翁皆化乌有矣。《下豉醯篇》中云："剪香柔花叶为芼，取其殷红翠碧，与银丝相映，不独爽喉，兼亦艳目。"然竟不知香柔花为何花也。

十分可惜，这部唐人烹调专著到明代晚期已经失传了。幸经李日华的记述使我们还知道一个内容大概。

此书至少有五篇：第一篇讲菜刀和砧板的制作；第二篇讲选料，鉴别食品是否鲜美；第三篇讲刀工；第四篇讲酱醋等作料的使用；第五篇讲烹调技法与火候。它不仅相当全面，而且完全符合烹调的程序,体现了这门艺术的科学性和作者的逻辑性。

特别使我感兴趣的是各种刀法的名称。其具体的挥刀姿势和"砍""脍"后的食物形状,可能原书也没有详细说明或附有图式,准确地再现已不可能。但我们不妨通过现在还常用的刀法来推知其大概情况。"小晃白""大晃白"刀法可能相似而动作有大小之异。我们切鱼、肉等为了不使切下来的薄片粘在刀上,总是切一刀后把刀向外倒一下(北京称之曰掆[音 gàng]一下),使切片贴在砧板上。这一掆,雪白如银的刀岂不就晃一下。所切食物的大小关系到动作的大小,于是就有"小晃白"和"大晃白"之别了。"舞梨花"是作者用来形容快刀切白色菜蔬的情景。例如白萝卜或茭白之类,飞刀切去,薄薄的片会被刀带起,随即落到板上。这纷纷起落的白片,岂不有点像飞舞的梨花。"柳叶缕"形容把食物切成一条条有如柳叶。不仅切菜有此刀法,主食如山西刀削面,不还有"柳叶"这一名称吗。"对翻蛱蝶"也是现在常用的刀工,如切鱼生等火锅用料,为了取得大片,铺在碟上,美观齐整,切第一刀不切断,第二刀才切到底。切片摊开铺平,中间相连,纹理对称,宛如展开双翅的大蝴蝶。"千丈线"当然是指长丝细缕。除面食外,豆制品中的千张、百叶等,大片几经折叠,切后提起,便如连而不断的长线了。至于《下豉醯篇》,我相信作者是用豉(包括酱和酱油等)和醯(即醋)来概括各种调味作料,绝不止咸酸两味。火工的"泼",使我想起陕西的油泼法,如"油泼辣白菜"之类。"沸"则可以肯定是指慢工的煮和炖,当然又是举两种技法来概括多种火工。综上所述,至少可以得出这样一个结论,唐代的烹调技艺已经发展到很高的水平,和今天的刀工、火工有密切的关系,足见我国的烹饪艺术源远流长。

李日华最后引用了《下豉醯篇》中几句话:"剪香柔花叶为茹,取其殷红翠碧,与银丝相映,不独爽喉,兼亦艳目。"可是这位工诗善画并以撰写多种笔记著称的大文人竟不知香柔花为何物。这只能解释为大文人、大艺术家未必对植物学也有研究。查李时珍《本草纲目》卷十四《草部》香薷条:"'薷',音'柔'。'薷'本作'柔'。《玉篇》云:'柔,菜苏之类是也。'其气香,其叶柔,故以名之。"在《集解》时珍又称:"香薷有野生,有家莳,中州人三月种之,呼为香菜,以充蔬品。"可知香柔即"香薷",又名菜苏,和烧鱼加入的紫苏叶、吃螃蟹用来搓手去腥的苏子叶是同一类植物。其子可以榨油，作为食用油，并可以调漆。

《砍脍书》用香柔的花和叶作羹(毛)，我曾用苏叶作汤，味道不错。

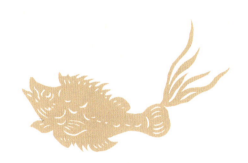

饽饽铺　萨其马

北京的老饽饽铺,时常引起我怀念,因为从店铺外貌到柜内食品都很有特点,民族风味很浓,堪称中国文化的象征。

饽饽铺字号多以斋名,金匾大字,铺面装修极为考究,如果不是牌楼高耸,挑头远跳,就是屋顶三面曲尺栏杆,下有镂刻很精的挂檐板,用卷草、番莲、螭龙、花鸟等作纹饰,悬挂着"大小八件""百果花糕""中秋月饼""八宝南糖"等招幌。从金碧辉煌、细雕巧琢的铺面,已经使人联想到店内的糕点也一定是精心制作,味佳色美的。老饽饽铺还有一个特点,即店内不设货品柜、玻璃橱,因而连一块点心也看不到。以当年开设在东四八条口外的瑞芳斋为例,三间门面,店堂颇深,糕点都放在朱漆木箱内,贴着后墙一字儿排开。箱盖虽有竿支起,惟箱深壁高,距柜台又有一两丈远,顾客即使踮起脚也看不到糕点的踪影,只能"隔山买老牛",说出名称,任凭店伙去取。但顾客却个个放心,因为货真价实,久已有口皆碑。

饽饽铺的糕点,名目繁多,有大八件、小八件,又各有翻毛、起酥、提浆、酒皮等不同做法。属于蛋糕一类有油糕、槽糕。起酥一类有桃酥、状元饼、枣泥酥、棋子。应时糕点有藤萝饼、月饼、重阳花糕、元宵等。有各色缸炉,包括物美价廉用点心渣回炉烤成的螺蛳缸炉。还有蜜供、小茶食、小炸食、鸡蛋卷等,不胜备述。其中我最爱吃的是萨其马。

"萨其马"本系满语。据元白尊兄(启功教授)见教:《清文鉴》有此名物,释为"狗奶子糖蘸"。萨其马用鸡蛋、油脂和面,细切后油炸,再用饴糖、蜂蜜搅拌沁透,故曰"糖蘸"。惟于狗奶子则殊费解。如果真是狗奶,需养多少条狗才够用!原来东北有一种野生浆果,以形似狗奶子得名,最初即用它作萨其马的果料,入关以后,逐渐被葡萄干、山楂糕、青梅、瓜子仁等所取代,而狗奶子也鲜为人知了。

当年我最爱吃的萨其马用奶油和面制成。奶油产自内蒙古,装在牛肚子内运来北京,经过一番发酵,已成为一种干酪(cheese);和现在西式糕点通用的鲜奶油、黄油迥不相同。这一特殊风味并非人人都能受用,但爱吃它的则感到非此不足以大快朵颐。过去瑞芳斋主要供应京华的官宦士绅,就备有一般和奶油两种萨其马。前者切长方块,后者则作条形。开设在北新桥的泰华斋,蒙藏喇嘛是他们的主要顾客,所以萨其马的奶油味格外浓。地安门的桂英斋,离紫禁城不远,为了适合太监们的口味,较多保留宫廷点心房的传统,故各家自具特色。惟萨其马柔软香甜,入口即化则是一致的,因为这是最起码的标准。

北京的中式糕点,60年代以来真是每况愈下。开始是干而不酥,后来发展到硬不可当,而且东西南北城所售几乎都一样,似一手所制。因此社会上流传着一个笑话:汽车把桃酥轧进了沥青马路,用棍子去撬,没有撬动,棍子却折了。幸亏也买了中果条,用它一撬,桃酥出来了。这未免有些夸张,不过点心确实够硬的,吃起来不留神,很可能硌疼了上膛。说起萨其马,连我花钱买的人都感到羞愧,从东北传至关内,已有三百多年,北京虽不是发源地,也是它的老家了,为什么很长一段时间北京能买到的萨其马还不如天津清真字号桂顺斋的。就是上海、广州市上所谓的萨其马,切得方方正正,用透明纸包着,从味到形已非萨其马,而是另一种点心,但也比北京萨其马要软一些,可口一些。已有不少次当我想起瑞芳斋的奶油萨其马,真恍如隔世,觉得此味只应天上有,而要吃到它,恐怕是"他生未卜此生休"了。

可喜的是近两年来北京的中式糕点有所好转。记得1989年之初,已能在东单祥泰益买到软而不粘牙的萨其马。今年元月,《北京晚报》两次报道东直门外十字坡开设了一家由四个老字号(宝兰斋、桂福斋、致兰斋、聚庆斋)联合组成的荟萃园,力求恢复传统风味中式糕点。我特意前往观光品尝,品种相当齐全,味道也很不错,翻毛和酒皮的大小八件、油糕、穰饼、状元饼、桃酥等应有尽有,连过去桂福斋9月才应时的花糕也能买到,而且依然是老味。萨其马色泽浅黄,果料齐全,入口即化,全无渣滓,只有调料、炸条、拌糖每道工序都掌握得很好才能做出来。我一时欣喜,主动地为荟萃园作了一副对联写在一个小条幅上,其文如下:

卅载提防,糕硬常愁伤我颚!
四斋荟萃,饼酥又喜快吾颐。

予曾有句:"萨其马硬能伤颚,名锡桃酥竟不酥!"北京糕点,不如人意,盖有年矣。今喜荟萃园依旧法精制,旨味重来,丽形再现。爰撰右联,以志忻悦。或问:"有无横额?"答曰:"'今已如昔'如何?"

己巳十二月畅安王世襄
原载《燕都》1990年第2期

答汪曾祺先生

汪曾祺先生为《学人谈吃》一书写了一篇序言(刊登在《中国烹饪》1990年第11期,题为《食道旧寻》),点了我的名,不禁使我诚惶诚恐。首先是我才疏学浅,怎敢侧身于学人之林。其次是讲到我的几点,有的虽确有其事,有的则为传闻之误,有的又言过其实。因此我不得不作一番解答了。

曾祺先生说我去朋友家做菜,主料、配料、酱油、黄酒……都是自己带去。这确有其事。因为朋友家日常用的,或是为我准备的,未必尽合我意。例如素油,我总要事先问一下是什么油。如是菜籽油,我就自己带油去。因为目前菜籽油还不能提炼得很纯,入口就能辨别出它的味道,把菜的本味都破坏掉了。过去我就曾向几家餐馆提过意见,几百元一桌的席,似乎不该再用菜籽油了。再如黄酒,加饭固然好,北京黄也尚可用,所谓的"烹调料酒"就只能说不合本人的口味了。好胡椒粉这里也难买到,因此出远门总要带些回来。香菜也须在农贸市场上选购,细而长的不如短而茁壮的好。做一盘炒鳝糊,如果胡椒粉、香菜不合格,未免太煞风景了。

序中说我去朋友家做菜连圆桌面都是自己用自行车驮去的,这是传闻之误,我从未这样干过。记得几年前听吴晓铃兄说起,梨园行某位武生,能把圆桌面像扎靠旗似的绑在背上,骑车到亲友家担任义务厨师。不知怎地,将此韵事转移到在下身上。实在不敢掠美,有必要在此澄清,以免继续误传。又说我提了一捆葱去黄永玉家做了一个菜,永玉说把所有的菜都压下去了。这是言过其实。

永玉夫人梅溪就精于烹调。那晚她做的南洋味的烧鸡块就隽美绝伦,至今印象犹深。永玉平日常吃夫人做的菜,自然不及偶尔尝一次我的烧葱来得新鲜,因此他才会有此言过其实的不公允的评论。

今年9、10月间我应美国几个博物馆之邀去讲一些工匠末技,而实际上接待愚夫妇的却是在美定居的华裔,真是盛情可感。上月他来京,我自然要略尽地主之谊。一周之内,几乎每餐都亲入厨下。豆汁、麻豆腐、炸酱面、水饺等不算,我做的菜中有下列几味。现略加叙述,为的是请曾祺先生看看,以便回答他在序中最后提出的一个问题——像我做的菜该叫个什么菜?

一、糟煨冬笋

这是过去东兴楼的看家菜,不知现在哪里还可以吃得到。具体做法拙文《从香糟说到鳜鱼宴》已言及(见《中国烹饪》1990年第6期),不复赘述。但愿敬告读者,多年买不到的香糟,现朝阳门内大街咸亨酒店有售,只是每斤已从十年前的三角涨到三元五角,上升了近十二倍。

二、炖牛舌

牛舌要在沸水中烫几分钟,将粗糙的外膜剥去。因此最好要新鲜的。如经久冻,外膜就难剥了。切厚片,入砂锅,武火转文火炖,需五六个小时方能入口即化。其间依次加入黄酒、精盐、酱油、姜片、葱头及滚刀块切成的胡萝卜。此菜多少吸取西餐的罐焖牛肉的做法,但用大量的胡萝卜,因为它有益身体健康。

三、油浸鲜蘑

只能用新鲜的白圆蘑,以小而肉紧、洁白如雪为佳,罐头蘑绝对不能用,鲜凤尾蘑效果也不佳。用较多的素油煸炒,加精盐、酱油及姜末。吃辣的可先炸干辣椒再下鲜蘑,或先煸蒜茸亦可,悉视个人的口味而定。要煸炒到大部分水分挥发掉再出勺,宜热吃更宜冷食,放入冰箱,可数日不变味。这是参酌吴县太湖地区洞庭东西山民间所谓"寒露菌油"的做法。

四、锅塌豆腐

黄酒泡虾子加精盐、酱油、白糖备用。如有高汤可加一两匙。

南豆腐半斤,切成三厘米见方的薄片,放入碗内。鸡蛋三枚打开,倒入豆腐碗中,再加少许煸熟的葱花拌匀。

炒勺(以比较平浅的为宜)内放素油,热后将豆腐、鸡蛋倒入,摊成圆饼,倾侧炒勺,转动煎塌,待底面全部上色,以黄而微焦为好。把盘扣在饼上,复入盘中。勺内再放油,热后将饼推入,如前煎塌另一面,亦待上色,倒入调好内有虾子的作料,用筷子在饼上戳洞,使作料渗入,即可出勺。

此菜从北京小饭馆学来而稍加损益。解放前沙滩马神庙路北的小饭铺就有此菜,北大师生不少人去吃。它和山东菜系的锅塌豆腐,每块沾鸡蛋下锅煎塌的做法不同而别有风味。

五、酿柿子椒

柿子椒八个,以大小适中者为宜,去蒂挖籽,沸水中煮数分钟,捞出控水,码入铝饭盒,恰好装满,置一旁备用。

红透西红柿三斤,去皮油煸,要适当浓缩,加白糖、精盐。胡萝卜擦丝,葱头剁末,分别素油煸烂,各加糖、盐少许。留出西红柿浓汁半碗,余与煸好的胡萝卜、葱头拌匀,酿入柿子椒。留出西红柿汁灌隙溜缝。表面撒适量胡椒粉。饭盒去盖入烤箱烤二三十分钟即成。此菜冷热咸宜,乃从墨蝶林餐馆俄式小吃变化而来,却是纯素。

六、清蒸草鱼

活草鱼北京不难买到。收拾完毕,放入盘中,不加任何作料。蒸约八分钟(视鱼之大小,火之强弱,加减时间)。取出滗去盘内鱼汤,撒胡椒粉、葱姜丝、香菜段码在鱼上。起油锅,热后烹入酱油、黄酒,急速浇淋鱼上即成。此粤式蒸鱼法,亦即广州、香港菜单上所谓的"清蒸鲩鱼"。它比江浙略加高汤的清蒸鱼更能保持本味,鲜嫩可口。

七、海米烧大葱

黄酒泡海米,泡开后仍须有酒剩余,加入酱油、盐、糖各少许。

大葱十棵,越粗越好,多剥去两层外皮,切成二寸多长段。每棵只用下端的两三段,余作他用。素油将葱段炸透,火不宜旺,以免炸焦。待色已黄,用筷夹时,感觉发软,且两端有下垂之势,是已炸透,夹出码入盘中。待全部炸好,推入空勺,将泡有海米的调料倒入,烧至收汤入味,即可出勺。此是当年谭家菜馆的常客金潜庵先生爱吃的菜,据说渊源于淮扬菜,不知确否。个人的经验是如请香港朋友吃,海米须改为干贝。因为香港海味太丰饶,海米被认为不堪下箸之物,难免一个个抛出来剩在碟中。还有此菜只宜冬季吃,深秋葱未长足,立春后葱芽萌发,糠松泡软,味、质均变矣。

以上随便说了几样,为的是请曾祺先生看看,该叫个什么菜。"学人菜",我不同意。"名士菜",越发地不敢。依我之见,古代画家和戏曲家都有"行家"与"戾家"之说,也就是"内行"与"外行"之分❶。"戾"或写作"隶"或"利"或"力"。"小力把""力巴头"即由此而来。因此我认为凡是非专业厨师做的菜都可称之为"戾家菜"。如嫌此称不够通俗,冷僻难懂,则不妨称之为"票友菜"或"玩票菜"。具体到本人,因做菜不拘一格,勿论中外古今,东西南北,更不管是什么菜系,想吃什么就做什么,以意为之,实在没个谱儿。做得好吃算是蒙着了,做砸了朋友也不好意思责怪,还要勉强地说个"好"。用料从来也说不出分量,全凭所谓"估眼逮"("逮"读 děi),兴之所至,难免混合变通,掺杂着做,胡乱地做,因此称我做的菜为"杂合菜",我看也是完全符合的。

原载《中国烹饪》1991 年第 4 期

---

❶ 请参阅启功:《戾家考——谈绘画史上的一个问题》,《文物》1963 年第 4 期。

附　录

　　学人中有不少是会自己做菜的,但都只能做一两个拿手小菜。学人中真正精于烹调的,据我所知,当推北京王世襄。世襄以此为一乐。有时朋友请他上家里做几个菜,主料、配料、酱油、黄酒……都是自己带去。据说过去连圆桌面都是自己用自行车驮去的。听黄永玉说,有一次有几个朋友在一家会餐,规定每人备料去表演一个菜。王世襄来了,提了一捆葱。他做了一个菜:焖葱。结果把所有的菜全压下去了。此事不知是否可靠。如不可靠,当由黄永玉负责!

　　客人不多,时间充裕,材料凑手,做几个菜是很愉快的事。成天伏案,改换一下身体的姿势,也是好的——做菜都是站着的。做菜,得自己去买菜。买菜也是构思的过程,得看菜市上有什么菜,捉摸一下,才能掂配出几个菜来。不可能在家里想做几个什么菜,菜市上准有。想炒一个雪里蕻冬笋,没有冬笋,菜架上却有新到的荷兰豆,只好"改戏"。买菜,也多少是运动。我是很爱逛菜市场的。到了一个新地方,有人爱逛百货公司,有人爱逛书店,我宁可去逛逛菜市。看看生鸡活鸭、鲜鱼水菜,碧绿的黄瓜,通红的辣椒,热热闹闹,挨挨挤挤,让人感到一种生之乐趣。

　　学人所做的菜很难说有什么特点,但大都存本味,去增饰,不勾浓芡,少用明油,比较清淡,和馆子菜不同。北京菜有所谓"宫廷菜"(如仿膳)、"官府菜"(如谭家菜、"潘鱼")。学人做的菜该叫个什么菜呢?叫作"学人菜",不大好听,我想为之拟一名目,曰"名士菜",不知王世襄等同志能同意否。

节录汪曾祺《食道旧寻》,原载《中国烹饪》1990年第11期

鲍 鱼

"平生浪说江瑶柱,大嚼从今不论数"❶,是金时人刘迎称赞鳆(音fù)鱼味美的诗句。他说有了鳆鱼,吃起来没个够,过去总夸江瑶柱,现在和鳆鱼一比,简直不在话下了。按江瑶柱即干贝,而鳆鱼就是鲍鱼。

刘迎,字无党,家在东莱,即山东登州、蓬莱一带,正是盛产鲍鱼的地方。鲍鱼是一种软体动物,似蛤蜊而只半边有壳,吸着在海内崖石上。壳名石决明,是一味常用的明目补肝药。李时珍《本草纲目》称石决明与鲍鱼是"一种二类,故功用相同"❷。可见鲍鱼不仅味美,并有医疗之功。

我国食用鲍鱼有悠久历史,至迟自汉代起已因味美而见珍。史籍载王莽事将败,愁得吃不下饭,但还是饮酒啖鲍鱼❸。东汉初,张步兄弟拥兵据山东,光武帝刘秀派大夫伏隆去招降。张步等遣使随伏隆入朝,上书并进献了鲍鱼❹。曹操也爱吃鲍鱼,这是在他死后,因曹植在《求祭先王表》中讲到而得知的❺。

《南史·褚彦回传》有这样一段记载:一自刘宋失去了淮北土地,江南已无法得到山东的鲍鱼。如冒艰险,辗转运来,每枚可值数千钱。当时有人送给褚彦回三十枚,门生向他献计,不如卖了它,可得十万钱。彦回听了变色道:我只知道鲍鱼是食品,不是财货,更没听说它能卖钱!人家送来,既然收下,再穷也不能把它拿去换钱呀!他取出与左右的人共享,一下子全都吃光了❻。

五代吴越有个好事文人叫毛胜,他居近湖海,餍享群鲜,常以

---

❶ 刘迎《鳆鱼》诗。见《古今图书集成·禽虫典》卷一五九。

❷ 李时珍《本草纲目》卷四六。

❸《王莽传》。见《汉书》卷九九下。

❹《伏隆传》。见《后汉书》卷二六。

❺《全三国文》卷一五。

❻《褚彦回传》。见《南史》卷二八。

"天馋居士"自名,写了一本《水族加恩簿》❼,把各种鱼虾海错,一一下令封官,其中就有鲍鱼,赐名为"辅庖生";对它的评语是:"疗饥无术,清醉有材。"毛胜的意思不难理解:鲍鱼可以醒酒,不能饱人。这难道还不是"大嚼从今不论数",吃起来老没个够吗?

北宋大诗人苏东坡,自号"老饕",精于膳食,爱吃鲍鱼,并用以保养目力,深得食疗之道。他写过一首七古《鳆鱼行》❽,下面录引其中的一些诗句:

> 君不闻蓬莱阁下驼棋岛,
> 八月边风备胡獠。
> 舶船跋浪鼋鼍震,
> 长镵铲处崖谷倒。

这是说蓬莱渔民冒风浪,驾小船,用长镵在海中崖礁上铲采鲍鱼。

> 膳夫善治荐华堂,
> 坐令雕俎生辉光。
> 肉芝石耳不足数,
> 醋芼鱼皮真倚墙。

这是说有了鲍鱼这样的珍贵海鲜,使砧板都增光生色。厨师烹调好了送到席上,一切珍馐都算不了啥了。

> 吾生东归收一斛,
> 包苴未肯钻华屋。
> 分送羹材作眼明,
> 却取细书防老读。

这是东坡最后说到他自己弄到了一筐鲍鱼,但不肯巴结权贵,拿去作为钻营进取的礼物。还是分赠给朋友做羹汤,用来保养我们的目力吧。

南宋周密在《癸辛杂识后集》中有一条:"余尝于张称深座间,

❼ 毛胜:《水族加恩簿》。见《说郛》卷七六。

❽ 苏轼:《鳆鱼行》。见《苏文忠公诗集编注集成》卷二六。

⁹ 见周密：《癸辛杂识后集》"桐蕈鳆鱼"条。

有以活鳆鱼为献，其美盖百倍于槁干者。"⁹ 可见鲜鲍鱼的味道远远超过干后水发的，但当时也是很难吃到的。

明清以来，鲍鱼更成为最名贵的海味之一。我国的烹调艺术，后来居上，鲍鱼的吃法、做法也越来越多，或红烧，或煨炖，或爆炒，或汆汤，或糟腌，或油浸，乃至蒸后切薄片，白嘴吃如嚼鸭肫肝。青岛菜中还有蚝油鲍鱼、麻汁紫鲍等名色。至于与其他荤素食品配成菜肴，就更不胜备举了。就本人曾品尝过的而言，有两次印象较深。四十年前随父叔和他们的几位老友去吃谭家菜，那时瑑青先生健在，席间他欣然说，请尝尝我家的烧紫鲍。只见端上来一大盘，只只均如鸡子大，堆起如隆丘，色泽红亮，汤汁不多，入口软而不烂，容人咀嚼，火候恰到好处，色、香、味三绝之外，还须加上一个"质"字，方能尽其妙。东兴楼少东小安子，因养鸽而和他相识。一次聚餐，他推荐龙须菜扒鲍鱼。龙须菜用的是美国黛尔芒的方听罐头，白嫩粗苗，切成寸余长段，根部还弃去一截不用。鲍鱼用的是日本制清汤圆听，只只如指肚大。厨师用地道的山东奶汤扒法，将海味园蔬成功地配成一道佳肴，端上来汤汁晶莹，洁白悦目。如果说烧紫鲍味鲜而浓厚，那么此品味鲜而清隽。值得指出的是两种主要原料均为舶来品，而妙手烹来，却纯粹是中国风味。但又与烧紫鲍品格迥别，堪称异曲同工。我国烹调艺术之高超伟大，也可以说表现在这里，至于鲜鲍鱼，在香港筵席上也曾吃到过几次。按理说，它应当远胜水发及罐头鲍鱼，但却不能超过我上面的回忆，而且切得极薄，不容咀嚼，不禁使人想起前人的打油诗"厨娘不敢开窗看，恐被风吹入太湖"了。

辣　菜

　　记得当年北京隆冬季节,天寒地冻,朔风凛冽,却从胡同里传来卖辣菜的吆喝声。卖者多为老头儿,肩挑两个坛子,分量不重,一天也卖不了多少钱,故壮夫不为。花一两毛钱(童时只需花两个铜板),盛上一碗,加些酱油、醋、白糖,滴几滴香油,吃起来别有风味,只觉得冷袭齿牙,辛辣之气,钻鼻而上,直冲脑髓,不禁流出了眼泪。说也奇怪,辣过之后,竟有一种说不出的舒适轻松感。尤其在大啖鱼肉厚味之后,吃上一些,爽口通窍,大有祛腥消腻之功。故北京家庭,必备此品,作为岁末年菜的一种。对它有偏嗜的则不仅买辣菜,而且自己做辣菜,不吃饭时也吃它。已故古琴国手管平湖先生喜欢拿它吃着玩,弹琴作画之际,夹上两筷子放进嘴里。

　　辣菜用料为芥菜头或芜菁。芜菁北方又叫蔓菁(读如"蛮荆")。与芥菜头相似,原属同科。清吴其浚《植物名实图考》称:"蔓菁根圆味甘而大,芥根味辛而小,形微长,北地呼为芥疙瘩;酱渍者为大头菜。腌而封之,辛辣刺鼻,谓之闭瓮菜;往往误买蔓菁,则味甘而无趣。"他说"味甘无趣",可见"趣"在辣上,这正是有人爱吃辣菜的原因。不过"蔓菁根圆而大,芥根味辛而小",却和我所知道的相反。北京农贸市场上能买到的芥菜头都比蔓菁圆而大。《名实图考》中那幅芥菜图,根实就又大又圆。至于辣味,蔓菁也绝不比芥菜头差。

　　辣菜的做法是将芥菜头或蔓菁洗净,切成薄片,用锅煮软(但不可煮烂),捞入坛子内。煮它的水,稍稍晾凉,倒入坛内,以没过薄片为度。卞萝卜擦成丝,均匀地覆盖在薄片之上,放在阴凉处,密封三四天即成。为什么一定要用卞萝卜,想必有原因。据说比用其他萝卜做成要辣些。

我想爱吃芥末的人都爱吃辣菜。芥末只是一种调料,而辣菜则是一道菜肴。

山　鸡

山鸡，又称野鸡或雉鸡，全国分布很广，自古以来为山珍佳肴。

我儿时就对它感兴趣，倒不是为了美味，而喜欢雄雉的长尾，拔下来插在帽子上，左摇右晃，自以为是群英会的周瑜了。过年亲戚家派老家人去各家送礼，四色之中有成对的山鸡。转眼之间，连有待送往他家的雄雉长尾也被我拔了下来，为的是凑成两根翎子。秃尾巴山鸡怎好当礼送，到处惹事，真成了"七岁八岁狗都嫌"了。淘气而害得老家人为难，该打屁股。

山鸡有多种吃法，袁子才《随园食单》就提到了六种：用网油包放在铁具上烤、切片炒、切丁炒、整只煨、油炸后拆丝凉拌、火锅涮。不过我以为最能突出其肥嫩细腻、一种家鸡所不具有的特殊香味而操作又简便的是切片炒。切丁炒甜酱瓜丁亦属可行，但只限于山鸡腿。因腿肉不甚洁白而且难切成片，故不妨这样做。如用胸脯炒便是大材小用了。当今餐馆喜欢将山鸡和猪肥膘捣成茸，然后炸或蒸，加工添料越多越吃力不讨好，吃起来分不出是山鸡还是家鸡了。

过去北京冬季山鸡易得，但有个缺憾，时或有一种不悦人的异味，据说产自塞北围场，因吃了有气味草子的缘故。无上佳品当数江南刚猎到的山鸡，使我难忘的口福有两次。

1956年冬出差皖南屯溪访书，下车到街口便看到金黄色皮壳的冬笋，已使我心动。接着又碰到老乡肩搭体有余温的山鸡。于是一齐买下，和饭摊的老板商量好，让我炒一个冬笋山鸡片。和我同行的是一位孔门之后，平日虽很进步积极，但潜在的旧意识尚未改造好，故欣然和我共飨这一顿美餐。如果同行的是一位严格要求生活守纪律的干部，我就不敢如此放肆了。

1970年在湖北咸宁干校，因肺结核未愈，派我驱牛看守菜地。听到山坡外火枪响，跑去买了一只肥大雄山鸡。连忙挖了一些野荠菜，偷偷到老乡家借用灶火正正规规地炒了一盘荠菜山鸡片。鸡脯片用蛋清、芡粉、盐浆好，温油滑过。荠菜水焯切末，炒后再下滑好的鸡片，雪白翠绿，香浓而清，如此新鲜的原料，任何大餐馆也难吃到。自信比江苏的炒法加酱油（见1962年版《中国名菜谱》第八辑页66）好看，比安徽的炒法芥菜围在四周，不和鸡片混炒（见1988年版《中国名菜谱·安徽风味》页127）好吃。

北京市上死山鸡现已绝迹，当和保护野生动物有关。但有活的出售，乃经人工繁殖，每对人民币一百二十元。以香港的标准来说，不过是一只大闸蟹的价钱，不算贵。但我看只宜养在庭院观赏。把如此美丽的山禽杀来吃，太煞风景了。

前年香港朋友请我到中环一家著名法式餐馆吃红焖山鸡，肉干如柴，味同嚼蜡，乃冷冻太久之过。可见香港名餐馆也有完全不及格的菜肴。

豆　苗

和朋友在香港餐馆吃饭，如问我要什么素菜，我一定点一盘"清炒豆苗"。

我生长在北京，从小就爱吃豆苗。北京的豆苗和香港的不一样，在沙土中密植，长到四五寸高，连根拔起，下面还带着圆圆的豆粒，捆成小把儿卖，茎细而白，苗叶浅绿，并拢未舒，只能靠上切一刀，吃一寸多长的顶尖，余弃而不用。因所得无多，不堪一炒，只能作为菜肴羹汤的配料。诸如滑熘里脊，氽小丸子，氽生鸡片，榨菜肉丝汤，鸡汤馄饨等，碗里飘上几根，不仅颜色俏丽，而且清香扑鼻，汤味更鲜，增色不少。

抗战期间，来到四川，才吃上炒豆苗。记得很清楚，农历正月，田埂上的豌豆秧已长到一尺多高，掐尖炒着吃，真是肥腴而又爽口，味浓而又清香，乡镇路旁卖豆花饭的小摊，都可以吃到。坐下来要一碗"帽儿头米饭"（"帽"音同"猫"，一碗饭上面又扣上一碗，顶圆而高）和一盘"炒豆尖儿"（"尖"音同"巅"），真是美哉！美哉！

我因爱吃豆苗，也曾查过书。李时珍《本草纲目》卷二七讲到的豆苗均取自野生豌豆，并有"大巢菜""小巢菜"之分。前者通称野豌豆，"蔓生，茎叶气味皆似豌豆，其藿（即叶）作蔬入羹皆宜"。后者又名"翘摇"，因柔婉"有翘摇之状，故名"。而"巢"字的来历则因苏东坡说过，"故人巢元修（名谷，眉山人，是东坡的老乡）嗜之"，故称之曰"巢菜"。

曾读到孙旭升先生发表在 1993 年第 11 期《烹调知识》上的一

图1 豆苗（清吴其浚《植物名实图考》插图）

篇题为《大巢与小巢》的文章，录引陆游的《巢菜》诗序，才知道原来李时珍云云是以放翁的诗序为主要依据的。孙先生还提到他去年在富阳新登吃到开紫花的野豌豆苗，当为"小巢菜"，"鲜甜柔糯，滋味特别好"。不禁使我垂涎三尺！

看来可供炒来吃的豌豆苗至少有三种：其一，取自一般食用豌豆的秧，即家豌豆苗；其二，取自豌豆秧，即所谓"大巢菜"；其三，取自茎蔓柔婉翘摇的另一种野豌豆秧，即所谓"小巢菜"。当年在四川吃到的我认为是第一种。香港餐馆供应的豌豆苗，应当是用精选的家豌豆种出来的，也属于第一种。据闻乃用温室培育，水肥温度控制全部自动化，不多天即可生产一茬，及时割取，故十分鲜嫩。香港人一年四季都可以吃到，可谓口福不浅。现在北京几家大酒店偶尔也能吃到香港运来的豌豆苗，虽空中飞来，已割下两三天，殊欠新鲜。作为中国首都北京，似应早日修建现代化的温室，使豌豆苗和其他时蔬能经常在餐桌上出现。

如果有人问我哪一种豆苗味道最好,我没有发言权,因为两种野生豆苗还未尝过。若只就四川田埂的和香港温室的评比高下,那么还是四川田埂的好。因温室速成,茎叶水多于质,虽鲜嫩而口感香味均逊一筹。这可能和不少动植物一样,人工培育越多,越不如天然生长的好。

炒豆苗,尤其是炒温室生产的豆苗,一定要掌握火候,稍过便稀烂如泥,不堪下箸了。藏拙之法只有少炒。一次量少不够吃,何妨炒两次。曾见一大盘端上筵席,不出所料,色香味均受损,未免可惜。还有豆苗只宜清炒,加任何东西都是画蛇添足,弄巧成拙,不敢恭维是"知味"。

春天已经来临,当年蜀中生活清苦,也足使神驰,真想坐在路旁饭摊上,来一盘"炒豆尖儿"。

原载《银潮》1994年第5期

附錄

附一

《大树图》解说

袁荃猷刻纸并文

1　世襄用得最多的三件紫檀家具：宋牧仲大画案、牡丹纹南官帽椅、嵌螺钿螭纹脚踏。案上放着的《明式家具珍赏》《明式家具研究》及其他著作，都是在这个大画案上写出来的。桌上还有一盆他最喜爱的春兰。

2　漆勺、漆樽均为《髹饰录解说》《中国古代漆器》采用的实例，象征世襄四十余年的髹漆研究。

3　世襄研究竹刻受两位舅父的影响。图中梧竹行吟图臂搁，二舅金东溪先生手刻，是赠给我们的结婚礼物。竹根蛙是一件立体圆雕。世襄在他的竹刻著述中倡议恢复这一个传统技法，因自清中期以来，竹刻家只致力于浅雕和阴刻了。当代竹人承认他为弘扬竹刻艺术所付出的劳动。

4　套模子成长的葫芦器。范匏工艺在解放后濒于灭亡。世襄《谈匏器》《说葫芦》的问世，救活了我国这一独有的传统工艺，现在已有不少人从事生产了。

5　世襄工火绘葫芦。当年他父亲买到一个大匏，对世襄说："如烫画得好，就给你了。"他以一夜之力把金代武元直的赤壁图缩摹绘于上。图中所示即此大匏。另外一对红木小圆盒，盒盖镶火绘葫芦，内盛红豆，是世襄1945年从重庆归来后赠我的定情之物。

6　绘画。30年代世襄曾用五年时间写成《中国画论研究》一稿，因自己不满意而未出版。1948—1949年赴美考察博物馆，

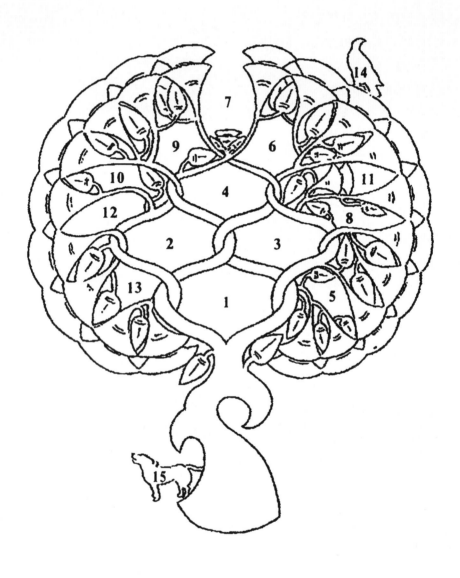

附录

对流失海外的名画做过著录,可见他有致力于书画研究的愿望。50年代后,由于政治"运动",离开了博物馆工作,失去了接触实物的条件,是使他放弃书画研究的原因之一。至今,他仍以未能在这方面有所成就而感到遗憾。

7 鎏金铜佛像。世襄十分喜爱小型雕塑。包括藏传及亚洲各地的鎏金铜佛像。可惜过去这是一个罕有人敢问津的禁区,所以缺少可请教的老师和可供学习的材料。改革开放后,情况有很大的改变,但年老体衰,有力不从心之感。他对佛像艺术始终认为是一门喜爱而又尚未入门的学问。

8 蛐蛐罐、过笼、水槽。养蛐蛐是世襄的幼年爱好。1993年出版的《蟋蟀谱集成》,他采用了整理编校古籍的方法,把玩好当学问来做。附在书末的《秋虫六忆》被黄裳先生称为"近来少见的一篇出色散文,值得再读三读而不厌的名篇"。也有人认为这是迄今为止对北京蛐蛐罐讲得最详细的一篇文章。

9 这是40年代我们家养的一对鸽子,以当年我的速写稿为蓝本。那只公点子名叫"小点儿大胖子",它尾巴上带着一把葫芦鸽哨。世襄从小就喜欢养鸽子,直到现在还未能忘情。他常以住宅变成了大杂院儿,不复有养鸽子的条件而深感遗憾。

10 这是两件最常见的鸽子哨。世襄写有《北京鸽哨》一书,得到同好者的称许。但也可能有人认为他真是一个好事者,竟为如此渺小的东西写了一本专著。

11 小小的鸟食罐。世襄并不喜欢养笼鸟,但欣赏制作精美的鸟具。他搜集了一些有关材料,尚未编写成书。

12 冬笋、大白菜,是家中常吃之物。世襄善烹调,并喜与好友共飨,人称美食家。从买到做,他事必躬亲。只是始终在狭小的过道里做饭,没有厨房,也没有一张正式餐桌。

13 两头牛,画稿取材《古元藏书票》。世襄在湖北咸宁"五七干校"放过牛。此图象征十年浩劫流逝的年华。不然的话,这棵大树上一定会有更丰硕的果实。

14 大鹰。世襄告诉我:"中国的鹰文化真了不起,如肯下功夫,可以写厚厚的一本书。"《大鹰篇》只不过是他个人的一些回忆而已。

15 獯狗。养狗养鹰使世襄结识了三教九流、不同阶层的许多朋友。真玩,就得吃苦受累,不料却锻炼了他的身体,至今受益。

1996 年 4 月

附二

灵感的共鸣与万物[1]（节录）

[英] 柯律格　胡世平 译

太多的人被称作"最末一位名士"。这是17世纪初耶稣会传教士们在给他们的欧洲听众讲解中国文化时，从西塞罗及古罗马其他作者那里借用的一个词。且不管这个词总是把才女排除在外（王世襄的夫人袁荃猷就是在其最杰出者之列），从另外一个角度看，这个词也是不合适的。它似乎认为中国历史文化的研究是在其终了而从未不是处于开始阶段；它错在推断研究过去事的人，多少必属于过去。尽管在所有其他才学之外王世襄深通中国古代文字，用这个表面上诱惑人的词来描述他的事业和品格也特别不合适。相反，我们今天尊敬王世襄，不仅因他在漫长而多产的人生当中很注意吸收前人的成就，实际上，更是由于他表现了有中国特色的现代性文化。这种现代性的文化形成于他出生的1914年前后的年代中。那一代的知识分子在重新评价一些文化传统的要素时，认为其价值受到文化与社会中保守主义因素的影响而被低估了。他们研究的范围中，包括白话小说、最早的书籍插图、建筑和环境史以及中国科技传统的保护——其研究常常利用过去被忽视的工匠们口口相传的知识；还包括被前辈学人珍爱把玩、却罕有认真系统探讨的物质文化，那一代知识分子也决定填补这些空白。他们冀求将构建中国的过去作为构建中国的未来的途径。作为爱国者和国际主义者，他们又冀求在不低估其他文化的同时，给予中国文化更高的重视。王世襄的研究正应该置于这种爱国主义和国际主义的情境中来认识。

[1] 本文作者柯律格（Craig Clunas）是中国美术史专家，任教于牛津大学，与王世襄相识多年。2003年荷兰克劳斯亲王基金会有文介绍获最高荣誉奖的十人，他受约写了这篇文章。收作附录时有删节。

使他蜚声国际的著作是有关中国家具史的。早在1940年之前,明代的家具就已成为欧美学者的研究对象,但是他们错误地认为,中国古典家具的艺术成就在其产生地无人研究、被忽略以至被低估了,在某种意义上他们还将其归功于西方的"发现"。王世襄不仅用他多年的研究,也借助为国外所不了解的收藏鉴赏的有绪传统,指出了家具的研究在中国现代性文化的创造中占据着重要的核心位置。

王世襄访问英伦时,我还在维多利亚和阿尔伯特博物馆担任管理员,负责博物馆名贵的中国家具。如今我站在这些家具或其他中国展品之前,脑海中首先浮现的往往是王世襄那时告诉过我的东西。在我的记忆中,他讲解时从没有半点要人领情或不耐烦的语调。众多的知识使王世襄感受到乐趣,这些乐趣通过他的写作传播给国际观众;同时,他本人也和众多的国际人士接触,使之受到感染。万分荣幸我也是其中的一个。

王世襄一生的事业是围绕着保护文物、保存那些孕育了文物的文化实践而展开,他所做的工作,无不饱含着对国人的全体文化加以认同的情怀。但他保护文物绝不是为了一己之私。一个真正的爱国者有信心认为中国文化遗产是值得全世界留存的珍宝,这种信心让王世襄对他所花费的时间和极为丰富的知识毫不吝啬。他认识到今天的成就只是明天的基础——又是这种大学问家的谦逊让王世襄如此无愧于这项表彰跨文化交流领域的杰出成就奖。

Copyright © 2020 by SDX Joint Publishing Company
All Rights Reserved.
本作品版权由生活·读书·新知三联书店所有。
未经许可，不得翻印。

图书在版编目（CIP）数据

锦灰堆选本/王世襄著.—北京：生活·读书·新知三联书店，2020.6
（王世襄逝世十周年纪念本）
ISBN 978-7-108-06730-2

Ⅰ.①锦… Ⅱ.①王… Ⅲ.①历史文物—研究—中国 ②散文集—中国—当代 Ⅳ.①K870.4②I267

中国版本图书馆CIP数据核字(2020)第002497号

责任编辑	王　竞　王振峰
装帧设计	宁成春
排版制作	胡长跃
本书补白	选自《游刃集　荃猷刻纸》
责任校对	曹秋月　常高峰
责任印制	张雅丽
出版发行	生活·讀書·新知三联书店 （北京市东城区美术馆东街22号　100010）
网　　址	www.sdxjpc.com
经　　销	新华书店
印　　刷	北京图文天地制版印刷有限公司
版　　次	2020年6月北京第1版 2020年6月北京第1次印刷
开　　本	720mm×1020mm　1/16　印张 26
印　　数	00,001—10,000册
定　　价	128.00元

（印装查询：01064002715；邮购查询：01084010542）